国家出版基金项目
NATIONAL PUBLICATION FOUNDATION

FA ZHI GUO JIA DE ZHI DU LUO JI YU LI XING GOU JIAN

法治国家的制度逻辑与理性构建

江必新◎著

“十八大与法治国家建设”丛书

SHI BA DA YU FA ZHI GUO JIA JIAN SHE CONG SHU

深入学习宣传贯彻党的十八大精神主题出版重点选题
“十二五”国家重点图书出版规划项目
国家出版基金资助项目

中国法制出版社
CHINA LEGAL PUBLISHING HOUSE

总　序

人类很早就意识到法治与国家治乱兴亡之间的规律性关联。秦商鞅说，“以治法者强，以治政者削。”汉王符说，“法令行则国治，法令弛则国乱。”古希腊柏拉图也观察到，现实中的那些统治者能不能服从法律乃是决定城邦兴衰成败的关键问题。数以千计的历史年轮已经充分展现了这样一个规律：法治是迄今为止人类所能找到的治国理政的最好方式。然而，历经时空层层打磨后的“法治”二字，其内涵绝不仅限于字面。作为“规则之治”，法治塑造着人类生活的规范性、制度性和程序性；作为“法之统治”，法治要求法律规则的权威性、统一性和至上性；作为“良法之治”，法治内含了公平正义自由秩序等诸种价值；作为“程序之治”，法治强调程序的合法性、正当性以及程序相较于实体的优先性；作为“理性之治”，法治要求奉法者执中守正、辩证施治、莫走极端。法治所蕴含的从人类日常生活和历史实践中所积累出来的智识、思维、价值、信仰、模式、程序，深远而现实地影响着每一个人的生命和生活，左右着每一个国度以及民族的盛衰和荣辱，揖别人类的过往并祈祷着人类社会的未来。

党的十八大是中国法治建设的重要里程碑。以习近平为总书记的新一届中央领导集体，举“法治中国”为纲，张“法治国家、法治政府、法治社会与依法治国、依法执政、依法行政”为目，法治成为治国理政的基本方式，法治思维和法治方式成为新时期领导干部的基本准则，依法办事成为举国上下的第一遵循，科学立法、严格执法、公正司法、全民守法成为推进法治中国建设的宏伟阶梯，维护宪法法律权威、深化行政执法体制改革、确保依法独立公正行使审判权检察权、健全司法权力运行机制、完善人权司法保障制度成为法治改革的五大重心，法治理念、法治精神、法治思维、法治方式、法治文化、法治环境编织起法治中国的立体网络。这份决心和担当所诠释的共同体认是：法治是建设中国特色社会主义的重要内容，是党领导人民治国理政的基本方略，是实现中华民族伟大复兴的重要支撑，是如期建成小康社会的捷径快道。

毫无疑问，一个通过全方位法治化而实现国家治理现代化的中国正在熔炉中锻造。笔者以为，法治中国这一宏大命题比依法治国、依法行政等命题拥有更加丰富的内涵：“法治中国”是人类法治文明成果的“继承版”，是法治国家建设的“中国版”，是中国法治建设的“升级版”。从依法治国到法治中国，是中国法治建设的一次极为重要的升级，是中国共产党探索治国理政规律的一个极为重要的成果，是中国政治文明进一步提升的一个极为重要的契机。佐证这个结论的是这样一些正在发生的细节性事实：中国正在经历从有法可依向科学立法、民主立法的提升，从强调法律体系和规则体系向强调理念、体制、制度、机制四位一体的提升，从倡行法律面前人人平等到力求权利平等、机会平等、起点平等的提升，从依法管理向依法治理的提升，从简单地强调政府严格执法向强调公正文明执法的提升，从规范执法行为向从行为到程序、从内容到形式、从决策到执行一体规范的提升，从事前授权、事后纠错的控权方式向建立权力运行的监督制约体系的提升，从注重私法权利向不仅注重私法权利而且注重公法上的权利保障的提升，从严格司法向公正司法的提升，从强调执法司法队伍建设向强调所有法治环境和法治条件改善的提升……据此必可期待，未来之治理必定滋养于法治，未来之中国必定享誉于法治的成就，未来之人民必定受益于法治中国建设的红利。

建设法治中国，仍需在规则治理上完成未竟事业，尤需在中国特色上凝心聚力，更要在制度建设上大展宏图；既要在“加快建设”上争速度，又要在“全面推进”上“舒广袖”，还要在有效治理上见成效。这无疑是一项重大而艰巨的时代任务。笔者深感，于法治中国建设方兴未艾之际，亟待进行系统研究和深挖细嚼，以彰显法治中国之精义，描绘法治中国之图谱，拓展法治中国之路径。有鉴于此，笔者搜几十年法学研究之思虑，索数十载政法工作之体验，不揣浅薄，于工作之余，梳理法治国家、法治政府、法治社会之宏旨，阐释良善司法、辩证司法、程序法治之大要，研究法治思维与法治方式之运用，探求法治中国之制度逻辑与构建方式，拢此八本为“十八大与法治国家建设”丛书一套，愿能藉此弘扬法治之精神，略陈法治建设之己见，以陋砖而引真玉，以个人短视而发方家之真言。

还记得儿时的夏夜，每当在屋外稻场纳凉的时候，祖母总是指着遥远的星空，让我辨识一个又一个的星座。从那时起，我就感到宇宙之宏大无穷，而个人之渺小不足道；人类对于真理的认识和接近太过于艰难。而此时，耳边又似响起祖母的教诲：“好好学习吧，将来做一个对公家有用的人。”谨以此丛书献给我敬爱的、伟大的祖母——易诗秀老人！

本丛书入选国家新闻出版广电总局“深入学习宣传贯彻党的十八大精神主题出版重点选题”、“‘十二五’国家重点图书出版规划项目”，并获得国家出版基金支持。邹雅竹、蒋惠等帮助整理了部分文稿；我的博士后、博士生李春燕、刘润发、杨科雄、何君、王红霞、鞠成伟、张宝、刘耀辉、郑雅方、罗英、廖希飞、杨省庭、兰燕卓、郑礼华、刘琼、石毅鹏、蒋清华、曹实、贺译葶、张雨、邵长茂以及最高法院的梁凤云、李纬华、阎巍、周觅同志、北京高院的程琥同志、重庆高院的王彦同志、江苏高院的杨志刚同志、江西财经大学的方颉琳老师帮助整理了部分讲座录音稿，个别章节也有他们的合作参与（程琥、李春燕、王红霞、邵长茂等）。中国法制出版社总编辑刘时山、编辑马颖等同志在项目申报、文字审校和最终出版方面付出了辛勤劳动。没有这些深情支持和热心帮助，就不能有这套书的面世，在此谨致以衷心感谢！

是为序。

江必新

甲午仲夏于地坛寓所

目　录 *CONTENTS*

下 篇 法治国家的理性构建

绪　论

我们之所以要厉行法治，不是因为它完美无缺，而是因为它作为基础手段必不可少；不是因为它具有绝对的价值，而是因为它相对于其他治理手段具有比较优势；不仅是因为它符合世界潮流，而且因为它是人类关于治理和善治的理性选择。

经历“文革”浩劫以后，我国坚定地选择了法治道路，并扎扎实实地进行中国特色社会主义法治国家建设。如今，我国正步入法治建设的新阶段，即党的十八大开启的“法治国家建设”阶段。党的十八大作为我国进入全面建成小康社会决定性阶段召开的一次十分重要的大会，与历次会议相比，对法治的论述在数量上是最多的（有40多处直接性的阐述，间接的更多）；而随后习近平总书记的“12·4”讲话，相比而言，对法治的强调在分量上是最重的。法治中国的扑面而来，展示的不仅是从人治向法治转身的决绝，不仅是从“刀治”（法制）向“水治”（法治）递进的精湛，更是从“依法治国”向“法治国家建设”超越和升华。

一、法治国家建设是法治建设的新阶段和新境界

分阶段推进法治和逐步实现法治目标，是由法治发展受制于物质基础的客观规律以及有利于法治实现的环境和条件不可能一步到位的现实所决定的；是由事物螺旋式上升发展的辩证逻辑法则所决定的；是由时代主流价值观对法治的把握不断深化和适时转变的现实情况所决定的；

同时也是由法治与人治博弈的长期性、反复性的特征所决定的。

与神治、人治等一样，法治也是治国理政的一种方式。从世界法制发展的轨迹看，大抵经历了从“以法治国”到“依法治国”再到“法治国家”三个不断发展的阶段。

——以法治国阶段，是法治建设的初级形态，以下称这种形态为“以法范式”。这个阶段的本质特征是“权大于法”（王权、君权或皇权支配法律）。其主要特征为：法律从属于专制君主，权力从总体上优越于法律；立法以君权或王权为本位；法律以治理、约束或规范臣民的行为为主要或基本内容；法律具有明显的任性和专横倾向；通过自上而下的监督机制保证法律的实现。

——依法治国阶段，是法治建设的发展形态，以下称这种形态为“依法范式”。这个阶段的本质特征是“法大于权”（权力的形成和运作均受形式法治的支配）。其主要特征为：实行国家权力分立，强调立法权对行政权、司法权的优越地位；法律渊源主要是议会的制定法；立法以保障国民的权利和自由为本位；对国家权力进行全面的法律控制；强调法律优先、法律优越或法律至上；强调宽泛的“法律保留”原则；强调对国家机关的合法性监督。

——法治国家阶段，是法治建设的成熟形态，以下称这种形态为“法治范式”。这个阶段的本质特征是“良法为治”（国家权力受良法的支配）。

我国法治建设的三阶段，是以党的十五大和十八大作为分水岭的。1997 年党的十五大报告正式把“依法治国”作为党领导人民治理国家的基本方略，由此正式开启了“依法治国”的法治建设阶段；2012 年党的十八大强调提出要“加快建设社会主义法治国家”，其后召开的全国政法工作会议正式提出“法治中国建设”，标志着法治国家阶段的正式启动。

对“法治建设三阶段论”，需作三点说明：第一，从“以法治国”、“依法治国”到“法治国家”的发展轨迹具有前后相继性，后一阶段是对前一阶段的超越，看不到这一点，就容易悲观失望。第二，历史上某个时期所对应的阶段具有不完全性，比如在“依法治国”阶段，可能在某些方面还具有“以法治国”的因素，而在另外一些方面已经具有了“法治国家”的部分因素。要具备某一种类型的全部特征，一般都需要一个相当长的历史过程，而且较低层级的类型的某些特征在较高层级的类型已经出现并占据优势之后，或许还长久存在。而较高类型的某些特征有时在较低层级的类型占支配地位时或许已经超前出现。这就是说，法治的发展是曲线式的、波浪式的、渐进式的，而不是所有的因素都整齐划一、齐头并进的。第三，阶段性发展的程度与政体结构的完善具有历时共奏性，不能脱离政治背景来谈法治建设。

二、超越依法范式阶段的必要性与可行性

（一）依法范式的理论张力已经非常有限

总的来说，依法范式是形式法治主义的产物。形式法治固然是法治建设一个必不可少的阶段，但是，无论就其字面意义还是实际意义来看，这一范式的缺陷和局限性正在或将要成为法治化的桎梏和障碍。尽管人们人为地赋予其许多本不属于它的内涵，追加了诸多本应属于“法治国家”建设的内容，但其理论张力毕竟有限，有些内容的增加已经使其陷入自相矛盾之中。因此，有必要突破传统的理论框架，进行范式的转换。只有进行范式的转换，才可能避免法治理论的内在矛盾和冲突；只有进行范式的转换，才能为理论创新开辟新的发展空间；只有进行范式的转换，才能缓解理论与现实或即将到来的现实之间的紧张关系；只有进行范式的转换，才能建构法治理论上的“可持续发展战略”；只有进行范式的转换，才可能构筑与国际社会进行对话交流的平台。

（二）依法范式已经难于解决实践所提出的问题

例如，依法范式只要求国家机关按照法律办事，在法律没有明确指

引的时候，是否可以无所作为？在依法范式中，依法办事是一个普遍性的要求，从字面上看没有作出任何排除，当国家利益、公共利益或公民个人利益面临重大危险和威胁而排除这些危险和威胁又没有法律依据的时候，国家机关是否可以为了避免可能发生的违法而无动于衷？依法范式只要求国家机关的行为不违反法律，只要在法律所规定的范围之内，国家机关是否可以为所欲为？依法范式只要求有法可依，对应依之法并没有提出什么良善要求，国家机关是否可以对什么法都必须照依不误？依法范式只对国家机关提出了合法性要求，而对公民没有提出任何要求，公民是否可以游离于法律之外？依法范式要求执法必严、违法必究，那么违反法律的行为是否一律无效或一律撤销？对于上述问题，我们事实上难以作出肯定的回答。

（三）依法范式的负面效应已经越来越明显

有的法律规范已经过时，明知道实施后效果不好，但在立法或制定机关未宣告其失效时，行政机关和司法机关还必须执行；有的高层级的法律规范明显不合理，而低层级的法律规范明显具有或具有更多的正当性，但根据高层级法优于低层级法的形式法治规则，只能适用高层级法；有的公权力行为具有正当性，但在表面上不符合法律规定或没有法律依据，监督机关却不能不予以撤销或宣布无效；有的公权力行为表面上符合法律规定，但实质上不具有正当性，也只能维持其效力而难以纠正。总之，形式合法性的标准越来越不能满足公民对国家机关行为的期望和要求。

（四）实现从“依法范式”到“法治范式”转换的可能性

在我国，有些本属于依法治国阶段的任务还没有完成（主要是：法律保留原则的完全贯彻还缺乏必要的前提；法律优先原则还没有真正落实到位；公民权益尚未得到充分的尊重和保护），甚至在某些方面或某些环节上，还处于以法治国的层面。在这种背景下，能否开始向法治国家阶段转换？回答是肯定的。这是因为：从法治的发展史看，在同一国家中同时存在几种不同类型的要素的情况并不鲜见，而这些要素之间只要不相冲突或不相互抵消，就可以共存于一个统一体中；只要所缺少的要素并非法治国家全部要素的必要条件，某些方面就可以率先跨入法治国家的门槛，如果等所有要素都完全具备之后再提出法治国家的范式或要求，就可能耽误或延缓法治化的进程；中国目前正处于经济转轨与社会转型的时期，而实践证明，形式主义的法治观对转型时期社会关系的调整极为不利，因为其容易使权力与法之间的关系更为紧张；法治国家就是强调形式法治与实质法治的统一，这种理念比形式主义的法治观更能得到主张“中庸之道”、“循名责实”的中国本土文化的支持。

三、“法治国家”的基本内涵与要求

对“法治国家”的基本内涵与要求可以作如下概括：

（一）所有主体均受法律约束和规制（受治于法），同时均参与治理；政府和公民均是治理主体，也是被治客体。

（二）良法为治，只有良法才具有规范价值或调整资格，因此要开放法律渊源，并且确立良法标准，通过过滤审查排除恶法。

（三）形式正义与实质正义相统一，国家权力的行使追求合法性、合目的性与合正义性的统一，合法性是基础性要求但不是唯一要求。

（四）积极扩大公民参与，既重视国家权力运行的合法性，又强调权力运行过程的民主性。

（五）既要尊重人权、保护权益，又要积极履行义务和承担责任；既承认自由国家的价值，又承认福利国家的价值。

（六）既要保护自由、民主、人权等基础性价值，又要保护秩序、安全、发展、稳定、和谐等社会性价值。

（七）既强调行政机关和司法机关的严格执法与公正司法，又强调立法机关科学立法、民主立法以及法律本身的合正义性。

（八）国家权力的表现方式应当多元化、人性化，具有回应性：不仅考虑是否能够实现特定目的，而且考虑与人性尊严是否冲突；不仅考虑效率和质量，而且考虑是否为当事人所接受。

（九）建构全方位、深层次的监督控制网络。既重视对组织结构的控制，又重视对功能作用的控制；既重视对一般性权力的控制，又注意对特别权力的控制；既重视实体规则控制，又重视程序控制；既重视事后控制，又强调事前、事中控制；既重视外部监督，又重视内部自律；既重视合法性控制，又重视合理性控制。总之，通过全方位、深层次的监督控制网络确保法治得以实现。

（十）增进法律共识，建立具有共同效果的国际法律规则体系，以应对全球化时代的来临。

为了深入分析“法治国家”的制度逻辑，探索其理性建构途径，本书拟从不同角度对“法治国家”进行阐释。当然书中的观点属一己之见，偏颇之处在所难免，恳请读者批评指正。

上　篇　法治国家的制度逻辑

第一章 法治的重要作用及其发挥

法治在国家治理和社会管理中的作用及其发挥，事关依法治国、建设社会主义法治国家进程的缓急，事关社会管理及其创新活动的进退，事关中华民族复兴大业的成败。党的十八大报告指出："更加注重发挥法治在国家治理和社会管理中的重要作用，维护国家法制统一、尊严、权威，保证人民依法享有广泛权利和自由。"这个论述可以说是对十五大以来依法治国、建设社会主义法治国家的经验总结和教训揭示，是经过长期实践证明、总结凝练而成的治国理政的重要执政理论，也是在深刻认识现实国情基础上对加快建设社会主义法治国家的重要部署，具有重要的理论意义与现实意义。

那么，如何做到"更加注重发挥法治在国家治理和社会管理中的重要作用"呢？笔者认为，首先要在观念层面解决一系列认识问题。

一、更加注重发挥法治在国家治理和社会管理中的重要作用，要求我们对"法治更具比较优势"这个基本共识有一个彻底而理性的认同

评价法治的优劣得失，必须基于一定的社会历史条件，否则断难得出让人信服的结论。通过玄虚的理念推理方式论证"由最好的一人或由最好的法律统治哪一方面较为有利"，柏拉图尝试过，但终其一生都摇摆于"理想国"和"第二等好国家"之间。亚里士多德明确提出"最好的法律统治较为有利"，这是因为他调查和研究了158个古希腊

城邦的政制，所以能够从希腊城邦国家政制的经验来考察和讨论法治的优越性。而我国 20 世纪 70 年代末 80 年代初那场法治与人治的讨论，虽有三派观点，但无论哪派都明确地不赞成人治，其原因简言之，就是在“文革”之后的社会历史条件下，“人治的办法已经走到了尽头”。所以，我国采行法治的原因，理性地看，不是因为法治是人类社会的必需品，也不是因为法治天然是最佳的治理方式，而只是法治能够适应于我国当前的社会历史条件，并且它在所有与之互斥的治理手段中具有比较优势。

与其他的国家和社会治理方式相比，法治的比较优势可以从以下方面体现出来：更有利于实践现代民主政治的基本理念；更有利于增强执政的正当性与合法性；更有利于扩大和保障人民的自由；更有利于和谐状态的形成；更有利于提高政治生活和社会生活的能见度、可预见性和可操作性；更有利于实现政治正义和社会正义；更有利于治理和统治的连续性和稳定性；更有利于降低管理和治理的成本，提高管理和治理的效果；更有利于积累社会财富与社会文明；更有利于降低政治家、执法人员的风险。

二、更加注重发挥法治在国家治理和社会管理中的重要作用，要求我们对“法治是更大的生产力”这个经验教训有一个认认真真的体悟

法治是生产力，这是世界银行的《国别财富报告》给我们的重要启示。该报告统计分析了近 120 个国家的财富构成基础，分析结果发现，越是富庶的国家，有形资产所占比例越低，无形资产（教育水平、法治程度、劳动者技能、社会诚信度、信息化水平、行政效率、自主创新等）所占比率越高。报告还指出，一个国家无形资产的大小，主要取决于法治程度与教育水平。这篇报告对我们有两点重要启发：首先，当今世界衡量财富多寡的标准已发生了重要变化，已形成了以非物质的无形资产为主的财富观。其次，法治水平已成为无形资产的重要组成部

分，法治已成为直接创造财富的生产力。

法治环境体现了一个国家实施法治的状态和水平，是一个国家社会管理和文明建设的法治化特征，也是文明建设应有的客观基础。从推动社会进步与文明这个意义上讲，法治不仅是一种生产力，而且是更大的生产力。这是因为：良法、好法有利于社会文明进步；执法严明、司法公正有利于社会公平与正义的实现；全民参与、发扬民主有利于社会和谐与发展。总之，厉行法治才是科学发展、持续发展、稳定发展、永久发展的保障。

三、更加注重发挥法治在国家治理和社会管理中的重要作用，要求我们对“依法办事是第一要求”这个基本命题有一个旗帜鲜明的倡导

依法办事是治国理政第一要求，是基于依法治国基本方略、依法执政基本方式、依法行政基本准则的共识，基于发展关键期、改革攻坚期、矛盾凸显期制度供给与制度保障的匮乏以及由匮乏引发的需求，基于社会和公众对社会主义民主政治的制度化、规范化、程序化的殷切期盼，基于党的执政地位巩固与执政使命实现提出的命题，它对理性认识并准确把握社会主义法治在治国理政中的地位和作用，具有重要的现实意义。

以发展为核心范畴的科学发展观和以稳定为底线要求的构建社会主义和谐社会目标的确立，得到中国社会普遍认同。如何实践科学发展观、如何构建社会主义和谐社会，成为十分紧要的任务。为了防止口号的空泛和目标的异化，党中央领导集体又极富智慧地提出“发展是硬道理，是第一要务”、“稳定是硬任务，是第一责任”的命题，从观念上解决了“要不要发展”、“要不要稳定”这两个重大问题。针对不利于发展的主张、不利于稳定的举措，一个“硬”字，充分表明发展的道理、稳定的任务不容置疑、不可动摇、不能克减。但这个“硬”字，被某些同志误解或滥用：有的不问条件、不计代价地谋求发展；有的以

稳定为借口违法办事；发展的整体科学性，社会的内在和谐性，以及为科学发展、和谐社会提供保障的社会主义法治的权威性，被有意无意地忽略。应该看到，我们追求的发展，是经济建设、政治建设、文化建设、社会建设、生态建设五位一体的均衡发展，是生产发展、生活富裕、生态良好、社会和谐有机统一的文明发展，是全面协调可持续的科学发展。我们期待的稳定，是顺民心、合民意、惠民生、维民权、人民当家作主前提下的稳定，是民主法治、公平正义、诚信友爱、充满活力、安定有序、人与自然和谐共处总要求下的稳定，是矛盾不断消解、合法权益始终得到保障、各种社会关系得以动态修复状态下的稳定。单凭“发展是第一要务”、“稳定是第一责任”，无法解决“实现什么样的发展、怎样发展”，以及“实现什么样的稳定、怎样稳定”这两个基本问题。发展与稳定的合目的性（实现什么样的发展与稳定）、合规律性（怎样发展与怎样稳定），需要通过法治得到确认、规范和保障。因此，依法办事必须成为治国理政的硬要求。

“依法办事是第一要求”与“发展是第一要务”、“稳定是第一责任”是相辅相成、辩证统一的。对于国家和社会来说，发展是最大的政治，稳定压倒一切，依法办事是实现发展和稳定的基本方式。凡是违反法治基本原则的发展不是科学发展，凡是没有法治作为基础的稳定不可能是持久的稳定。对于各级政府和党政干部来说，发展是政绩，稳定是政绩，依法办事是获取政绩不能触碰的底线，凡是触线和越线的政绩不是功绩而是违法和犯罪。依法办事的硬要求，在某个地区或部门，在某个时段，可能表面上与发展、稳定有些冲突、矛盾或不协调，但从总体上和整个阶段看，实则相反。试想，如果不遵守那些看似“影响效率”的法，我们或许会为某些个人的政绩工程而牺牲社会正义和公平；如果不遵守那些看似“制约发展”的法，我们或许会为非科学的发展支付惨重的环境资源代价；如果不遵守那些看似“碍手碍脚”的法，我们或许会为少数人的为所欲为付出极大的道德成本和执政成本；如果不遵守那些看似“损害政府权威”的法，我们或许会为知错不改的

"执著"而丢掉人民的信赖和拥护。欲车船高速必先制其动，否则速高必险；欲强化管理必先制其权，否则权大必殃。这或许就是依法办事与发展、稳定之间的辩证法，也是我们锲而不舍追求的社会主义法治国家的真谛所在。

四、更加注重发挥法治在国家治理和社会管理中的重要作用，要求我们对"法治是最大的社会管理创新"这个重要观点有一个客观清醒的认识

一般认为，在当前一个时期，社会管理创新是主旋律，法治处于边缘位置，其作用主要为社会管理创新保驾护航。这种认识是有偏差的。笔者认为，在当代中国，法治本身就是最宏大、最深刻、最核心的社会管理创新。换言之，法治处于社会管理创新的核心位置，而不是边缘。中央在现阶段倡导社会管理创新，绝不意味着我国要在依法治国道路上改弦易张，不搞法治了。恰恰相反，之所以要搞社会管理创新，最主要的原因在于，我们在法治建设中遇到了一些障碍，有些障碍甚至是深层面的，没有改革，没有社会管理创新，情况就不会有根本性的改观，也就经受不住执政的考验。社会管理创新的目的，就是要克服这些障碍，落实依法治国、建设社会主义法治国家的基本方略。

五、更加注重发挥法治在国家治理和社会管理中的重要作用，要求我们对"法治是良法为治"这个前提问题有一个清清楚楚的界定

法治通常可以从形式意义、实质意义两方面进行阐释。从形式意义上看，法治主要是一个法律地位的问题："法律就是法律"，不容置疑、不可变通，必须严格执行。而在实质意义上，法治主要是一个法律标准的问题：良法为治，恶法非法，人们只应服从良善规则的治理。人的不完备性决定了理性的限度和人性的弱点，从而决定了制定法不可能完全

达到合规律、合需求的标准。同时，立法的机制也不总是可靠的，分立的利益集团之间的博弈结果未必就能反映人民的真实意志。因此，仅在形式意义上推行“法的统治”，无异于将“统治权”拱手相让于对错与善恶皆不确定的“法”，这并不是我们需要的“法治”。所以，必须明确的是：今日提倡之法治，不可不于形式意义之外，特别重视实质意义上的法治。而从实质意义上论，法治中的“法”必须符合“良善”的标准，一切与这个标准不相符的“法”根本不是法，“而宁可说是法律的一种滥用”。这要求我们的立法工作做到科学立法、民主立法，不断提高立法质量，为实现“良法为治”提供有力保障。同时也要求执法机关和司法机关善意执法和司法，积极能动而又符合既定规则地弥补法律规范之不足。此外，还应建立一种法律规范的过滤机制，既防止非良善之法进入实施过程，又防止因个人不正当判断阻碍法律的实施。

六、更加注重发挥法治在国家治理和社会管理中的重要作用，要求我们对“抓好法律实施是当前最重要的工作”这个新的形势有一个行之有效的应对

当前，我国已经处于中国特色社会主义法律体系形成后的历史阶段，这意味着以解决“有法可依”问题为重点的法治发展阶段已经告结，“有法必依”、“执法必严”、“违法必究”已经成为新时期更加突出、更加紧迫的任务。在法治发展的新阶段，如何大力加强法律实施工作，如何进一步加强和改进执法司法工作，如何把各项法治原则和具体规则贯彻落实到经济建设、政治建设、社会建设、文化建设、生态文明建设各领域和全过程，亟待宏观思考、有针对性的研究和顶层设计。

在这个方面应当关注以下几个问题：一是要研究并创造法律得以实施的条件；二是要从实施的角度来反观立法的质量，从而进一步完善法律规范，增强法律规范本身的可操作性和可实施性；三是要坚决抵制不良的执法行为，当前要特别注意克服寻租性执法、钓鱼式执法、非平等

执法、非文明执法、刁难性执法、选择性执法、运动式执法、疲软式执法、非法性执法、滞后性执法等问题。

七、更加注重发挥法治在国家治理和社会管理中的重要作用，要求我们对“自上而下、上下结合；由内而外、内外互动”这个法治路线图有一个辩证的理解和把握

古人云，法之不行，自上犯之。俗话说，上梁不正下梁歪。法治的实现路径，不反对自下而上，由外而内，但问题的症结还是在于其不能与自上而下、由内而外形成结合与互动。

很多人认为中国的法治是“自上而下”、“由内而外”的，是国家选择了法治道路，强行推进。这种认识是有偏差的，这不是真正的自上而下、由内而外。真正的自上而下、由内而外，要求国家和政府必须把守法当成一项硬任务，切实提高领导干部依法办事的意识和能力，坚持建立法治主导型社会管理模式的理念，培养领导干部的法治思维，提高运用法律手段解决经济社会发展中复杂问题的能力。相反，如果国家和政府只是强调民众应当守法，而自身不信仰、遵循法律，那么这种推进法治的工作必是无效的。如果政府自己不带头走法治道路，而是站在法律之上或法律之外，用法律规制别人，那么这种法治国家是不可能建成的。所以，法治建设不仅要通过自下而上、由外而内的路径推进，而且要通过“自上而下”、“由内而外”的方式发力，从而做到上下内外的结合互动。

八、更加注重发挥法治在国家治理和社会管理中的重要作用，要求我们对“领导干部要扎扎实实地提高‘法商’”这个时代要求有一个清楚准确的判断

“法商”对应于“智商”、“情商”，指的是依法治国、依法执政、依法行政的意识和能力，具体包括行为主体对法律的信仰程度、法律素

质的高低、明辨是非的能力，以及依法办事、崇尚规则的自觉性和主动性等。近年来，一些领导干部的“雷人雷语”、“牛人牛腔”被媒体曝光，在社会上造成了极其恶劣的影响。从表面上看，这是表达方法问题，但其背后都不同程度地暴露出某些领导干部“法商”低下的问题。在依法治国、依法执政、依法行政的要求下，个别领导干部不具备法治思维，不善于应用法律手段进行社会管理、化解社会矛盾，已经落伍于时代。所以，扎扎实实地提高“法商”，这是时代的要求和人民的期待。领导干部要提高“法商”，就要进一步深化对新的历史时期推进法治国家建设重要性的认识，切实转变观念，树立有权必有责、用权受监督、违法要追究、侵权要赔偿的理念，树立以人为本、以民为本、以服务为本的理念，树立崇尚法律、敬仰法律、执行法律、遵守法律的理念，坚持人人按制度办事，制度面前人人平等。唯有如此，才能将全心全意为人民服务的宗旨与依法治国的目标统一起来，才能真正在依法治国方略实施的过程中起到组织者和领导者的作用。

九、更加注重发挥法治在国家治理和社会管理中的重要作用，要求我们对“法不好用则使之休眠”这个“懒政”思维有一个明确而坚决的遏止

法治虽然具有比较优势，但法治亦有局限性，而且其局限性往往是其优越性的延长：规范性可能导致机械性，稳定性可能导致滞后性，强制性可能导致缺乏可接受性。其原因可以概括为：其一，抽象规则与具体案件之间的差距导致法律的不匹配性；其二，有限规则与无限客体之间的差距导致法律的不周延性；其三，模糊规则与确定事项之间的差距导致法律的不确定性；其四，既定规则与事物发展之间的差距导致法律的不适应性。

若法律“不好用”就简单地让其“休眠”，是一种“懒政”思维。以史为镜，无论是春秋战国还是清末民初，也包括新中国的改革开放，无一不是在民族、国家危难之际变法图强而求诸法治，无一不把法治当

作“救时之唯一主义”。变革之中求法治，往往承载了过多的政治意愿和社会情感，人们只（或只愿）看到法治的好处，对其弊端不很重视，甚至视而不见。及至变革失败，或遇到较大的困难、挫折，人们又很容易将法治彻底否定。我们必须看到，今日之法治主张是在避免落后挨打的危机感和复兴中华的使命感中提出来的，是在“文革”等试错教训的真切体验中感悟出来的，是在与人治、法治（制）的激烈争论中阐述成型的。我们已经说了法治很多的好话，法治的地位毋庸置疑地确立起来，这无疑是重要的。但仍须检省的是，我们不仅要知道法治是什么、能够是什么以及应该是什么，也要知道法治不是什么、不能够是什么以及不应该是什么，换言之，要以一种“全面而理性”的态度认识和看待法治，接受法律的长处，同时容纳并努力克服法律的不足。

对于法律缺陷和不足的认定，应当有制度和程序上的保障，而不能由某一个部门甚至个人完全依其主观认识认定。另外要引入类型化的处理技术，对于其中重大明显的瑕疵要通过法律的立、改、废加以解决，而一般性的瑕疵则可考虑通过法律解释方法进行变通适用。当然，尽管法律的缺陷和不足在所难免，但为了尽可能将其控制在最小范围，应当建立起法律规范的过滤机制。

十、更加注重发挥法治在国家治理和社会管理中的重要作用，要求我们对“法治是明天、后天和他人的事”这种错误思想有一个立场鲜明的澄清

从人治到法治是一个渐进的过程，法治国家的建立过程具有系统性和长期性。不仅包括法律体系的建立，还包括法律在实践中的有效推行，更包括法治意识的养成及深入人心，这些都不是一蹴而就的。就法律体系而言，尽管我们已经形成了中国特色社会主义法律体系，但仍然还有随时代变迁而应进行的法律立、改、废问题；就法律推行而论，现实中还存在执行难、执行成本高等问题；从法律意识养成来看，无论是国家机关工作人员，还是普通民众，在一定程度上还存在法律意识淡

薄、重政策而轻法律、重批示而轻法律和重关系而轻法律的情况。

但这绝不意味着法治是明天、后天和他人的事情。法治在未来的实现，是现在厉行法治的结果。如果我们把法治的渐进性作为现在不实行法治的理由，那么中国的法治将永无明天，将永远在门外徘徊；如果每个人都把法治看成别人的事，那么中国的法治将断无前途，将无人享受法治所带来的福祉！所以，法治是今天的事，把法治推到明天和后天的人，永远看不到法治的曙光；法治是自己的事，把法治的任务推给别人的人，将永远只能“享用”人治的祸害。走法治道路，就是要以壮士断腕、刮骨疗毒的勇气彻底地与人治决裂，并且要发愿从本地本土做起，从当下和今天做起，从每个人自身做起！

第二章　把制度建设摆在突出位置

在规范的意义上，制度是“人为设计的、型塑人们互动关系的约束”①。制度之所以重要，是因为它规定了社会的长期演化路径。② 是故，古今中外无论“制度决定论者”、“文化决定论者”、“技术决定论者”等等，莫不对制度的重要性有一个底线共识。但必须指出的是，党的十八大报告在“坚持走中国特色社会主义政治发展道路和推进政治体制改革”部分强调“要把制度建设摆在突出位置”③，绝不是对这一底线共识的简单体认，而在于看到了中华民族复兴和社会主义现代化推进与制度文明之间存在着的密不可分的正相关联系；绝不是以制度改变定义政治进步的机械逻辑，而在于以自身经历真切体验到制度性进步使人们生活发生巨大改观这一事实；绝不是政治话语的花样翻新，而在于明确了中国政治体制改革的法治路径。有鉴于此，本章把目光聚焦于“把制度建设摆在突出位置”，进一步分析这里的“突出位置”所指为何？为什么要“把制度建设摆在突出位置”？“摆在突出位置”之后做什么？对这些问题的思考，本章概括为十个观点。

---

① ［美］道格拉斯·C. 诺思：《制度、制度变迁与经济绩效》，杭行译，格致出版社、上海三联书店、上海人民出版社 2008 年版，第 3 页。

② 日本学者青木昌彦认为：“制度是关于博弈如何进行的共有信念的一个自我维系系统。制度的本质是对均衡博弈路径显著和固定特征的一种浓缩性表征，该表征被相关域几乎所有参与人所感知，认为是与他们策略决策相关的。这样，制度就以一种自我实施的方式制约着参与人的策略互动，并反过来又被他们在连续变化的环境下的实际决策不断再生产出来。”［日］青木昌彦：《比较制度分析》，周黎安译，上海远东出版社 2001 年版，第 28 页。

③ 整句话为“要把制度建设摆在突出位置，充分发挥我国社会主义政治制度优越性，积极借鉴人类政治文明有益成果，绝不照搬西方政治制度模式。”

一、在中国特色社会主义道路、理论体系和制度的关系结构中把制度建设摆在突出位置，以制度优势证明道路选择的正确性和理论体系的真理性

十八大报告明确，中国特色社会主义道路，就是在中国共产党领导下，立足基本国情，以经济建设为中心，坚持四项基本原则，坚持改革开放，解放和发展社会生产力，建设社会主义市场经济、社会主义民主政治、社会主义先进文化、社会主义和谐社会、社会主义生态文明，促进人的全面发展，逐步实现全体人民共同富裕，建设富强民主文明和谐的社会主义现代化国家。中国特色社会主义理论体系，就是包括邓小平理论、“三个代表”重要思想、科学发展观在内的科学理论体系，是对马克思列宁主义、毛泽东思想的坚持和发展。中国特色社会主义制度，就是人民代表大会制度的根本政治制度，中国共产党领导的多党合作和政治协商制度、民族区域自治制度以及基层群众自治制度等基本政治制度，中国特色社会主义法律体系，公有制为主体、多种所有制经济共同发展的基本经济制度，以及建立在这些制度基础上的经济体制、政治体制、文化体制、社会体制等各项具体制度。中国特色社会主义制度是中国特色社会主义道路的前提基础和根本保障，是中国特色社会主义理论体系的实践成果和根本成就。在中国特色社会主义道路、理论体系和制度的关系结构中把制度建设摆在突出位置，其目的在于以制度优势证明道路选择的正确性和理论体系的真理性。

中国在社会主义理论体系的指引下选择了一条不同于世界大多数国家的发展道路，这就是中国特色社会主义道路。这条道路一度被个别国家视为“华盛顿共识”① 的“异端”，直到我们创造的“中国奇迹”在

① 华盛顿共识（Washington Consensus），是指20世纪80年代以来位于华盛顿的三大机构——国际货币基金组织、世界银行和美国政府，根据20世纪80年代拉美国家减少政府干预，促进贸易和金融自由化的经验提出来并形成的一系列政策主张。1989年，陷于债务危机的拉美国家急需进行国内经济改革。美国国际经济研究所邀请国际货币基金组织 、世界银行 、美洲开发银行和美国财政部的研究人员，以及拉美国家代表在华盛顿召开了一个研讨会，旨在为拉美国家经济改革提供方案和对策。美国国际经济研究所的约翰·威廉姆森（John Williamson）对拉美国家的国内经济改革提出的上述10条政策措施，称作华盛顿共识。

世界范围内得到认可。中国奇迹能否持续，主要取决于制度建设的情况。所以，把制度建设摆在突出位置，第一要求就是形成和发挥中国特色社会主义的制度优势，使各项制度“有利于保持党和国家活力、调动广大人民群众和社会各方面的积极性、主动性、创造性，有利于解放和发展社会生产力、推动经济社会全面发展，有利于维护和促进社会公平正义、实现全体人民共同富裕，有利于集中力量办大事、有效应对前进道路上的各种风险挑战，有利于维护民族团结、社会稳定、国家统一”①。

二、在人类社会物质、制度和文化的关系结构中把制度建设摆在突出位置，以制度辐射确保小康社会建设的全面性

根据预期的目标，我国拟在二〇二〇年全面建成小康社会，当前已经进入全面建成小康社会决定性阶段。十八大报告指出，小康社会的全面性，体现在“经济持续健康发展”、“人民民主不断扩大”、“文化软实力显著增强”、“人民生活水平全面提高”、“资源节约型、环境友好型社会建设取得重大进展”等各个方面。概括起来，就是在物质、制度和文化方面都有显著提高。

物质、制度、文化是社会系统的三项基本要素，它们的关联构成社会基本结构。一方面，物质是生存的基础。迄今为止，人类的一切活动围绕着物质生产进行。物质生产的有效进行，要求制度提供保障，要求制度的规范调节与生产的本性、趋向、目标相一致。制度所提供的保障、规范调节，是为物质生产服务的，既可促进物质的增长，也可能制约物质的发展，成为物质生产衰退的根源。另一方面，任何制度都包容、象征、实现着文化观念及其所体现的人内心感悟的生存世界和意义，其中包括发展目标。人们依据观念的蓝图建构制度，制度则强化着作为意识形态的观念，并因其所承袭的文化传统的不同而使自己具有不

① 胡锦涛同志在庆祝中国共产党成立90周年大会上的讲话。

同的特色。发展目标首先以观念的形式表现出来，却只有通过制度才能在现实的层面上得到落实。[①] 正因为制度具有最终决定社会性质的能力，[②] 具有沟通物质和文化的辐射力量，具有普适性和一般性的特点，制度选择得正确，才能够确保小康社会建设的全面性。

为此，全面建成小康社会，必须以更大的政治勇气和智慧，不失时机深化重要领域改革，坚决破除一切妨碍科学发展的思想观念和体制机制弊端，构建系统完备、科学规范、运行有效的制度体系，使各方面制度更加成熟更加定型。要加快完善社会主义市场经济体制，完善公有制为主体、多种所有制经济共同发展的基本经济制度，完善按劳分配为主体、多种分配方式并存的分配制度，完善宏观调控体系，更大程度更广范围发挥市场在资源配置中的基础性作用，完善开放型经济体系，推动经济更有效率、更加公平、更可持续发展。加快推进社会主义民主政治制度化、规范化、程序化，实现国家各项工作法治化。加快完善文化管理体制和文化生产经营机制，基本建立现代文化市场体系，健全国有文化资产管理体制，形成有利于创新的文化发展环境。加快形成科学有效的社会管理体制，完善社会保障体系，健全基层公共服务和社会管理网络，建立确保社会既充满活力又和谐有序的体制机制。加快建立生态文明制度，健全国土空间开发、资源节约、生态环境保护的体制机制，推动形成人与自然和谐发展现代化建设新格局。

三、在制度和人的关系结构中把制度建设摆在突出位置，以制度理性弥补人性的局限和不足

正如孟德斯鸠所指出的，人“是一个有局限性的存在物，他和一切‘有局限性的智灵’一样，不能免于无知和错误，……作为有感觉

---

① 三者的关系参见鲁鹏：《制度与发展关系研究》，人民出版社2002年版，第15页以下。

② “不同的社会制度，体现着不同的社会性质。”（张光博主编：《社会学词典》，人民出版社1989年版，第305页。）

的动物，他受到千百种欲望的支配。”[①] 人类创造出制度反制自身的行为，正是因为认识到人性中不能自我克服的局限和不足，需要通过外在的制度予以弥补。所以，尽管制度是人类活动留下的痕迹，但制度和人的关系并非单向度的线性结构。一方面，制度是人存在和发展的社会条件，没有良好的制度环境，人的发展必然会受到限制；另一方面，以自由为取向的人的发展是制度合理变迁的主体条件和根本动力，没有人的发展需要，制度变迁是难以实现的。通过对自由与制度关系的考察，我们发现，人们在现代社会之所以能够获得那么多的自由，之所以能够得到那么大的自由活动空间，之所以能够进行世界范围的频繁互动和跨领域、跨行业、跨阶层的交往、交流和流动，之所以能够在一个自由、充满不确定性的世界里获得社会的稳定和秩序，那些追求稀缺资源的竞争者之所以能够和平共处、并在相互冲突的紧张关系中形成有效的长期合作，从根本上说，就是因为以法治为基础的现代制度构架的形成、确立和稳固。[②]

我国在经历了“文化大革命”浩劫后，痛定思痛，中央决定“把全党工作的着重点和全国人民的注意力转移到社会主义现代化建设上来。”“实现四个现代化，要求大幅度提高生产力，也就必然要求多方面地改变同生产力发展不适应的生产关系和上层建筑，改变一切不适应的管理方式、活动方式和思想方式，因而是一场广泛、深刻的革命。”[③] “为了保障人民民主，必须加强法制。必须使民主制度化、法律化，使这种制度和法律不因领导人的改变而改变，不因领导人的看法和注意力的改变而改变。”[④] 其后，党的十五大报告确立了“依法治国、建设社会主义法治国家”的基本治国方略，并写入了1999年的宪法修正案。

---

① ［法］孟德斯鸠：《论法的精神》（上册），张雁深译，商务印书馆1961年版，第3页。

② 参见邹吉忠：《制度建设与人的发展——中国制度建设的人学观察》，载《郑州大学学报（哲学社会科学版）》2002年第1期，第63页。

③ 《中国共产党第十一届中央委员会第三次全体会议公报》。

④ 邓小平同志在1978年12月13日的中共中央工作会议闭幕会上的讲话《解放思想，实事求是，团结一致向前看》。

在制度和人的关系结构中把制度建设摆在突出位置，厉行法治而摒弃人治，绝不是忽略人在治国理政过程中的作用，其目的是以制度理性弥补人性的局限和不足。这必然要求制度本身具有良善性。邓小平曾一针见血地指出，我们过去发生的各种错误，固然与某些领导人的思想、作风有关，但是组织制度、工作制度方面的问题更重要。这些方面的制度好可以使坏人无法任意横行，制度不好可以使好人无法充分做好事，甚至会走向反面。因此，制度问题更带根本性、全局性、稳定性和长期性。这种制度问题，关系到党和国家是否改变颜色，必须引起全党的高度重视。① 所以，在制度和人的关系结构中把制度建设摆在突出位置，就是要建设一套良善的制度，使其能够成为人的全面自由发展的前提条件，拓展每个人的自由空间；能够提升人的道德境界、展现人的力量、表现人的自由、让人获得丰富的内在性；能够形成调整人们之间权责利关系的合理规则和良性机制；能够预防、减少和限制坏人的产生，抑制、防止、减少坏人做坏事和聪明人做错事的可能性，为人的全面自由发展提供广阔的空间。

四、在制度和发展的关系结构中把制度建设摆在突出位置，以制度力量为科学发展提供坚强保障

在现阶段，发展仍是解决我国所有问题的关键。只有推动经济持续健康发展，才能筑牢国家繁荣富强、人民幸福安康、社会和谐稳定的物质基础。所以，必须坚持发展是硬道理的战略思想，决不能变。然而，在不变之中悄然变化了的，是我们从“坚持发展是硬道理”到“坚持科学发展是硬道理”的深刻转变。科学发展是接受制度约束的发展。以科学发展为主题，以加快转变经济发展方式为主线，是关系我国发展全局的战略抉择。中国共产党成立以来，团结带领全国各族人民，把贫穷落后的旧中国变成日益走向繁荣富强的新中国。然而，前进道路上还

① 《邓小平文选》第2卷，人民出版社1994年版，第333页。

有不少困难和问题，对此十八大报告指出，发展中不平衡、不协调、不可持续问题依然突出，科技创新能力不强，产业结构不合理，农业基础依然薄弱，资源环境约束加剧，制约科学发展的体制机制障碍较多，深化改革开放和转变经济发展方式任务艰巨等等。解决这些困难和问题，要求我们在制度和发展的关系结构中把制度建设摆在突出位置，以制度力量为科学发展提供坚强保障：第一，为约束社会主体的活动提供规则体系，从而引导形成社会活动的秩序，为经济社会稳定发展提供根本制度保障。第二，为社会系统内部的关联与互动提供制度框架，从而实现社会系统良性运行，为经济社会协调发展提供根本制度保障。第三，明确资源配置和交易行为准则，消除不确定性，降低合作成本，形成稳定预期，促进交易安全，从而激发社会主体活力、促进主体间合作，为经济社会持续发展提供根本制度保障。

在制度和发展的关系结构中把制度建设摆在突出位置，实质就是促进我们从不科学的发展向科学发展的转身。近代以来的世界历史进程表明，有效率的经济组织在西欧的发展，正是西欧或者西方兴起的原因所在。对此，诺思（North）提出，有效率的经济组织方才是经济增长的关键。[①] 面向未来，在发展的同时加强制度建设，就是要加快形成符合科学发展观要求的发展方式和发展机制，不断解放和发展社会生产力，不断实现科学发展、和谐发展、和平发展，为坚持和发展中国特色社会主义打下牢固基础；就是要更加自觉地把以人为本作为深入贯彻落实科学发展观的核心立场，始终把实现好、维护好最广大人民根本利益作为党和国家一切工作的出发点和落脚点，尊重人民首创精神，保障人民各项权益，不断实现发展成果由人民共享、促进人的全面发展；就是要更加自觉地把全面协调可持续作为深入贯彻落实科学发展观的基本要求，全面落实经济建设、政治建设、文化建设、社会建设、生态文明建设五

---

① 参见［美］道格拉斯·诺思、罗伯斯·托马斯：《西方世界的兴起》，厉以平、蔡磊译，华夏出版社2009年版，第56页。

位一体总体布局，促进现代化建设各方面相协调，促进生产关系与生产力、上层建筑与经济基础相协调，不断开拓生产发展、生活富裕、生态良好的文明发展道路；就是要更加自觉地把统筹兼顾作为深入贯彻落实科学发展观的根本方法，坚持一切从实际出发，正确认识和妥善处理中国特色社会主义事业中的重大关系，统筹改革发展稳定、内政外交国防、治党治国治军各方面工作，统筹城乡发展、区域发展、经济社会发展、人与自然和谐发展、国内外发展和对外开放，统筹各方面利益关系，充分调动各方面积极性，努力形成全体人民各尽所能、各得其所、和谐相处的局面。

五、在制度和改革的关系结构中把制度建设摆在突出位置，以制度权威凝聚改革的共识和力量

改革是中国的出路，也是推动党和人民事业发展的强大动力。我国过去 30 多年的快速发展靠的是改革，我国未来发展也必须坚定不移地依靠改革。改革是破除妨碍科学发展的思想观念和体制机制弊端的必由之路，而“制度在社会中的主要作用，是通过建立一个人们互动的稳定（但不一定是有效的）结构来减少不确定性”。① 改革要创新突破，制度讲求稳定连续，这似乎是一个矛盾，在实践中也常遇困惑。正确认识与处理好改革与制度的关系，是“提高改革决策的科学性，增强改革措施的协调性，找准深化改革开放的突破口，明确深化改革开放的重点”的关键。

在制度和改革的关系结构中把制度建设摆在突出位置，这是通过制度权威凝聚改革的共识和力量的必然要求。有人把制度与改革对立起来，认为制度束缚改革、妨碍发展，因为制度具有保守性和滞后性，只有在社会关系相对稳定的条件下才可能发挥作用，改革的推进只能依赖

① ［美］道格拉斯·C. 诺思：《制度、制度变迁与经济绩效》，杭行译，格致出版社、上海三联书店、上海人民出版社 2008 年版，第 3 页。

执政党和政府的政策，制度只能是对改革所取得的成果予以确认。这种观点导致一些领域的改革是在突破现行制度的情况下进行的，其后果是使制度和改革两受其害。如今，改革已入“深水区”，改革的共识和动力需要再凝聚。十八大报告对此指出：“必须坚持党的领导、人民当家作主、依法治国有机统一，以保证人民当家作主为根本，以增强党和国家活力、调动人民积极性为目标，扩大社会主义民主，加快建设社会主义法治国家，发展社会主义政治文明。”这一提法为政治体制改革指出了目标和方向，更重要的是明确了改革的法治路径。实际上，只有通过法治路径，将制度完善和改革实践结合起来，以法治的方式推进改革，以制度建构巩固改革的成果，步步为营，才能使改革具有可持续性。

六、在制度和社会管理的关系结构中把制度建设摆在突出位置，以制度创新提高社会管理的科学化水平

十八大报告指出，提高社会管理科学化水平，必须加强社会管理法律、体制机制、能力、人才队伍和信息化建设。在制度和社会管理的关系结构中把制度建设摆在突出位置，要求做到以下几点：第一，严格遵守现存制度（如需改革则需要先修改现存制度）。所有的管理措施、管理规则均不得与合法有效的法律规范相抵触；凡属刚性的管理规则和措施必须取得合法授权；社会管理权的行使必须具有正当性；社会管理职责必须积极适当地履行。第二，努力寻找社会管理的合法依据。在创新社会管理措施，制定社会管理规则时，努力为其寻找法律依据，能够有效减少创新阻力，推动社会管理创新的实现。因此，社会管理创新主体应善于能动地从既有的法律法规、法律解释甚至法律目的和原则中为管理措施和规则寻找法律依据。要善于利用法律规范留下的判断权和裁量权；善于运用法律解释规则，以填补法律漏洞；善于将管理措施纳入法律目的和法律原则的范围之内。第三，要善于寻找替代方法。当一种管理措施缺乏法律依据但又极具实施必要时，可以寻找其他替代方案，来解决合法性问题。替代方案可以考虑：用事先规制替代事后制裁；用市

场运作替代征收征用；用激励政策取代权利限制；用契约协商取代违规设权；用典型示范取代强迫命令；用利益导向取代义务增设。第四，要适时制定和修改法律。法律并不仅仅是一种纯理论的抽象概念或是一个规则集合体，而且是一个发挥作用的社会（行为规则）系统。[1] 法律需要依据社会需求的变化做出相应的调整，以回应社会发展情势的需要。法律在形式上似一个静止的存在，但它需要在变动中不断改良，才能真正实现法的目的和精神。法律需要为社会的发展和进步服务，因此，在社会管理中，当寻找法律依据、填补法律漏洞、运用替代方法全都失灵时，就有必要要求立法机关、有权机关或者修改法律，或者重新制定法律，授予管理机关权力，增设被管理者义务，限制被管理者的权利。通过这些方式，可以逐步地缓解、协调社会管理创新和法治之间的紧张关系。

在当前形势下，以制度创新提高社会管理的科学化水平，需要在以下方面有所作为：改进政府提供公共服务方式，加强基层社会管理和服务体系建设，增强城乡社区服务功能，强化企事业单位、人民团体在社会管理和服务中的职责，引导社会组织健康有序发展，充分发挥群众参与社会管理的基础作用；完善和创新流动人口和特殊人群管理服务；正确处理人民内部矛盾，建立健全党和政府主导的维护群众权益机制，完善信访制度，完善人民调解、行政调解、司法调解联动的工作体系，畅通和规范群众诉求表达、利益协调、权益保障渠道；建立健全重大决策社会稳定风险评估机制；强化公共安全体系和企业安全生产基础建设，遏制重特大安全事故；加强和改进党对政法工作的领导，加强政法队伍建设，切实肩负起中国特色社会主义事业建设者、捍卫者的职责使命；深化平安建设，完善立体化社会治安防控体系，强化司法基本保障，依法防范和惩治违法犯罪活动，保障人民生命财产安全；完善国家安全战

---

① Richard A. Posner. 1976：Blackstone and Benthame ［J］. Journal of Law and Economics，Vol. 19，No. 3，The Revolution in Social Thought.

略和工作机制，高度警惕和坚决防范敌对势力的分裂、渗透、颠覆活动，确保国家安全。

七、在根本制度、基本制度、具体制度和实施机制的关系结构中把根本制度、基本制度建设摆在突出位置，以制度革新清除改革发展中的体制机制障碍

中国特色社会主义制度是一个位阶型体系，组成体系的诸要素具有种种差异，包括结合方式上的差异，从而使系统组织在地位与作用、结构与功能上表现出等级秩序性，形成具有一定差异的系统等级。这一体系由根本制度、基本制度、具体制度和实施机制构成。具体来说，包括人民代表大会制度，中国共产党领导的多党合作和政治协商制度、民族区域自治制度以及基层群众自治制度等基本政治制度，中国特色社会主义法律体系，公有制为主体、多种所有制经济共同发展的基本经济制度，以及建立在这些制度基础上的经济体制、政治体制、文化体制、社会体制等各项具体制度和实施机制。

在根本制度、基本制度、具体制度和实施机制的关系结构中把根本制度、基本制度建设摆在突出位置，是考虑到根本制度和基本制度具有决定意义。根本层面的制度，就是在制度体系中起决定性作用的制度，反映了制度体系的本质内容和根本特征，体现了制度体系“质的规定性”，是一种制度体系区别于其他制度体系的主要标志。基本政治制度和基本经济制度作为基本层面的制度，规定着国家政治生活、经济生活的基本原则。基本层面的制度是制度体系中的基本内容，对国家经济社会发展有着重大影响。根据十八大报告，要着力完善人民代表大会制度，健全社会主义协商民主制度，完善基层民主制度，全面推进依法治国，深化行政体制改革，建立健全权力运行制约和监督体系。

公平正义是中国特色社会主义的内在要求。要在全体人民共同奋斗、经济社会发展的基础上，加紧建设对保障社会公平正义具有重大作用的制度，逐步建立以权利公平、机会公平、规则公平为主要内容的社

会保障体系，努力营造公平的社会环境，保证人民平等参与、平等发展的权利。要始终坚持公有制为主体，毫不动摇地巩固和发展公有制经济，为实现共同富裕奠定坚实的经济基础；在强调多种分配方式并存的同时，坚持按劳分配为主体，坚持在初次分配和再分配上都处理好效率和公平的关系，再分配更加注重公平；在强调一部分地区率先发展的同时，坚持地区之间、城乡之间协调发展，努力缩小地区之间、城乡之间的发展差距，推动东、中、西部地区协调发展；在强调一部分人先富起来的同时，坚持健全和完善社会保障体系，采取各种举措提高低收入者收入，不断缩小贫富差距。中国特色社会主义制度通过各种制度安排，保障人民共享改革发展成果。

八、在制度共性与制度特性的关系结构中把制度特性建设摆在突出位置，以制度效益为中华民族的复兴和社会主义现代化的实现提供有力支撑

十八大报告强调，要积极借鉴人类政治文明有益成果，绝不照搬西方政治制度模式。在当今时代，人类文明的走向已从线性的、排他的发展观转向系统的、兼容的世界视野和多元文明关系格局，全球化潮流呈现出浩汤之势。在这种背景下，社会主义要赢得与资本主义的比较优势，“我们的方针是，一切民族、一切国家的长处都要学，政治、经济、科学、技术、文学、艺术的一切真正好的东西都要学。”① 但是，中国特色社会主义制度有根本制度、基本制度、具体制度和实施机制之分，它们的有机结合与协调运行，构成了社会主义政治文明的制度基础和内在结构。在根本制度和基本制度层面，决不能照搬西方模式，必须坚定不移走中国特色的社会主义道路。在具体制度和实施机制方面，固然可以借鉴人类政治文明的有益成果，但必须在认真研究的基础上，分清良莠、择善而从，而不能顶礼膜拜、照搬照抄。实践证明，即便是在

① 《毛泽东著作选读》（下册），人民出版社1986年版，第740页。

他国有效的制度模式，如果不顾国情，照搬照抄，也会出现“水土不服”的严重后果。

在制度共性与制度特性的关系结构中把制度特性建设摆在突出位置，需要进行制度效益分析。中华民族的复兴和社会主义现代化的实现，需要有坚强的制度基础，只有产生高效益的好制度才能担当起这样的角色。一个具有正效益的制度，一定是体现社会主义基本矛盾的运动规律，反映社会主义初级阶段的国情，符合发展经济、健全民主法治、加强精神文明建设的原则，体现社会主义的特点和优势的制度。所以，制度建设必须坚持从我国国情和实际出发，把改革开放和社会主义现代化建设的伟大实践作为制度基础，紧紧围绕经济建设这个中心任务，紧紧围绕全面建设小康社会的奋斗目标，紧紧围绕推动科学发展和促进社会和谐构建制度体系。正确把握改革发展稳定的关系，妥善处理制度稳定性与实践变动性的关系，妥善处理制度前瞻性与可行性的关系，确保制度体系的建设过程与改革开放和社会主义现代化建设进程相适应。

九、在制度创设和制度优化的关系结构中把制度优化摆在突出位置，以制度文明为良法善治提供前提基础

通过制度来治理国家，需要创设大量的正式制度和非正式制度，需要良法善治。良法善治是合规范性、合正义性与合目的性的统一，也是合法性、民主性与科学性的统一。良法善治的前提是制度具有较高的文明程度，因此，要高度重视制度本身的执行力和可实施性，包括程序性、可操作性、可核查性和可追究性，高度重视制度的针对性、相对性、整体性、协调性和与时俱进性。以下方法的综合运用可防止立法质量的降低，甚至可以提高立法质量：通过授权立法，解决权力来源、立法目的、权力边界等问题；通过立法法等规定设定实体要件和程序标准；建立科学、民主、符合立法规律的立法程序确保立法的质量和立法争端的解决；通过公布前的征求意见、送审、备案或批准

程序防止委任立法权的滥用；通过公布后的审查程序纠正违宪、违法或侵权的立法。

制度的创设难能可贵，制度的优化任重道远。在完善制度的过程中，要做到：第一，充分认识我国目前的制度存在自我完善的空间。社会主义制度不仅是理性选择的产物，也是历史发展的必然，是制度积极建构与自生自发相结合的产物。充分认识制度的自我完善的可能性，要求我们明确重点、找准突破口，才能有所作为、事半功倍。第二，深刻认识制度自我完善的规律。推进制度的自我完善要准确把握制度建构和运行规律，立足本土法治资源，准确把握社会主义初级阶段基本国情，深入研究我国的历史、文化和发展的阶段性特征，注重制度发挥作用的社会条件和要素，在认真分析、科学评估的基础上加以完善。第三，积极探索制度自我完善的机制。推进制度自我完善，需要注意以下几个方面：要通过多学科综合研究和实际调研，想办法动脑筋，寻求制度的帕累托最优和帕累托改进；通过宏观鸟瞰和微观考察，构筑制度有效实施的大局“势能”和个体“动力”，顺势借力，实现制度的有效实施与自我完善；更加重视程序法制，在社会转型时期实体规范很难定型化，且很难及时跟进不断变化的社会现实。制定优良的程序规范不仅可以有效地规范各类社会主体的行为，而且可以保持法律的相对稳定性，不失为当前社会主义法治和中国特色社会主义制度建设的首选方案。

十、在制度供给和制度贯彻落实的关系结构中把制度贯彻落实摆在突出位置，以制度兑现履行神圣庄严的执政承诺

制度供给固然重要，更重要的是既已确立的制度在现实生活中得到贯彻落实。制度的贯彻落实作为中国特色社会主义建设的重要组成部分，是制度实现和承诺兑现的攻坚战，是法治国家建设的主体工程，是全体国民自由、安全和福祉的终极屏障，是国家长治久安和科学发展的根本保障。由于法律在国家制度中处于核心位置，在制度供给和制度贯

彻落实的关系结构中把制度贯彻落实摆在突出位置，要求我们尤其要重视和加强法律实施工作，使法律在实施中更加具有尊严，使神圣和庄严的执政承诺在现实中得以兑现。

法律实施是一项伟大的事业，需要全社会同心协力。其核心标准是六个字：准确、全面、有效。要实现这些目标，需要全社会各方主体同心协力。包括：需要立法的民主、良善以及可操作、可执行性；需要执法的积极、规范、适度与平等；需要司法的公正、高效、权威以及司法能动作用的发挥；需要法律监督的有效、理性与科学；需要社会组织的自治、参与和协力；需要法学教育、法学研究和法制宣传工作者的奉献精神与真知灼见；需要全体国民的诚信、自觉守法与积极理性的维权精神；需要执政党正确的领导、高度的自律以及对依法执政的坚守。

法律实施是一项系统的工程，需要精心设计并进行全方位的机制建构。当前，要特别注意以下机制的建构与完善：理性的法律文化，科学的法律理论，健全的法治观念、理念、精神、信仰的形成机制；法律权威和司法权威的维护机制；良法善治的再造机制；法律解释与法律漏洞的填补机制；法律规范性文件的审查与过滤机制；全体国民自觉守法的利益导向机制；法律实施的资源优化配置机制；法律实施的监督制约机制；法律实施的环境改善机制；法律人才的塑造和培养机制；法律手段与其他手段共治机制；法律争议和社会矛盾的化解机制；法律实施效果的反馈评价与改良机制等等。

法律实施是一场艰难的革命，需要痛下决心排难纠偏。法律实施面临一系列难题需要解决、一系列困境需要摆脱、一系列矛盾需要化解。在这种背景下，需要法律实施者坚守良知和正道，抵制不良的执法行为和各种越轨违法行为。当前尤其要注意克服一些不正确的执法倾向，如：钓鱼执法、寻租性执法、非文明执法、不正当限制性执法、选择性执法、运动式执法、疲软式执法、滞后性执法等等。要使法律实施卓有成效，以上执法倾向必须引起我们高度关注，设法克服。

需要申明的是，“把制度建设摆在突出位置”绝不等同于“制度决定论”或“制度中心主义”。所以，在期待和建设良好的制度安排的同时，也要对制度的局限性保持一个清醒的认识。一是单一性和行为多样性的矛盾。社会发展是多种因素共同作用的结果，制度只是其中一个因素，诸如思想、情感等许多事情是它管不了也管不好的。二是规定性和选择性的矛盾。从维护秩序的角度，制度规定的越细越好，但制度规定的越细，人们选择的空间越小，从而越不利于积极性、创造性和潜能的发挥。三是稳定性与变化性的矛盾。稳定是制度的特性，稳定的制度面对不断变化的现实，必然会由开始时的适应逐渐走向不适应。只有树立一种全面而理性的制度观，才能使我国的制度建设中道而行，免于歧途和偏颇，并为中华民族伟大复兴和社会主义现代化早日实现发挥正面的、应有的作用。

第三章　党的领导、人民当家作主和依法治国有机统一的制度逻辑

党的执政方式系指执政党介入、运用国家政权以实现政党纲领、目标的途径、形式和方法。决定政党执政方式的核心要素是体制结构。一个国家的执政党的执政方式是该国政治发展的重要内容。党的十六大提出依法执政的理念，明确指出“要把坚持党的领导、人民当家作主和依法治国统一起来，不断提高依法执政的能力。”如何实现三者有机统一，做到依法执政、民主执政、科学执政，当下最要紧的是要解决具体路径问题。

一、执政党应当与行政机关和司法机关分开，而与国家权力机关保持高度的融合

中国共产党既然是执政党，党与作为国家政权机关的“政”（主要指权力机关）① 就不能或难于分开。这是因为：依法执政必然要求我们党依照法律进入国家政权，并在其中处于主导地位，领导权力机关的立法和监督活动；党游离于政权之外，就只能观政或督政，而不是执政；党在政权外围进行领导，其领导力的发挥和实现在很大程度上取决于党的主要负责人的个人素质和能力，而不能充分运用宪法和法律赋予的权

① 这里的“政”是指国家政权机关意义上的“政”，狭义上的“政”是指行政机关和司法机关，不包括立法机关或权力机关等。

威实现领导；党在不进入国家政权的情况下实现对国家的领导，必然形成两种不正常状态：要么对行政机关和司法机关进行法定程序之外的干预，要么丧失对国家的领导权；世界上所有执政党均无一例外地与国家政权保持密切关系，只有在野党才在政权之外指手画脚；党政分开容易形成宪法运作规则与党的领导规则（现实中大多是潜规则）的不协调甚至冲突，从而导致党政关系的紧张与摩擦。但是，党与具有执行性质的行政机关和司法机关应当适当分离①，因为行政机关必须依法行政，司法机关应当依法独立行使司法权，党在其中不仅发挥作用的空间不大，而且党的过分融入容易扭曲领导者的角色定位。实际上，只要行政机关真正依法行政、司法机关真正依法独立公正地行使司法权，实际上就已经实现了党的意志和党的领导，因为法律本身必须体现党的政策，而且法律本身就是党领导人民通过权力机关所制定的。如果党认为法律不能代表党和人民的意志，那就应当通过正当程序修改和完善法律，而不是指示行政机关和司法机关不执行或偏离法律，或在法律之外另搞一套——这正是治国理政的大忌。

二、各级权力机关应当成为党政融合的主要平台

在1949年之前，由于我党长期处于革命党地位，并处于革命战争环境，根本不可能利用国民党的政权组织实现自己的领导权，而且由于国民党的白色恐怖，总体上需要高度集中统一的领导，这种背景造成了党不善于通过权力机关实现对国家的领导的状况。1949年以后，中国共产党从革命党变成执政党，本应随即改变党对国家的领导方式，但当时的国际国内环境使这种转变难于实现，加之革命党的惯性思维，这种状况得到了长时间的延续。

执政党与国家政权要融为一体，必须有一个基本平台或场所。各级权力机关正是党政融合的主要平台或场所。主要理由是：权力机关

① 笔者认为，邓小平等领导人所强调的“党政分开”大都是在这个意义上说的。

（亦是立法或规则制定机关）就其性质和功能而言，适合政党活动；政党作为吸纳、整合、表达民意的工具应当主要在权力机关活动；人民代表大会制度为中国的根本政治制度，全国人民代表大会是中国的最高权力机关，赢得这一“政治高地”，才有可能实现对国家的领导权；在国家立法、行政、司法、军事诸种权力中，只有立法或权力机关适合于政党活动；各个政党在权力机关（或议会）进行活动或博弈是政党政治的主要特征。

三、党通过权力机关的四种权力并按法定程序足以实现对“政”的领导

各级权力机关拥有四种权力：一是立法或规则制定权；二是人事选举任命权；三是重大事项决策权；四是监督权和罢免权。党可以通过权力机关的立法权和规则制定权，设定所有公权力机关以及全体国民的行为规范；通过人事选举任命权实现对行政机关、司法机关和军事机关的组织领导，确保德才兼备的人员担当大任；通过重大事项决策权，合理配置公共资源，为公共权力机关确定任务和目标；通过监督权和罢免权的行使，对违法行使公权力的所有公职人员实行问责，确保党的路线、方针和政策得到贯彻实施。可见，用好以上四种权力，就足于实现对行政、司法（审判、检察）、军事诸权的控制和对国家其他公共权力机关的领导，完全没有必要由党的组织直接干预行政机关和司法机关的具体事务。[①] 通过权力机关并按照法定程序实现对国家的领导，既可以最大限度地获得领导的正当性与合法性，又符合现代民主政治普遍的运作规律，还可以真正有效地实现党与政（行政机关和司法机关）的分开。我党在苏区，就曾经提出“一切权力归农会，一切权力归苏维埃”的

---

① 在革命战争年代，我党就强调“党的主张办法，除宣传外，执行的时候，必须通过政府的组织。国民党直接向政府下命令的办法，是要避免的”。见毛泽东：《井冈山的斗争》，载《毛泽东选集》第一卷，人民出版社1991年第2版，第73页。

口号，并要求“党在苏区的一切政策，必须经过党团的活动，而成为各级苏维埃政权的施政方针”。这种经验是非常宝贵的。当然，确实存在党的政策或决定不一定全部被权力机关接受或通过的风险，在这种情况下，党的组织不能以领导者和执政者的地位强迫权力机关接受，只能在尊重权力机关决议并严格执行权力机关决议的同时，广泛深入宣传自己的主张，在条件成熟和取得共识或多数人支持的情况下，再通过权力机关实现自己的主张。

四、党的各部委的主要工作阵地应当是权力机关的相对应的委员会

要实现党与政权机关的统一与融合，仅仅通过各级党委的主要负责人兼任各级权力机关的主要职位（如党委书记兼任人大常委会主任）是不够的。一些地方的实践证明，如果各级党委的所属部委不融入权力机关，各级党委主要负责人的“屁股”就很难真正坐到权力机关中来，其结果使权力机关的地位不升反降，党对各级政权机关的领导仍然是“体外循环”，统一与融合的目的仍然难于实现。因此，要实现党与国家政权机关的统一与融合，必须使中央和各级党委的部委（组织部、宣传部、政法委等）的工作重心转移到各级权力机关的相应委员会（如联工委、科教文卫委员会、内司委等）中去，并通过相应的委员会实现对行政、司法的领导。这样各级党委的部委对行政和司法的领导，原则上通过人大常委会的四种权力实现，而不是直接干预行政和司法机关的具体事务。为了使这种统一和融合切实有效，中央和各级党委的部委主要负责人应当通过民主选举程序成为各级权力机关相应委员会的负责人，以便各级权力机关的委员会切实贯彻党的路线、方针和政策。

五、要确保中共党员在各级权力机关中占据多数席位

通过权力机关实现对国家的领导的一个必要的前提是：中共党员必

须通过民主选举程序在各级权力机关中占据多数席位。早在革命战争年代，中共中央就认识到这一点的极端重要性，并且曾经发布通告指出：苏维埃是直接选举产生的民众政权，苏维埃的组织必须经过群众大会或代表会议选举，禁止由党部指派。正是在这一点上存在着丧失执政地位的潜在风险，也正是在这一点上，考验着中国共产党及其党员的执政能力和水平。要真正落实人民当家作主，中国共产党就必须接受人民的选择，这是中国共产党获得长久执政合法性和巩固自身执政地位或迟或早必须过的一道坎！这也是中国共产党证明自己执政正当性或合法性所必须具备的形式要件！中国共产党应当利用自身“三个代表”的优势和几十年的执政经验和成就，尽快完成由“因打天下而坐天下”到因人民真心实意的选择和拥护而执政的转型。诚然，走出这一步可能具有风险，但坐食老一辈无产阶级革命家所创造的红利却具有更大的风险！党要逐步学会接受和适应全体人民的自主选择，党员要熟悉议会政治和博弈，要在大风大浪中学会游泳，在可能有风险的地方学会抵御风险。

六、党应当通过权力机关的平台实现与参政党的民主协商和与各种利益集团的合作

中国共产党领导的多党合作和政治协商是我国几十年来非常宝贵的经验。它不仅契合了现代交往沟通理性、协商民主和共识正义的精神，而且有利于实现和谐政治以及执政党与各参政党的团结合作。根据政治运作规律，中国共产党作为执政党，除了在国家政权机关之外就重大事项与各民主党派进行磋商以外，还应当将权力机关作为民主协商的主要平台，作为各民主党派参政议政的重要场所，以便使各参政党的意见作为国家意志的组成部分，使国家意志无论在实质上还是在形式上均体现各参政党的意志，从而使民主协商制度更具有规范性、可持续性和强大的生命力。

执政党要通过权力机关这个平台完成其整合各方面的意志、利益、

诉求的使命，就必须使权力机关成为真正能够反映各个方面、各个地区、各个民族、各个群体的利益、意志、愿望、诉求的场所。而要实现这一目标，必须进一步改善各级权力机关的代表结构和人大常委会组成人员的结构。并通过议事规则和程序的正当化，实现执政党与各种利益集团的合作。

七、党应当为行政机关依法行政、司法机关依法独立公正地行使司法权创造条件

党组织以党的名义直接行使行政权力和司法权力，或者直接以党组织的名义甚至以党组织领导人的名义对行政机关、司法机关及其工作人员下达指示或发号施令，尽管在特殊的历史阶段有着一定的合理性①，但长此以往，必然弊端丛生：党如果立于国家机关之上，直接对行政机关和司法机关发号施令，这一方面无疑会弱化权力机关的宪法地位，另一方面会造成行政机关和司法机关，是执行来自权力机关的法律规范和决定还是执行来自党的政策和指示的选择困境；如果党的组织自身国家化、行政化，则显然是以党代政的做法，这不仅虚化或弱化了行政机关和司法机关的权威，而且使党组织扭曲了政党功能，将自己直接置身于各种矛盾和冲突的前沿，并终将成为各种矛盾的焦点。因此，党对行政机关和司法机关的领导应当通过权力机关的四种权力运作机制（尤其要通过法定程序）进行，而不宜对具体决定和裁判直接发布指示和意见，从而为行政机关依法行政、司法机关依法独立公正地行使司法权创造条件。如此，既可以防止党员利用党的领导地位以权谋私，也可避免党委或领导个人作出决定而行政机关和司法机关被动负责等权责分离的情况。

---

① 值得注意的是，即使在需要权力高度集中的战争年代，我党也曾明确要求纠正“党委包办政权系统工作、党政不分的现象”。

八、党要在权力机关通过民主机制实现对人民的高度负责并体现人民当家作主

根据以上设想，应该说能比较好地体现党对国家政权机关的领导，并能按照宪法和组织法所确定的权力运行规则进行治国理政，接下来是如何真正体现人民当家作主的问题。这里最关键的环节，一是党的优秀分子如何接受人民的选择，并通过公开透明公正的选举程序，成为权力机关的成员，尤其是在选举的技术层面要做到更加科学和严谨；二是党如何通过自己的组织系统，并通过权力机关这个平台，最大限度地听取、吸纳、整合、集中民意，使法律规范和重大决策充分体现全体国民的利益和需求；三是如何使权力机关的立法、规则制定、决策、人事任免和监督切实建立在全体公民真正有效地参与的基础之上。

要实现上述目标，一是要形成一系列的规则和程序，通过这些规则和程序，不仅在实质上体现人民的意志和利益，而且整个过程和形式亦能充分体现人民当家作主；二是要建立权力机关内部的党团活动制度，使各党团活动制度化、规范化、程序化；三是要规范权力机关内部的党团和机构与各种“院外集团”的关系，防止内部党团和机构被“院外集团”所俘获，从而在权力机关内部和外围建立透明、正当的游戏或博弈规则，防止“议会玩家”以个人意志或少数人的利益强奸或裹挟民意；四是建立有效的权力机关所有成员向选民负责、接受选民监督的制度，尤其是要完善弹劾罢免和取消授权的程序；五是建立有效的公民参与机制，尤其是要确保正确合理的意见和建议得到及时吸纳。

九、通过修改宪法和组织法，对权力机关的权力进行优化配置，进一步完善人民代表大会制度

一旦各级权力机关真正成为权力中心，各种利益集团必然通过种种方式影响这个中心，中心的所有人员都可能成为俘获的对象；当党的工

作重心转移到权力机关之后，原来被党的领导权所遮蔽的权力必然会壮大起来，权力机关“一股独大”的风险也会显露出来；任何权力都有膨胀、腐化或被滥用的可能，拥有四种巨大权力的权力机关更无例外之可能。因此，必须在时机成熟的时候，通过修改宪法和组织法，在权力机关内部建立科学的分权制约关系，并对其内部的各种权力进行优化配置；通过修改完善权力机关的议事规则和程序，使其运作过程和方式具有高度的民主性、科学性和正当性；通过完善权力机关与行政机关、司法机关的关系规则，防止权力尤其是四种权力的滥用；在全国人民代表大会之下，设立与全国人大常委会平行的宪法委员会，履行违宪审查等应当由其履行的职能，防止“一股独大”所引起的弊端。

十、党要通过竞争和人民选择的压力，大力强化党的自身建设

党的执政方式的转变，必然使党面临与其他民主党派和利益集团进行政治竞争的压力；党要接受人民的选择，也必然使那些脱离人民、以权谋私、无所作为的党员无立足之地。这些压力，或迟或早总会发生，正所谓“躲得过三月三，躲不过九月九”。理性地说，晚发生不如早发生，在危机时刻发生不如在稳定时刻发生。事实上，这种压力正好成为执政党加强自身建设的巨大动力。党要利用这些机会，启动新的党的建设伟大工程，严格党的纪律，整顿党的作风，建立科学的党组织的政绩评价机制，尤其是要强化党内的民主机制建设，切实提高全体党员的执政能力和执政水平，真正实现依法执政、科学执政、民主执政，为长久执政打下坚实的基础！

第四章　科学立法与良法为治

有法可依，是法治国家的前提和基础，但这里强调的必须是有“良法可依”。宋代王安石变法时曾说：“立良法于天下者，则天下治。”这句话充分表明了良法对于一个国家稳定和发展的重要性。没有良法，法治就无从谈起。1978 年，党的十一届三中全会指出：“为了保障人民民主，必须加强社会主义法制，使民主制度化、法律化，使这种制度和法律具有稳定性、连续性和极大的权威，做到有法可依，有法必依，执法必严，违法必究。”1997 年党的十五大报告和 1999 年宪法修正案正式将“依法治国，建设社会主义法治国家”确认下来。经过 30 多年的努力，目前，我国已制定现行宪法和有效法律 240 多部、行政法规 700 多部、地方性法规 8600 多部，形成了中国特色社会主义法律体系。[①] 但现实告诉我们，人民群众对立法的期盼，已经不是有没有法，而是好不好、管用不管用、能不能解决实际问题；不是什么法都能治国，不是什么法都能治好国；越是强调法治越是要提高立法质量。因此，不仅要强调依法治国，而且要强调良法为治。我国离“良法为治”尚有一定距离。

---

① 《中国特色社会主义人权法律保障体系已经形成》，来源《中国新闻网》，转引自中国法学网，登陆时间 2013 年 2 月 27 日，http：//www. iolaw. org. cn/showNews. asp？ id = 32563。

一、为什么要强调“良法为治”

法治的精神不仅在于依“法”而治，而且同时要求为治之“法”为良法。前者是法治的形式要件，而后者构成法治的实质要件和价值基础。将法治等同于“良法之治”，始于亚里士多德，在他的名著《政治学》中，对理想的法治提出了明确的要求，认为法治主要包含两重意义：“已成立的法律获得服从，而大家所服从的法律又应该本身是制定良好的法律”①。从亚里士多德对法治基本含义的阐述可以看出，“良法”是建立法治的基本条件。亚里士多德对良法理论的发展具有奠基性的重要意义。其后，西方的思想家们对良法问题的探讨一直没有停止过。卢梭认为：“立法的根本任务就是保障全体公民的幸福、福利、自由和平等，而实现自由和平等则是一切立法体系的最终目的和全体人民的最大幸福。”霍布斯说：“良法就是为人民的利益所需要而又清晰明确的法律。”② 在当代中国，学者对良法也有不同的探讨。学者程宗璋认为：“所谓良法，是指通过实在的民主方式，在国人基本道德价值基础上制定的，正确估价人性、国情，能有效约束、控制行政权力，顺应世界发展潮流，最终使国家长治久安、持续发展的法律。”③ 李步云教授认为：“广义的良法就是真、善、美的法，‘真’是指法的内容的合规律性，‘善’是指法的价值的合目的性，‘美’是指法的形式的合科学性。”④

多年来我国法律上“量”的增长，并没有自然地带来“质”上的突破，关键就在于所立的有些法，尚未达到“良法”的要求。因为只有“良法”，才能保障和体现人民的意志与利益；只有“良法”，才能管理好国家事务、经济文化事务；只有“良法”，才能全面实现人

---

① ［古希腊］亚里士多德：《政治学》，吴寿彭译，商务印书馆1994年版，第199页。

② ［英］霍布斯：《利维坦》，黎思复、黎廷弼译，商务印书馆1985年版，第113页。

③ 程宗璋：《良法论纲》，载《玉溪师范学院学报》2003年第3期。

④ 李步云、赵迅：《什么是良法》，载《法学研究》2005年第6期。

民当家作主，才能实现社会正义；只有“良法”，才会以其本身的内在说服力受到社会成员的信任，成为社会成员的信仰，从而获得应有的权威。

那么究竟什么是我国建设社会主义法治国家的过程中所要求的“良法”呢？我们认为，法治国家所要求的“良法”应满足三个基本条件：一是经过正当程序制定；二是反映广大人民的意志并体现客观规律；三是体现并平衡各种价值，统筹各方面的利益关系，并能公平地分配各种利益。

法律的良善永远是法治社会的一种追求，我们只能越来越接近这个目标，而不可能永远做到这一点。既然“恶法”在现实中不可避免，我们就必须回答一个问题：是“恶法亦法”还是“恶法非法”？[①] 从法律适用的角度看，行政执法机关和司法机关对于“恶法”应遵循不同的处理原则。行政执法机关基于上下级领导关系，发现上级制定的规范不妥，应当及时报告，但在有权机关作出撤销决定以前，应该执行。因为行政执法机关的职责是根据现有的法律法规执法，以维护法律的权威，如果执法人员能随便以某个法律不公正为由而不予遵守，那法律的权威便荡然无存，又怎么能奢望其维护广大人民群众的合法利益和社会的秩序？而司法机关在行政诉讼中承担着监督行政的职能，基于审判权的完整性和履行监督职能的必要性，对于行政规范应有一定的选择适用权。但是，从根本上解决问题，要尽量避免出现“恶法”。因此，从制

① 在西方法学史影响最大、时间最长的自然法学派，特别是古典自然法学派，坚持实在法与自然法的二元分离。在自然法学家看来，自然法是人的理性的体现，是正义的体现。“良法”是符合自然法的法，是符合“理性法”或“正义法”的法律；而“恶法”则是与理性相违背的法律，是非理性的法律或不正义的法律。法律的效力来源于其道德性，不符合自然法的“恶法”由于缺乏道德性而不具有法律上的效力。自然法的基本命题是“恶法非法”。新自然法学继承了古典自然法良法论的基本观点，强调法律与道德的必然联系。富勒是新自然法学的主要代表人物之一，他着重于对程序自然法的研究。与自然法学派的“恶法非法”理论相对立的观点是以边沁和奥斯丁为首的分析法学派，分析法学派坚持法律与道德的分离，提出了一个与自然法学派“恶法非法”完全对立的命题——“恶法亦法”。奥斯丁的基本立场为现代新分析法学所继承，而法律与道德的分离是奥斯丁分析法学与新分析法学的共同之处，新分析法学派的代表哈特、麦考密克等人将法律与道德的分离作为一种法律理论是否属于分析法阵营的检验标准。

度建设的角度看，关键是要建立一种能够及时废止“恶法”的保障机制。《立法法》是一部比较系统地规范立法行为的法律，它对于保证法律的良善具有非常重要的作用。但是，规范立法行为还要设计一系列更加具体的规则。从守法的角度看，对于“恶法”，公民、组织应当有权拒绝履行其设定的不合理的义务，但也必须经过合法的程序，不能以抗拒“恶法”为由影响法律的权威性。面对不公正的法律，苏格拉底拒绝越狱并最终舍生取义，他的理由是：如果人人都以法律不公正为由而违反法律，那么社会岂不就失去了规范？法律的公正固然重要，但秩序同样重要。

二、良法的基本标准

亚里士多德将良法的标准总结为三点：良法是为了公共利益而不是为了某一阶级（或个人）的法律；良法应该体现人们所珍爱的道德价值（对古希腊人而言就是自由）；良法必须能够维护合理的城邦制度于久远。① 我国学者赵震江认为：中国法治秩序建构的障碍之一就是良法标准模糊不清，并提出了良法的“民主性、科学性、道德性”等三重标准。② 李桂林教授认为良法的标准表现为三个方面：在法的内容方面，必须合乎调整对象自身的规律；在法的价值方面，良法必须符合正义并促进社会成员的公共利益；在法的形式方面，良法必须具有形式科学性。③ 李龙教授认为良法的基本标准是：价值合理性是良法的核心要素；规范合理性是良法的形式表征；体制合理性是良法的实体要件；程序合理性是良法的运行保障。④ 上述观点从不同的角度论述了良法的基本价值，各有其道理。本书参照李龙教授提出的观点进行阐述。

---

① 王人博、程燎原：《法治论》，山东人民出版社 1998 年版，第 11 页。

② 赵震江：《法律社会学》，北京大学出版社 1998 年版，第 326 ~ 327，520 ~ 523 页。

③ 李桂林：《论良法的标准》，载《法学评论》2000 年第 2 期。

④ 李龙主编：《良法论》，武汉大学出版社 2001 年版，第 71 ~ 73 页。

（一）价值的合理性是良法的核心要素

何为法律的价值？美国当代著名的法学家E. 博登海默在所著《法理学——法哲学及其方法》一书中从“秩序”和“正义”这两个基本概念切入，系统讨论了秩序与正义，以及正义与自由、平等、安全和共同福利等等在法的价值体系中的地位、作用以及它们之间的关系。博登海默认为，可以根据两个基本概念来分析法律制度：秩序与正义。秩序表现法律制度的形式结构，正义表现法律制度的实质目的，正义中又包含自由、平等、安全、共同福利等更具体的目的。法律就是秩序和正义的综合体。[①] 我国学者沈宗灵在他主编的《法理学》一书中将法所促进的价值归纳为正义和利益两大类，并将利益看成衡量一种思想观、活动及其制度和事业是否合乎正义的最终标准。[②] 我们认为，法律价值应包括：

其一，正义、公平、秩序、自由、安全、和平。这些是自古以来人们追求的法的价值。不同的时期，不同的阶级，对其内容有不同的理解。正义是人与人之间组成的社会关系的正当性与合理性，其着眼点在于社会关系的和谐。而自由是个人意志的实现程度。二者相反相成，既统一又对立。法律正义的基础是人们普遍认可的保证相互协商以取得共识的规则，是实现个人自由的保障；而个人的自由要受正义、公平、秩序、安全等价值的约束。

其二，和谐、民主、人权、平等。民主，即人民主权，就是国家的一切权力属于人民。在立法程序中，民主的要求是民意的充分表达。人权是法治价值体系的核心内容。保护人权是人类终极关怀的重要内容，是国家得以稳定发展的前提，是国际社会公认的准则。尊重和保障人权是我国的宪法原则。法律应当促进人的权利的实现，法的实施应当体现

---

① ［美］E. 博登海默：《法理学—法哲学及其方法》，邓正来、姬敬武译，华夏出版社1987年版，第206～339页。

② 沈宗灵主编：《法理学》，高等教育出版社1994年版，第46页。

尊重和保障人权的要求。

其三，发展、福利、效率等等。真正的法治不仅意味着公民在处罚等不利处分方面一律平等，而且应在收益以及直接或间接的资源分配中机会均等。随着政府职能的调整，行政法应该在健全社会保障体系中发挥更加重要的作用，促进政府提供更多、更好的公共产品。立法必须有利于促进经济、社会、文化的发展，有利于保障和增进全体社会成员的福祉，有利于提高公共部门的管理水平和管理效率，从而提高整个社会组织体的整体效率。例如，我国的《清洁生产促进法》、《中小企业促进法》、《科学技术进步法》、《农业技术推广法》等法律，其立法目的就是促进发展，促进科技进步。

在确定法律的目的时，要注意处理好自由与秩序、平等与自由、民主与集中、公正与效率、发展与稳定、公共福利与个人权利等价值冲突。在形式意义上，法律是普适于人类社会的秩序。一方面，法律的实现应该以权利的实现为依归、为内容，因为现代法律的基本精神在于确认、保护和实现公民权益。另一方面，政府与公民、法人等法律地位虽然不平等，政府拥有管理权，而公民、法人等在行政关系中处于被管理者的地位。但是，二者在法律面前，在法律人格上应该是平等的。为此，要特别强调行政机关的责任。

良善的法律应该具备怎样的价值？我们认为，法律既要具备形式上的合理性，又要具备实质上的合理性。所谓形式上的合理性，是指作为一种法律规范，必须是普遍的、不溯及既往的，必须是统一的，在内部保持统一与和谐，包括法的语言、逻辑、结构、体系等形成一个协调的制度秩序。形式是为内容服务的，形式科学合理，能有效地体现法律正确的价值取向。[1] 所谓实质的合理性，是指法律规范必须符合人类生存和发展的条件，必须符合理性、正义、公平原则，符合社会所公认的价值标准，符合最广大人民群众的利益、要求和愿望。在我国，价值的合

① 李步云、赵迅：《什么是良法》，载《法学研究》2005 年第 6 期。

理性要求，所有的法律必须符合尊重和保障人权的要求，能够为构建社会主义和谐社会提供制度保障，应当符合社会主义市场经济发展规律等要求。保证价值的合理性，要注意做到：

一要注意价值的多元性。社会的多元化，价值的多元化，是社会发展不竭的动力。人类需求具有多样性，不同利益群体的存在是人类社会的常态。这种利益多元化内在地要求实行法治。与此相适应，体现社会意志的法律的价值也应该是多元的。当然，法律不可能满足人们的所有需要，法律应当超越人类的一般需求，在科学构建权利义务体系的基础上力求形成实现社会文明进步的秩序。民主政治在现代社会之所以受到普遍推崇，就是因为它为人们把自己的意志上升为国家意志提供了一种制度上的可能性。

二要注意价值的相对性。价值的多元化，以及不同价值的矛盾冲突，决定了法律价值目标的相对性。在法律适用过程中，法律的价值又要受到人的认识能力，即发现和认定事实能力的局限，在确实没有条件弄清楚案件客观事实的情况下，执法机关和司法机关只能依据证据规则认定事实，并依此适用法律。这样适用法律符合正义，但不一定公平，甚至会使立法追求的某种价值打折扣。这也说明法律追求的价值具有相对性，纯粹意义上的法律统一正确实施只是一种理想状态。

三要注意价值的差异性。“法律是一种地方性的知识”，一个地区的法律是由该地区的生产方式、人口条件、地理环境等社会物质条件所决定，并受该地区的民族精神、风俗习惯、社会心理等非物质条件的深刻影响。[①] 法律追求的价值，应当在充分考虑其统一性、普适性的同时，兼顾不同地域、不同民族、不同阶层、不同群体的利益需求。除专属于中央立法的事项之外，中央立法要为地方根据本地情况立法留有空间；地方立法要在维护国家法制统一的前提下，在中央立法的原则和框架之内，因地制宜，弥补中央立法不足，而不是简单的重复上位法的

① 李步云、赵迅：《什么是良法》，载《法学研究》2005 年第 6 期。

内容。

四要注意价值的不确定性。不同的时期，法律的价值目标会有所不同。法律价值的变化，要求法律规范与之相适应。而法的适应性与法的安定性互为矛盾，此消彼长。在社会转型期，立法显示出其适应性价值，主动地顺应社会变革。在社会关系稳定时期，社会结构趋于定型，既定的社会关系已为大多数社会成员广泛接受和认同，立法要发挥稳定社会关系，促进社会和谐发展的作用。1987 年至 2000 年的中国立法，具有明显的社会转型期的特点，主要表现为：立法程序基本上是自上而下启动的，注重立法过程中的专家参与，民众参与不多；强调立法的预见性和前瞻性；注重通过总结试点经验创制法律。这一时期，国家强调法律为社会主义经济建设服务的适应性，淡化法律实施的严格性和法的稳定性。进入 21 世纪以后，随着社会主义市场经济体制的逐步发展和完善，我国今后的立法将会更加注重其稳定性。

五要注意价值的主观性。法律不应当是立法者或者少数参与者的价值偏好，而应当是体现社会主义社会公平正义的权利、资源和利益的配置规则。立法应当尽可能反应与适应现实的条件和可能，应当从国情出发，从建设中国特色社会主义的实际需要出发，立足于解决中国经济与社会发展中的实际问题，制定能够体现社会主义中国新型社会关系的规律。

六要注意价值的衡平性。法律规则既是对过去社会关系的确认和总结，也有立法者预测、推断的内容，因而不可能适用于所有的案件情况。在个别情况下，如果适用现行法的具体规范可能会导致案件不公平的处理时，执法机关或者司法机关要从法律原则中寻求解决方案，以实现法律保障的最重要的价值。

（二）结构形式的合理性是良法的形式表征

法的结构形式的合理与否是衡量良法的形式标准。法的结构形式，包括法的语言、逻辑、结构、体系等等。从形式上看，良好的法律客观上要求法的结构合理完整、法律体系和谐一致、法律语言规范统一。

其一，法的结构合理完整。社会法学派的代表人物庞德在其所著《通过法律的社会控制、法律的任务》一文中指出：法是一批决定争端的权威性资料，具体包括律令、技术、理想三种基本要素。其中律令包括原则、规则概念、标准和学说等成分，是司法判案的主要依据和实体问题。技术则是指解释和适用法律的规定、概念的方法和在权威性法律资料中寻找审理特殊案件的依据的方法，是司法判案的程序性问题。而理想则是指一定时间和地点的社会秩序的图画以及通过法律的社会控制所要达到的目的。理想是司法判案的价值追求和远景目标。① 法的存在及其价值就在于律令、技术、理想，三个要素有机结合并协调运作，才能实现社会控制的最终目的。（1）法律规范的要素应当齐备，假定、处理、制裁要素必须得到严谨的表述，各要素之间必须构成一个逻辑严谨的整体，不能彼此脱节与冲突。（2）法律的逻辑结构和顺序合理，合理表达法的宗旨、立法原则、法的规范各部类之间的关系，某些概念的内涵和外延的解释以及法的生效方式，并做出科学合理的安排。（3）法律内容要完备，反映它所调整的法律关系产生、发展和消灭的全部过程。

其二，法律体系和谐一致。法律体系是由相互联系的法律规范组成的形式结构化的统一体。法律的基本构成单位是法律规范，法律体系内部法律规范之间具有客观的内部的联系，法律体系的统一性是指某法律体系内的所有法律规范之间相互协调、具有内在的逻辑统一性。② 具体包括以下三点：（1）内容完备，要做到法律各部门门类齐全，共同编织一张“疏而不漏”的法网，以保证社会生活的各个领域都有法可依。（2）结构严密，统一法律部门的不同法律之间、乃至不同法律部门的规范之间，实体法与程序法之间，要做到各种法律法规配套、上下左右

① 张文显：《二十世纪西方法哲学思潮研究》，法律出版社 1996 年版，第 369 ~ 370 页。
② 李龙主编：《法理学》，武汉大学出版社 1996 年版，第 325 页。

紧密配合，构成一个有机整体，并能适应社会发展变化，从而获得较强的稳定性与灵活性。（3）内部协调，法律体系各规范之间和谐一致，避免发生冲突，或者法律体系本身存在解决法律冲突的机制。正如恩格斯所说："在现代国家中，法不仅必须适应于总的经济状况，不仅必须是它的表现，而且还必须是不因内在矛盾而自己推翻自己的内部和谐一致的表现。"①

其三，法律语言规范统一。法律是普遍适用于社会成员的行为准则，其本身就应该具有统一性和规范性，因此，法律语言的统一和规范就具有了较其他学科更为重要的意义。只有正确使用法律语言，立法、司法、执法和守法以及法学研究才可以避免许多不应有的混乱，法的形式才能够很好地为法的内容服务。法律的用语、法律的结构等应当规范、科学，力求做到明确、简洁、严谨，不能含糊不清、模棱两可、晦涩难懂、前后矛盾。不仅要保证在同一个规范性法律文件中使用统一的名词术语，而且在不同的规范性法律文件之间也要保持协调一致。

（三）体制合理性是良法的实体要件

法律是国家权力的构造书，更是公民权利的保障书。法律关于国家权力体制的设定，不是目的，只是手段。良好的法律就是要通过国家权力体制的合理性设定，防止国家机关越权行使、滥权行使，来保障和实现公民的权利和自由。② 为了确保立法公正，维护国家法制的尊严，减少立法冲突，有必要在立法环节引入以下制度：一是公众参与立法的听证制度；二是立法活动不能由有利害关系的机关或者其工作人员主导的制度。要按照社会主义市场经济的要求，健全各项政府职能，同时完善对行政权力进行制约的机制，在强调行政机关接受立法机关、司法机关监督的同时，将对行政权的制约机制与人民民主、社会意志表达和个体

① 马克思、恩格斯：《马克思恩格斯全集（第4卷）》，人民出版社1972年版，第483页。
② 李龙主编：《良法论》，武汉大学出版社2001年版，第73页。

利益保障机制结合起来。我国并不缺乏一般意义上的监督制度，缺乏的是把来自公众的监督有效化和实效化的手段，缺乏把群众监督与监督权力启动相衔接的制度和机制。因此，对权力制约机制必须与公众监督结合起来。

（四）程序合理性是良法的运行保障

程序合理性包括立法程序的合理性、执法程序的合理性两个方面。法律的合理性不仅要求法律规范内容本身是合理的，而且要求其制定过程也是合理的，因为合理的法律只能从合理的程序中产生，没有合理的程序作为保障，合理的法律只是一种期望和愿望。公众参与是立法民主的具体体现，是立法反映民意的基本前提。为此，立法程序应当广泛听取社会各方面的意见和建议，通过公开征集建议、召开听证会、公开法律草案等办法，使立法工作向基层延伸，为群众参与立法提供有效便捷的渠道。对有重大争议的问题应采取充分辩论基础上票决的办法加以解决，而不宜由领导拍板确定。关于行政机关适用法律的程序，散见于专门规范某类行政行为或某种行政关系的法律之中，制定统一的行政程序法已迫在眉睫。制定行政程序法，应注意以下几个问题：第一，必须满足最低程度的公正性要求，也就是正当程序的要求；第二，必须高度重视行政效率问题；第三，必须注意国际公约以及 WTO 协议和规则对行政程序的特殊要求。法律适用程序至少应包含以下内容：任何人未经实质性审判或审查不得被追究法律责任或承担不利法律后果；对行政程序参与主体的权力与职责、权利与义务进行合理配置；利害关系人在合理期限内被实际有效告知的权利；利害关系人享有获得律师和其他合法代理人帮助的权利；利害关系人具有同等的参与程序机会和对等的地位；法律决定的作出过程高度透明，各方主体信息对称；利害关系人享有充分有效表达意见的权利；决定的作出过程与决定内容具有高度关联性；作出不利决定必须说明理由并具有足够的符合规则的事实根据和有效的规范依据。

法律的良善包括立法的良善和确保适用之法为良善之法。前者是对实体法的要求，后者是对程序法的要求。法律的最佳实施方式是公民、组织的自觉遵守。作为执法机关，应当为公民、组织自觉守法、主动履行法定义务创造条件。在保障法律实施的诸多手段中，应当优先采用劝导、说服、指导等手段，只有在采用非强制手段不能保障法律实施时，才采用强制或制裁手段。

三、确保立法的良善必须注意的问题

确保立法的良善，需要注意以下几个问题。

（一）通过民主程序整合意志，建立科学机制协调利益

立法特点决定立法的过程应该是协调各类意见的过程。为此，有些法律规范的制定需要引入听证程序。立法听证不能拘泥于形式而忽视参与听证、表达意见的主体的代表性、典型性、全面性。民主政治的基本前提是，公民的基本权益能够受到法律的有效保护。任何个体与政府、国家机关发生争议，应当有条件通过正当的程序得到公正的解决。因此，可以说，行政复议和行政诉讼制度对于实现社会主义民主、建设法治政府具有决定性的意义。

（二）要注意价值多元，避免价值偏向

中国的法治化改革是政府推进型的，行政法律制度的构建应当紧紧围绕建立法治政府这一目标，立足于转变和完善政府职能，保障个体权利，实现社会主义市场经济条件下的社会公平。每个人的偏好和选择都可能是不同的，那么就没有一种绝对的价值标准适用于所有人。不同的利益群体，对立法价值的理解和需要也不同。因此，避免价值偏向的基本方式就是，立法过程应当保证不同的利益群体有平等的表达机会，各种不同的意见都受到尊重。

（三）不能仅强调或表达强势阶级和阶层的意志，要善于表达共同意志和共同利益，善于兼顾各方利益

合理的程序一个很重要的方面，就是要确保各种利益集团在法律规范的形成过程中，能够充分地表达自己的意愿，并能确保其合理的意愿和利益被吸收和认可。在相互冲突的利益中，立法机关应当始终处于中立地位。立法者中立有以下五个方面的基本要求："第一，立法者给予不同的参与主体平等参与的机会，对各方的主张、意见、所持利益予以同等关注；第二，立法者不应有支持一方，反对另外方的预断或偏见；第三，立法者不得以语言或行为表现出偏见；第四，立法者不得进行可以被认为影响立法决策的公正性的公开或非公开的评论；第五，在处理本部门、本地方的利益与整体的、国家的利益关系时要公正权衡，不应为本部门、本地方谋取利益。"① 法律规则的创制通常涉及利益的重新配置和调整，立法过程中通过协商、沟通进行讨价还价、妥协让步是正常的。但这并不意味着可以放弃原则。建设法治政府，要建立与社会主义市场经济相适应的法律体系，实现社会管理和国家管理活动的规范化、法治化，必须按照社会主义市场经济规律的要求重新构建国家、集体、个人三者之间的法律关系，妥善处理根本、长远利益与现实利益的关系，防止部分行业利益侵蚀、挤压国家、公民及公共利益，为实现经济与社会健康和谐发展提供一种基本的制度保障。而要做到这一点，仅仅靠说服教育是不够的，必须建立规范、公平、有效的利益博弈机制。

（四）要破除对法制统一的盲目崇拜，尽可能不同情况不同处理

法律统一正确实施只是一种理想状态，是我们的追求。事实上，很

① 汪全胜：《立法回避制度论》，载《山东大学学报》2004 年第 4 期。

多看似类同的案件，在酌量情节上并不相同。即使情节完全相同的案件，由于当事人情况不同，适用不同的处理方式才能达到最佳的社会效果。这就要求立法机关具体问题具体分析，要在充分类型化的基础上调整社会关系，针对不同的具体情况在法律的框架内作出不同的处理。

（五）不能仅强调法律面前人人平等，也要注意立法上或法律内的平等

1776 年美国《独立宣言》宣布："一切人都是生而平等的，他们都享有造物主赋予的权利，包括生命、自由和追求幸福的权利。"1789 年法国《人权宣言》第 1 条宣布："在权利面前，人们生来而且始终是平等的，只有在公共利用上才显出社会上的差别。"第 6 条规定："法律对于所有的人，无论是实行保护或处罚都是一样的。在法律面前，所有的公民都是平等的，因此他们都能平等地按照其能力担任一切公职，除德行和才能上的差别外不得有其他差别。"我国宪法确认了"法律面前人人平等"的原则。宪法所要求的平等可以分为立法上的平等和法律适用上的平等，而立法的平等既是平等的起点，也是平等的基础。立法上的平等包括在立法过程中平等地表达意见的机会，立法确认个体平等参与社会资源分配和利用的权利。当然，平等权并不否认不同主体之间的合理差别。法律应当体现最大多数人的共同利益，同时也要保障少数人的基本利益需求。

此外，立法不能避重就轻、拈易怕难，不能遇到问题绕道走，必须直面矛盾，必须在矛盾焦点上"砍一刀"；必须高度重视法律的可操作性，注意灵活性和确定性的统一；要完善立法规划，突出立法重点，坚持立改废并举，提高法律的针对性、及时性和系统性；要创新法律实施方法，赋予法律以"自动"执行力，使法律本身具有可实施性。

四、建立科学的过滤机制保证所适用之法律的良善

科学合理的制度或规则是确保法律之良善的重要保障，良善的法律

离不开以下制度或规则的建立和运用。

（一）违宪审查或司法审查制度

公权力的正常运作，离不开来自外界的监督。对我国而言，完善对公权力的监督制度，关键是要构建自下而上的、来自社会的监督制度。在法治社会，所有的法都应当是“良法”，法治即良法之治。现代“良法”的底线就是要符合宪法的内容、原则和精神。建立相应的制度确保宪法实施，是实行法治的首要任务。当今之中国，“依法打架”的现象愈演愈烈，因此，近年来法学界一直有人呼吁设立违宪审查制度。同时，在所有监督中，司法审查必不可少。建立和完善司法审查制度，不仅是构建法治政府的需要，也是 WTO 规则的要求。司法审查对于保护相对人的合法权利，协调“官”民关系，促进社会稳定，监督公权力机关依法行权，建构法治和廉洁政府，推进民主政治建设，具有十分重要的意义。不仅如此，司法审查最独特的价值在于它是实现宪政的重要保障。宪法的核心理念是确保国家机关实现人民的意志和利益，社会主义法律是人民意志和利益的集中体现，司法机关对行政行为进行合法性审查的实质就是保障人民意志和利益的实现。根据我国行政诉讼制度的现状，可以考虑从以下几个方面完善我国的司法审查制度。一是要科学配制行政权与司法权。例如，对于采取强制措施、违反行政义务的制裁，宜将初步裁决权授予行政机关，将最终裁决权授予司法机关；赋予行政机关对某些民事争议的初步裁决权，同时赋予司法机关最终裁决权。二是要强化司法审查机关的独立性，包括：改革诉讼管辖制度，减少审查阻力；深化司法体制改革，摆脱地方保护主义对司法审查的不当干预，等等。三是要将规章以下的规范性文件纳入司法审查的范围。四是要完善司法审查程序，包括：增强庭审程序的公正性；进一步完善司法审查的证据规则和法律适用规则；在一定范围内增加司法审查的协调机制；增加司法审查裁判的透明度；建立保障司法审查效率的相关制度，等等。

（二）建立科学的法律解释规则

法律解释是由法律规范的不完善性和可裁量性决定的，它是法律之缺陷的一种补救措施。如果缺乏这一补救措施，法律的实现就可能要“缩水”，法律的社会价值就可能要走样，甚至法律就无法得到真正的实施，从而与立法者的初衷相悖。法律制定出来以后，每个人对法律条文的含义都有自己的理解。当某项具体的权利义务需要某个法律条文加以确定，而该规范的含义有待明确时，进行法律解释就是必要的。法律解释通常与具体的案件事实相联系，是适用性解释。在法律规定比较概括、原则的情况下，直接处理案件的执法机关和司法机关应该拥有一定的法律解释权能。如果法律疏漏的是一些基本问题，解释权原则上属于立法机关。如果法律中疏漏的是基本问题之外的技术问题等，解释权应该由执法机关和司法机关来行使。为了保证行政解释、司法解释的合目的性，应当确定有关的法律解释规则，明确法律解释的主体、权限，法律解释的条件、程序，法律解释的层次、效力与适用规则等。对于适用法律的机关来说，解释法律要从法条的词句入手，但必须弄清楚法条内在的含义、立法者的意图、法律适用的条件有无发生变化，而不能孤立地解释某个法条。

（三）冲突规范的选择适用规则

我国的立法是多层次的，各种法律、法规和规章之间相互冲突的情况难以避免。在我国的宪法体制下，如何适用相互冲突的法律规范是一个颇为重要的问题。关键的问题是，要建立一种冲突规范的选择适用规则。《立法法》规定了法律规范的效力层次、法律规范冲突的裁决权限，该法关于效力层次的规定重点解决了上位法与下位法的冲突问题。对于同一效力层次的规范，《立法法》规定适用裁决程序即由特定主体就存在冲突的规范进行解释、确认或裁决。但是，裁决程序过于复杂，远远不能满足执法和司法实践的需要。对于同一位阶的规范冲突，还需要赋予执法和司法机关有限的选择适用权。同时，确定一些冲突规范的选择适用规则，供执法和司法机关遵循，以防止选择适用权的滥用。

（四）自由裁量权的运用规则

在法治国家条件下，行政自由裁量权的存在与发展是由成文法的缺陷以及立法机关固有的局限性决定的，行政机关独有的高效率以及在特殊情况中的具体知识也是行政自由裁量权得以发展的重要原因。为防止行政自由裁量权的滥用，法律在赋予行政机关自由裁量权的同时，应当设定一些准则和条件，作为行政机关行使裁量权的规范依据，作为法院对行政行为的合法性进行实质性审查的依据。不仅如此，法院还应当注意运用“滥用职权”这一审查理由，加强对自由裁量权的司法控制。

（五）法律漏洞的填补规则

立法本身就是预见性地设定行为规范。立法者认识上的局限、法律实施环境的变化等，都会导致一些已经制定了法律的领域出现法律空白或者真空。即使在制定了法律的社会领域，法律有时也会难以适应社会的发展。在发展和变动着的社会里，法律空缺和法律空白是经常出现的。对于比较大的法律漏洞，一般需要通过立法机关作出立法解释或者制定、修订法律来解决。但是，法律规范往往是不能溯及既往的，因此，必须明确法律漏洞的填补规则。执法机关和司法机关在处理具体案件时发现的法律漏洞，往往由于时间紧急来不及作立法解释，可以从以下两种方法中择其一：一是建立统一的法律适用原则和从相关法律规范中推导出的适用规则；二是建立遵循先例的规则和制度，通过适用指导性案例保证法律适用的统一性、连续性和稳定性。

第五章　有法必依与依法行政

“有法必依”、“依法行政”尽管离实质法治的要求还有距离，但它是建设法治国家、法治政府和法治社会的基础，是法治政府建设的中心环节和核心内容。如果不能做到有法必依、依法行政，法治政府建设必将是一句空话。本书将有法必依和依法行政的基本要求和形式规则概括为四大方面：

一、行政主体必须以积极的行为，确保法律的实施

行政主体是行政法上的一个重要的概念，是指具有行政管理职权的机关或者组织。与行政主体相对应的是行政管理相对人，他们共同构成行政法律关系的双方。行政主体拥有行政管理职权，行政管理相对人在传统行政法中被认为是被管理者。行政机关是行政主体的一种，是行政主体最重要的组成部分。因为在行政法上并不是仅有行政机关才能行使管理职权，有些非行政管理机关在法律、法规的特别授权后也可行使行政管理职权，所以行政主体包括行政机关和由法律、法规特别授权的非行政机关。[①] 行政管理相对人不仅指公民、法人，还包括司法机关、行政机关、立法机关（当它们处于被监管的地位时），如最高法院违反了

---

① 在行政主体中，国家基本的主要行政职权都是由行政机关行使，法律、法规特别授权的非行政管理机关毕竟是少数，以至在很多情况下，人们将“行政机关”作为行政主体的代名词。如我国的《行政诉讼法》、《行政许可法》、《行政复议法》等法律所使用的“行政机关”，均相当于行政主体，实际包括法律、法规授权的非行政管理机关。

消防管理法规，受到公安部门的处罚，那么此时它就是行政管理相对人。一般认为，依法行政更多的是对行政权的限制首先是对行政机关的限制，但这样理解是不全面的。有法必依首先要强调的是行政主体必须以积极的作为来确保法律的实施①，主要理由如下：

第一，这是由行政机关的性质所决定的。行政机关是依法设置的行使国家行政职能的国家机关。它是国家权力机关的执行机关，其基本的职能是执行国家最高权力机关制定的法律和各级国家权力机关作出的决议、决定，其首要职责就是要贯彻实施好法律的规定和要求，确保法律的实施。

第二，这是由现代福利国家的给付行政所决定的。国家对社会实施管理经历了一个否定之否定的发展过程。在封建时代，行政带有很强的专制性，凌驾于社会之上。在资产阶级革命时期，资产阶级推翻封建专制君主的时候提出“国家的职能要简化”的口号，认为“干预最少的政府就是最好的政府”②。自由资本主义时期，期望自由竞争、贸易自由，不希望政府干预得过多，国家充当“守夜人”的角色，行政管理的疆域相对狭小，行政管理多限于国防、外交、社会治安、税收和邮政等几项基本职能。但是现代社会的复杂性日益增强，人民群众的需要也日益增多，社会迫切要求国家和行政机关对国家经济事务做出更多的干预，尤其是“福利国家”理念出现后，国家再也不能只是一个守夜人的角色，除了维护治安的角色之外，还必须为人民群众提供福利，以满足人民群众日益增长的物质文化需求。基于这样一种需求，国家行政职能也相应地被扩大和强化，政府机构不断扩张，对经济和社会生活的各个方面进行全面管理，以至于人们“从摇篮到坟墓”都依赖国家和政府。要为社会提供福利，为人民群众谋利益，政府应当主动实施行政行为。最早对给付行政加以系统阐述的是德国公法学者厄斯特·福斯多

---

① 这一点也是笔者所持行政法治观与其他行政法学者的区别之一。

② ［英］亚当·斯密：《国富论》，唐日松等译，华夏出版社2005年版，第17页。

夫，他在1938年发表的《作为给付主体的行政》一文中，提出了“生存照顾之给付理论”。[①] 给付行政基于保障人权和服务社会的理念而产生，强调行政权力以供给、支付等方式积极满足社会需要，积极增进社会福祉的理念，区别于秩序行政以管理和稳定秩序为基本理念，以强制和限制为手段消极维持社会秩序。“给付行政”就是要求行政主体用积极作为的方式管理社会。

第三，这是由国家行政管理的现状所决定的。我国行政监督产生于新中国成立时期，较完整的行政监督体系形成于20世纪80年代。随着行政监察机关的设立，行政诉讼法、行政复议法、行政处罚法等一系列配套的行政监督的法律和措施陆续出台，我国的行政监督体制日趋规范，行政监督体系也日趋完善，对行政机关依法行政发挥了重要作用。但同时也带来一个负面效应，有些行政机关感觉到干的事越多产生的问题就越多，受到当事人的起诉越多，承担的责任越多，与其这样还不如不干或少干。由于担心追究责任，有些部门害怕进行行政管理，情愿放弃自己的行政管理职权，导致很多事情无人过问。这就需要通过强化行政机关的积极作为落实法律实施的责任，防止出现更多的负面效应。

将行政主体必须以积极的行为来确保法律的实施作为依法行政的一条基本要求提出，主要是以基于以上三点考虑。如何实现行政机关积极的作为来确保法律的实施，主要有以下几点要求：

一是，立法机关应当根据行政机关的职能和任务的需要进行充分的、适度的授权。首先，行政机关对社会实施有效的管理必须被赋予充分的职权，包括行政特权，否则无法对社会实施有效的管理。行政特权，又叫做行政优益权，是国家为确保行政主体有效地行使职权，切实履行职责、圆满实现公共利益的目标，以法律法规等形式赋予行政主体享有各种职务上或物质上优益条件的资格。行政优先权和行政受益权组

---

① 转引自陈新民：《公法学札记》，中国政法大学出版社2001年版，第54页。

合构成行政优益权。行政优先权，是指国家为保障行政主体有效地行使行政职权而赋予行政主体职务上的优先条件，即当行政权与其他社会组织及公民个人的权利在同一领域或同一范围内相遇时，行政权具有优先行使和实现的效力，比如公安机关遇到紧急任务可以鸣警灯，让其他的车辆让路甚至逆行，这就是行政优先权。行政机关授予行政职权和优先权要充分，没有充分的授权，就难以实行有效的行政管理。但现存的问题是立法机关授予行政机关的有些权力不充分，该授权的没有授权。比如行政机关被授予处罚权，同时必须赋予该机关采取临时措施的权力，例如调查、搜查、扣押甚至是查封、扣留、传唤、讯问等权力，否则无法正确地做出处罚决定，无法追究违法行为人的法律责任，但有些行政机关并没有被授予有效的采取临时措施的权力。其次，授权要适度。凡事过犹不及，立法的授权应该与其行政职能相适应，过度的授权不仅会挤压行政相对人的权利，而且会造成权力的滥用。同时，要制定权力合法运用的规则和条件，建立权力行使的程序规范和监督权力行使的监督机制和制约机制。在监督制约权力滥用的条件都具备的情况下，应该给予行政机关充分的授权。如果仅仅因为害怕权力滥用而不授予行政机关相应的权力，反而不利于社会的有效管理。

二是，国家应当为行政主体实施行政行为提供必要的条件。前面提到，行政优先权和行政受益权组合构成行政优益权。行政受益权，是指行政主体享受国家所提供的各种物质优益条件。① 为了保证行政主体行使行政职权，提高效率，维护社会秩序，国家必须向行政主体提供物质条件，如财政经费、办公条件、交通工具等。巧妇难为无米之炊，如果没有必要的物质保障，即使赋予行政机关再大的权力，也无法有效的实施行政行为。若赋予消防机关防火的职责，但不配备消防车辆和设备，扑灭火灾就是一句空话。

---

① 行政受益权还有一种解释是指行政管理相对人依法通过行政主体的作为和不作为而获得各种权利和利益的权利。这里不取这种解释。

三是，行政主体不能随意地放弃自己的职权。行政法上的职权与职责是相辅相成的两个方面，法律一旦赋予行政机关一种权力，那么同时也意味着行政机关必须承担一定的责任。与行政管理相对人的权利可以放弃不同，职权不能随意放弃，否则就构成渎职。

四是，在自由裁量限缩为零的特殊情形时，法律赋予的作为或不作为的选择权也受到限制。以法律是否给行政主体留有选择、裁量余地为标准，行政行为分为羁束行政行为和裁量行政行为（以下简称裁量行为），羁束行政行为是指行政主体对行政法规范的适用没有选择、裁量余地的行政行为；裁量行为则是指行政主体对行政法规范的适用具有选择、裁量余地的行政行为。现实中并不存在纯粹的羁束行政行为和裁量行为，任何行政行为都兼具羁束性和裁量性，其在一个具体情形下呈现什么特性，取决于待讨论问题的内容。当违法行为情节特别恶劣或者后果非常严重的情况下，行政机关没有选择的余地，必须进行处罚，如果不作为，相关的利害关系人就可以提起诉讼，追究行政机关的责任。这种情况在行政法上称为自由裁量权的限缩，即本来自由裁量权是很宽的，但是有些特殊情况下挤压后裁量的空间不存在了，裁量权变为“零”，裁量行为变成了羁束行政行为，这时行政主体就别无选择，只有一种选择就是实施这个行为。

五是，国家应当完善对行政机关违法不作为的监督机制。自20世纪80年代以来，我国的行政监督机制日趋完善，已经建立了由国家权力机关、司法机关、专门行政机关监督以及社会监督构成的行政监督体系。行政违法不作为是指行政主体及其工作人员有积极实施行政行为的职责和义务，应当履行而未履行或拖延履行其法定职责的状态。因违法不作为侵犯公民、法人和其他组织的合法权益的，公民、法人和其他组织可以提起行政诉讼，严重的渎职行为构成犯罪的要依法追究责任人员的刑事责任。因行政不作为给当事人造成损害的要承担一定的赔偿责任。近几年来违法行政不作为现象呈上升趋势，违法行政不作为具有消极性、隐蔽性的特点，加之人们对它认识不清，致使它的社会危害更大，如果不加以监督将不利于维护广大人民群众的利益，不利于法治政府建设。目前我国对违法行政不作为的监督机制还比较落后，因此完善对违法行政不作为的监督机制尤为重要。

二、行政主体应当以规范化的方式对社会实施管理

依法行政和以法行政是两个不同的概念，二者存在重要差别。依法行政是指国家机关行使行政权力，管理国家事务必须由法律授权并且依照法律规定行使权力。以法行政是指以法律规定的方式行使管理权，以区别于以政治手段、经济手段、行政手段乃至说服教育的手段进行社会管理的方式。法律手段是一种运用法律规范和具有法律规范性质等各种行为规则进行管理的方法。本部分内容阐述以法行政的问题，而非依法行政的问题，即行政机关在对社会进行管理时必须用法律作为基本的手段去进行管理，必须以规范化的方式来实施社会管理。社会管理可以采取政治手段、行政手段、经济手段，甚至是群众运动手段等多种方式，为什么要强调用法律手段进行管理呢？

第一，这是由社会管理的广泛性、连续性以及复杂性所决定的。随着社会的发展和科技的不断进步，出现了许多新的管理领域，管理的范围越来越宽，如对网络、核武器、对太空和环境等领域的管理，都是过去没有的，社会管理事务的复杂性、广泛性、连续性达到了前所未有的程度。法律手段适宜于处理一般的共性问题，使管理者从大量的日常管理事务中解脱出来，这使它成为管理活动的必备手段。每一种管理职能的实现，都要依从和借助法律规范。

第二，法律手段与其他手段的相比具有天然的比较优势。具体来说法律具有以下优点：一是具有规范性，通过确定行为规范来进行管理，具有整齐划一的特点，一经发布实施即可收到令行禁止的效果。二是具有稳定性，法律一经制定，就不能随意改变，具有一定的稳定性。三是具有可预测性，法律一经制定，组织成员可以根据法律条文预见到组织对自己的和他人的行为会有什么样的反应，可以根据法律规范选择他的

行为。四是法律具有强制性，它对全体公民和组织成员均具有强制性的约束力，任何人都必须遵守这些行为准则。这就是法律的优点，为什么要强调以法行政，恰恰就是因为法律手段同其他手段相比具有比较优势。

第三，这是保障行政管理相对人的自由所决定的。当一个社会没有任何法律规范，公民权利和义务的处置完全听命于个别人或权威者的号令的时候，这个社会的公民是没有任何自由可言的，因为他根本不知道他的行为将会产生什么样的后果。但是一旦有法律规范以后，他可以通过法律规范准确预测自己行为的法律后果，进而能够理智地选择自己的行为。公民能够理智的选择自己的行为，以趋利避害，就是一种自由。这就是“没有法治的地方就没有公民的自由”① 的原因。

第四，这是维持正常的行政管理秩序所决定的。法律手段可以保证社会运行和组织内部的必要秩序，能够调节行政管理关系，维持行政管理体系的稳定性。如果没有法律规范，没有一套大家所普遍遵从的规矩，那么整个社会将无法形成稳定的秩序。

运用法律进行社会行政管理不仅是现代法治国家的要求，即使是封建国家也把法律作为一种社会管理手段。尽管以法行政是比依法行政更低层次的要求，但是它又是依法行政的必要组成部分。要做到以法行政，对社会实施规范化的管理必须满足以下几点要求：

一是凡是涉及公民权利义务的要求必须规范化、法制化，也就是要公民为一定的行为或不为一定行为必须通过法律规范明确加以规定，而不能在没有事先颁布法律规范的情况下就对公民采取制裁措施，孔子言“不教而杀谓之虐”②，意思是对老百姓应先教育，不进行教育做错了事情就诛杀他，是一种暴虐行为。只有事先通过法律规范告知哪些行为是可为的，哪些行为是不可为的，当公民实施了不可为的事情，才能对其

① 郭道晖：《法治国家与法治社会、公民社会》，载《政法论丛》2007 年第 5 期。

② 出自孔子：《论语·尧曰》。

采取制裁措施。

二是所有的管理手段只要涉及公民的权利、义务都应当法律化和制度化，也就是说要使行政手段、经济手段和其他管理手段都变成法律手段。[①] 法治国家要求所有经济手段和行政管理手段都必须法律化、规范化，所以它们之间并不是并列关系，经济手段、行政手段最终应该转化为法律手段，法律手段中包括经济手段、行政手段甚至政治手段，只有将行政手段、经济手段以及其他各种管理手段法律化才能够做到依法行政。

三是有关公民的权利义务规范必须明确具体，具有可操作性，而不能含糊不清、无法操作。法律规范的基本要求是明确、具体，具有可操作性。但目前有些法律只提出一些原则性的要求，规定过粗，要求不具体，缺少具体化的、结合实际的、细化的、概念明确的规定（条文），缺乏可操作性，在实际管理过程中难以实施。

四是所有涉及行政管理相对人的权利、义务的法律规范都必须依法公布，尽可能地让所有的相关人员知晓，并且让行政管理相对人能够正确理解法律的含义和精神。

五是行政主体必须依据具体的法律规范来进行管理，而不能以言代法，以权压法。既然制定了法律规范，就必须按照法律规定管理行政事务，而不能将规范弃之不理，凭个人喜好办事，否则就称不上对社会实施规范化管理。

六是行政管理相对人如违反法律法规，也应严格依照法定程序和法定的条件予以追究，并且在法律规定的范围内选择制裁手段，不能法外用法，法外用刑。

以上就是行政主体要依法行政必须采取一种规范化的手段对社会进行管理的具体要求。有观点提出依法行政主要是要依法治权，主要是约束行政机关。我们认为，依法行政包括对行政主体的约束和对行

① 那种把法律手段同经济手段和行政手段作为并列关系来看待的观点是值得商榷的。

政管理相对人从事社会事务的管理，但前提是必须以规范化的方式进行管理。

三、行政主体自身必须受制于法

有法必依的几个基本要求之间具有内在的逻辑联系，首先要求行政机关必须积极行为确保法律实施，其次要以法律方式进行社会管理，再次要加强对行政主体的自我监管。依法行政要求行政主体自身要受制于法，原因在于：

第一，这是由行政权力的二重性所决定的。权力的本质在于它具有一种影响力和支配力。一个人对另一个人具有影响力和支配力，那么就可以说这个人对他人拥有一种权力。行政权力是一种巨大影响力和支配力。国家机关行使的权力是一种国家权力，国家权力从其产生的目的来说是应当用来为人民服务的，为共同体的成员谋取利益的，是因为保护共同体成员而存在的。然而，“公共权力机关一旦独立出来就会超越于社会之上，由社会的公仆而变成社会的主人”①。这时权力就可能发生异化。显然，权力具有二重性：一方面权力可以用来保护人民，为民谋福；但另一方面也可能成为侵犯公民权益、损害公共利益和个别权力拥有者谋取私利的一种工具，所以必须要对它进行监督和制约。“对于行政权力而言，法无授权即禁止”②，当授予某个机关或某个人一项权力的时候，必须同时考虑到对他的限制。这就要求，当限制被授权主体权力的措施还没有考虑成熟时，不能进行授权。法国思想家孟德斯鸠认为：“一切有权力的人都容易滥用权力，这是一条万古不易的定理。”③英国历史学家约翰·阿克顿也曾断言：“有权力必有腐败，绝对的权力

① 马克思、恩格斯：《马克思恩格斯全集》（第8卷），人民出版社1961年版。

② 参见［法］孟德斯鸠：《论法的精神》（上册），张雁深译，商务印书馆1961版。

③ 参见［法］孟德斯鸠：《论法的精神》（上册），张雁深译，商务印书馆1961版，第154页。

产生绝对的腐败”。[①] 所以权力均具有无限扩张的性质，有权力必有监督，没有监督的权力就会发生腐败。

第二，这是由法律与人的关系所决定的。依法治国首先要有法可依，但是“徒法不足以自行”[②]。法律的实施最终要行政主体和行政管理相对人相互配合才能完成。有位法学家说：“如果说所有的政府官员都是天使的话，那么所有的行政法都是多余的；如果每一个公民都是天使的话，那么所有的政府也就是多余的了。”问题就在于所有人都不是天使，告子曰：“人性之无分於善不善也，犹水之无分於东西也。”[③] 人性既有善端也有恶端，关键在于怎么去塑造他，后天环境的影响决定了一个人是善还是恶。人本性的不完善性有可能表现为故意的不依法办事，也有可能表现为认识能力的缺陷等等，这就决定了行政主体必须要受制于法，必须要通过规范加以制约。

第三，这是由现实的行政执法状况所决定的。从现实的情况来看，大多数执法人员都能够秉公执法，能够准确地执行法律，但确实有一部分执法人员在执法过程中存在徇私舞弊、以权谋私、违法行政或者由于其他技术上的原因和知识上的缺陷而导致错误行政这样的情况存在，要解决这个问题就必须建立相应的监督制度，建立相应的规范行政主体的制度，把行政主体纳入法律规范的范围。韩非子说：“明主治吏不治民”[④]，观点虽然有些极端，但反映出封建君主也都意识到治吏的重要性。

行政主体要做到受制于法，对于公权力主体而言，必须遵守以下几个方面的规则：

一是行政主体行使公共权力，实施影响个人、组织、权利义务的行

---

① ［英］约翰·埃默里克·爱德华·达尔伯格－阿克顿：《自由与权力》，侯健、范亚峰译，译林出版社 2011 年版。

② 出自《孟子·离娄上》中的“徒善不足以为政，徒法不能以自行”一语。

③ 出自《孟子·告子上》。

④ 参见《唐律·名例律》。

政行为必须有合法的权源。对于公权力主体而言，“法无授权皆禁止”①，法律没有授权行政主体实施某个影响个人、组织、权利义务的行政行为，则该行政主体无权行使行政权力。“法无授权皆禁止”中的“法”最初是狭义上的法，即指最高权力机关所制定的法。按照传统的观念，没有最高权力机关的授权，行政机关无权实施影响个人、组织、权利义务的行政行为。但是随着社会的发展、行政管理职能的多样化以及行政权的扩张，这个原则有所突破。依法管理虽然较其他社会管理方式具有优越性，但同时也存在局限。立法机关的立法程序繁琐，法律的地位、权威较高，不易也不应经常修改，而现实情况错综复杂、千变万化，特别是现代社会变化的节奏不断加快，风险不断加大，社会分工越来越细，行政的专业化要求也越来越高，立法者由于专业知识的缺乏而对某些专业立法感到力不从心，加上立法机关不可能终年举行会议，而必须按会期或法定条件举行常会或非常会议，立法机关的立法已经难以满足社会发展的要求。相反，行政机关吸收了大量的专业人士，就某一方面而言，专业化水平可能远远高于立法机关的成员，行政机关立法简便易行、且注重效率，可以及时制定、修改、补充，容易适应社会变迁。为适应日益复杂的社会管理的需要，立法机关不断通过委任立法的方式转移立法权给行政机关，同时，立法机关还通过授予行政机关广泛的自由裁量权，留给了行政机关大量制定规则标准、细则的空间。所以依法行政的“法”不一定是最高立法机关制定的法律，应该理解为广义的法。就中国情况而言，除了法律之外，还应包括行政法规、地方性法规、部门规章、政府规划、自治条例等等。依法行政并不意味着所有的活动必须都有法律依据，比如某个行政机关决定所有的工作人员周末到街上去打扫卫生，显然不需要法律授权。所以依法行政并不要求所有的行为都必须有法律根据，只要求影响个人或组织权利义务的行政行为必须有法律根据。当然，不同法制背景下的国家依法行政的要求也有所

① ［法］孟德斯鸠：《论法的精神》（上册），张雁深译，商务印书馆1961版，第154页。

不同，有的国家要求凡是与行政管理相对人的权利义务有关的行政行为都必须有法律授权；有的国家只要求有干涉内容的行政行为须有法律授权；[①] 而有的国家除了干涉行政须有法律依据外，某些给付行政也须有法律依据。为什么有的国家除了干涉行政外，给付行政也要法律授权呢？因为国家资源有限，对某些人提供资助，实际上花了纳税人的钱，这就损害了其他人的利益，所以给付行政也必须有法律依据。我国目前采取的是最低标准的依法行政，即凡涉及限制和剥夺公民权利或者增加公民、法人或其他组织义务的行为必须有法律依据。我国处于社会主义初级阶段，法制刚刚起步，依法行政的标准也不能定得过高，需要一个逐步提高的过程。在我国，依法行政必须有合法的权力来源，这个权力可能是法律授予，也可能法规或规章授予。每一位阶的法律授权范围是不同的，如果超出了授权范围，该授权无效。

二是行政活动不能违反宪法和法律的规定。依法行政的基本含义是指政府的一切行政行为应依法而为，受法律的约束。其中的一个基本原则就是法律优先原则。法律优先指法律的位阶高于行政法规、行政规章和行政命令，一切行政法规、行政规章和行政命令皆不得与法律相抵触；行政机关不能用自己的意志和规范去改变法律，不得实施在事实上废止法律的行为，不能无视法律规范的存在；只能在法律规范的范围内进行活动，除非这个法律本身被证明是不合法的，所有的活动都必须符合业已生效的法律规定。

三是必须正确地行使法律规范赋予的自由裁量权。有一种观点认为，法律既然赋予特定主体以自由裁量权，那么只要在法律规范的范围之内，该主体任意做出一个行为都是合法的。这种说法是不正确的。因为法律赋予行政机关以自由裁量权在本质上是要求行政机关根据具体的

① 行政行为分为两大类：干涉行政和给付行政。干涉行政就是限制或剥夺公民权利或者增加公民义务的行政活动，如收费、征税、行政处罚、采取强制措施等，都属于干涉行政的范围。给付行政是指政府通过给予公民法人利益和便利等方式实现行政目的行政活动，包括发放抚恤金、社会保险金、最低生活保障金等。

案情，根据当时、当地所处的客观条件，根据立法目的，作出一个更为正确合理的选择，而绝不是说法律赋予了自由裁量权，行政机关及其工作人员就可以在裁量范围内作出任意行政行为。如果这样的话就违背了立法机关授予自由裁量权的初衷，就可能导致自由裁量权的滥用。所以自由裁量权必须要依照法律授权的目的根据具体情形而正确地行使，否则就会被认为是滥用职权或者权力滥用。一个行政行为表面上符合法律规定，程序上也没有违法，但实质上违反了法律、法规的目的，也属于违法行政行为，人民法院应当判决撤销。怎么样做到正确地行使自由裁量权呢？通常要注意以下两个方面：

一方面，必须符合法律、法规授权的目的，也就是说必须符合法律、法规授予行政机关以该自由裁量权的目的。具体要求是：（1）在任何情况下都不能借自由裁量权的行使谋取私利，谋取本单位的个人利益或小集团的利益。比如，某工商部门对某一违规行为既可以罚款，也可以没收，本来可以罚款处罚，却要全部没收，并且将没收的物品据为己有，这显然为谋取私利而滥用权力。（2）必须要正确的考虑相关因素，排除不相干的因素的干扰。所谓正确的考虑相关因素，就是要充分考虑法律所规定加重、减轻等相关因素，比如处罚违法行为，要考虑违法行为的情节、后果、违法的手段等等，如果执法人员不考虑这些因素，却考虑相对人的父亲曾犯过错误所以要从重处罚，或者说该人长相不太好看要从重处罚，这就是考虑了不应当考虑的因素。（3）行使行政自由裁量权所追求的目的必须与特定法律规定的目的相吻合。不同的法律有不同的目的①，不能在执行甲法的时候考虑乙法，把乙法的目的作为加重处罚当事人的理由。比方税务机关对没有纳税的行为本应该根据欠缴税款的数额和情节来决定处罚的轻重，却以纳税人经常违反交通规则来作为加重处罚的理由，这就明显违反了法律、法规的目的，因为

① 如环境保护法追求的目的是保护环境，道路交通安全法追求的目的是交通安全，税收征收管理法的目的保证国家的财政收入。

税务机关没有维持交通安全的职权，无权将此作为对纳税人加重处罚的理由。

另一方面，正确行使自由裁量权必须做到公平、合理、正当，也就是说最后做出行为的结果必须正当、公平、合理。如果明显的不公平、不合理，就会被认为是权力滥用。要做到处理结果的公平、合理和正当，必须注意两个基本的原则：一个是平等原则，必须同等条件同等对待。由此可以推出一个否命题：不同条件应区别对待。可见，平等原则具有两个方面的内容，这两个方面的内容是相辅相成的，一方面是要同等条件同等对待，另一方面条件不同要区别对待。不能两个人违法行为的情节、后果很不相同，行政机关在处罚的时候各打五十大板，这就庇护了情节较重的那一方，即是不平等。另外一个是比例原则，包含以下几层含义：（1）所采取的措施须与所追求的目的相适应，即不能南辕北辙、抱薪救火、缘木求鱼，如对违法行为制裁的手段必须同违法行为相对应，必须有利于实现一般预防和特殊预防。（2）如果存在两种以上实现行政目的的手段，那么行政机关应当选择成本最为低廉，对行政管理相对人损害最小的方式，相反就是滥用职权。比如，一个孩子爬到树上偷人家的苹果，警察发现了怎么办，可以说服教育让他下来，可以爬到树上把他抱下来，还可以用杆子把他捅下来。如果警察一开始就用杆子把他捅下来则有摔伤的危险，这就违反了比例原则。（3）如果一种行政行为的成本大于效益，或者效益（指经济效益和社会效益的总和）低于所付的成本，行政机关原则上不应该采取这种行为，否则就被认为是权力滥用。

总之，只有一方面考虑法律授予自由裁量权的目的，另一方面考虑结果上的平等性、比例性、合理性，才能说是正确地行使了自由裁量权。

四是行政机关在处理个案的时候必须满足法定的事实要件。所谓法定的事实要件就是指法律规定的、行政机关实施行为时必须具备的事实上的条件。比如在行政处罚方面，法律有时候规定行政机关只能在具备一定的条件下才可以实施行政处罚，只有这些条件完全具备时，行政机关才能实施行政处罚，否则，就不能实施行政处罚。要做到满足法定事实要件必须注意两点：

（1）要全面把握法定事实要件，不能有任何遗漏。如果只专注于某一个法定事实要件而忽略另一个（些）法定事实要件（如只注意交通法上的法定事实要件但是忽略了行政处罚法规定的法定事实要件，只注意分则上的法定事实要件而忽略总则上的法定事实要件），就容易造成缺乏事实根据。

（2）必须有足够的可定案证据材料加以证明。足够是对量的要求，可以用来作为定案根据是对质的要求。能够作为定案根据的证据材料需具备三性：一是客观性，证据材料必须客观真实，不是伪造、虚假的；二是关联性，证据材料与法定事实要件之间具有内在的联系；三是合法性，证据材料必须是通过合法的手段（不是通过刑讯逼供等非法手段）获取的并符合法定的程序和形式要求。所谓足够，就是证据材料能够证明法定事实的存在，如果一个证据材料满足了以上三性的要求，而且可以直接证明法定事实要件，即使是孤证也足够了；但如果提供的证据材料都是间接性的证据，每一个证据单个来看都不能证明这个事实，那么若干个间接证据必须形成一个完整的证据锁链，排除其他的可能性，只有待证事实剩下一种可能之后，才能认定证据是充分的；当一方提供证据材料的时候对方也提供了证据材料，这时一方提供的证据材料必须足以推翻对方的反证或者是占有优势，才能认为具有足够的证据。

五是行政主体在适用法律规范的时候必须选择适当的法律规范。行政机关实施行政行为时不仅要做到有法必依，而且要确保所依据的法律规范本身是合法有效的，如果所适用的法律依据是无效的，或者是不合法的，或者与更高规范相抵触，或者明显的不公正、不合理，那么这个行政行为合法性也会存在问题。因此不仅要做到有法必依而且要确保依照合法有效的法律规范作出行政行为，这就要求行政执法人员在作出行政行为时不仅要对案件事实是否客观进行判断而且要判断所适用的法律规范是否合法有效。

六是必须遵循法定程序。通过正当的行政程序来保障行政执法的公正和提高行政效率，是现代法治国家的普遍做法，绝大多数法治国家都制定了行政程序法，目前我国有些单行的行政程序规定已经出台，如行政处罚法、行政复议法、行政许可法、行政强制法等对作出相关行政行为的程序作了规定，这些程序性的规定都必须遵守。遵守程序性的规定要注意如下几点：（1）行政机关必须如实全面地告知当事人所享有的程序性权利，并为当事人享受权利提供便利和条件；（2）行政机关有义务向当事人提供相关的、必要的资信、资料，除了涉及国家机密、商业秘密和个人隐私外，当事人有权利了解相关资信；（3）当行政机关作出一个对相对人不利的行政行为的时候必须事先听取相对人及利害关系人的意见，允许其进行陈述和辩驳；（4）行政机关在作出一个行政行为的时候，必须预先告诉当事人行政行为的事实根据和法律依据，并在法律文书或行政决定上清楚地说明理由；（5）行政机关在作出行政行为以后必须及时按照合法的程序送达当事人并且要告知其申请救济的途径，比如申请复议或向法院起诉的时间期限等等。此外还要严格执行听证、回避、调查取证、扣押查封等方面的制度。

四、行政主体违法行政必须承担相应的法律责任

之所以要把行政主体违法行政承担相应的法律责任作为依法行政的重要的要求提出来，主要是基于以下几个方面的考虑：

第一，按照现代行政法治的要求，“无责任即无行政”，也就是说现代国家的政府必须是对人民负责的政府，必须是敢于承担责任的政府，只有敢于承担责任才能称得上法治政府。

第二，如果没有法律责任作为法律后果，那么我们所有对行政主体的要求就会是一纸空文，如果不论行政机关怎样行为都不用承担责任，无论是否违法都不会受到责任追究，违法就会肆无忌惮。

第三，只有建立法律责任制度才能真正保护行政相对人的合法权益，使其受损害的权益得到及时的恢复。

要使行政主体违法行政真正承担相应的法律责任，必须做到以下几点：

一是法律规范必须为行政主体的行为设定明确的法律后果。目前有些由部门起草的法律规定，针对行政相对人的罚则规定得非常详细，但对追究行政主体徇私舞弊、滥用职权法律责任的规定非常笼统，不具有可操作性，为执法不严、违法不究情况留下了缝隙。要使行政主体违法行政承担相应的法律责任，就必须明确地规定违法行为的具体后果。现在有些法律进行了一些尝试，特别是行政复议法、行政处罚法，在这个方面迈出了很大的步伐，如行政复议法的第六章、行政处罚法第七章专章规定了违法行政的法律责任，是一个良好的开端。

二是必须进一步完善对行政主体有效、适度的监督机制。法律责任确定以后，必须要有适度的、有效的监督机制，法律责任才能实现。必须建立监督违法行为的救济机制；缺少救济机制，依法行政必然没有保障。这种监督机制包括内部的监督和外部的监督：内部监督机制主要是提出行政异议和申请行政复议；外部监督机制包括司法监督和专门行政监督机关的监督。它们的特定作用不能互相取代。除此以外，最具影响力的监督是社会的监督，人民群众通过行政复议和行政诉讼途径来实施监督。还有一种监督就是行政相对人的监督，这种监督机制不仅仅是事后的监督而且要向前延伸到行政程序中间。所有现代法治国家一个很重要的特点就是把这样一种监督机制延伸到行政行为的实施过程之中，通过行政程序赋予相对人参与行政行为的作出过程来制约和监督行政机关依法行政，实现事前、事中和事后完整的监督链。

三是行政机关工作人员违法行政应当依法追究其法律责任。公务员和国家工作人员违法应当根据公务员法和国家工作人员处分的有关规定进行责任追究；触犯刑法的，还应当追究其刑事责任。刑法上滥用职权罪等很多涉及职务性的犯罪，这一点我国刑法已经作了一些规定但需要进一步完善。现在一些地方对工作人员追责力度不够，但有些地方又追究得过严，如规定行政行为如果被撤销就要撤负责人的职。目前，我国行政诉讼案件大约40%是行政机关败诉，如果败诉就撤职，那追责的面就会太宽。而行政机关败诉的原因很复杂，一定要对败诉的原因进行认真分析，原则上，只应对那些具有故意或重大过失的工作人员进行追责。没有重大明显违法的，一般不要追究，否则很难持久，也很难为广大工作人员所接受。

四是行政机关的行政行为造成公民、法人和其他组织的损失的，必须依法给予补偿或者赔偿，这也是法治国家一个很重要的特征。如果行政机关的行为是合法的，使公民或组织承受了特别牺牲并造成了公民权益损害的，应该给予补偿。根据公共负担平等的原则，如果因为公共利益和国家利益牺牲了个人或组织的利益，应该给予个人或组织一定的利益补偿，因为该负担本应由所有的国民共同负担，加在某一个人或组织身上是不公平的，所以要进行补偿。比如政府要建一个公益设施，这是为了公共利益，拆迁了居民的房屋，政府必须要给予原住户补偿，把他安置好，这是合法的补偿。此外，对违法的行政行为造成相对人损害的，应当给予赔偿，比如采取强制措施损害了公民的合法权益，造成了他的财产损失，此时国家应该按照国家赔偿法的规定给予赔偿。只有这样才以够称得上是一个责任政府，是对人民负责的政府，是保护公民权利、保护人民利益的政府，人民群众才能真心实意的拥护和支持我们的政府，我们的国家也才能长治久安。

第六章　公正执法及其机制建构

全面推进依法治国，建设法治国家，必须坚持严格公正执法。执法不公，不仅法律的正义价值无从实现，而且会损害法律的权威。

一、多元执法价值中的公正执法

（一）执法的内涵与外延

“执法”是法律执行的简称，具体是指国家机关执行法律、适用法律的活动。一般认为，国家权力可分为立法、执法和司法三种权力。而这三种权力又分属立法机关、行政机关和司法机关等三个不同的国家机构。但是，执法的概念有广狭义之别。广义的执法与立法相对应，即除立法以外，所有把法律规范变为现实的活动都是执法。例如早期的分权理论就未将司法权从行政权中分离出来。17 世纪，英国著名思想家洛克在《政府论》中，对权力分立理论有详尽的描述。他把国家权力分为立法权、行政权和对外权，立法权和行政权应该分别由不同的国家机关行使，行政权和对外权由一个机关行使。其中行政权包含司法权。[①]在中国古代，行政权与司法权也未区分，审案是州县官的一项重要工作，均可称为执法活动。狭义的执法是指国家行政机关及其公职人员在行使职权过程中，贯彻和实施法律的活动。而从广义上说，执法是国家

① 参见［英］洛克：《政府论》，瞿菊农、叶启芳译，商务印书馆 1982 年版。

行政机关、司法机关及其公职人员，依照法定职权和程序，贯彻实施法律的活动。本章中所说的“执法”是广义概念，既包括行政活动，也包括司法活动。

（二）执法价值的多元性

执法价值，是指执法活动所能满足人们某种需要的效用。执法所承载的价值，不是单一的，而是多元的。主要包括：

依法执法。执法活动本身必须具有规范性。依法行政、依法审理等，都是依法执法的子概念。

公平执法。执法要达到一种不偏不倚、公正平等的合理状态。

严格执法。也称为严肃执法，它强调执法者从事执法活动时要有刚直不阿、绳不挠曲的精神和一丝不苟的态度。

廉洁执法。执法者必须清正廉洁，不允许有任何以权谋私、贪赃枉法的行为。

和谐执法。执法要以和谐理念为指导，执法过程要协调好各种要素，执法结果要能兼顾各方主体的正当权益，使矛盾纠纷得到实质解决。

谦抑执法。即执法者要保持适当的克制，做到不越权、不侵权、不扰民。

平等执法。即执法要坚持平等原则，同等情况同等对待，不同情况区别对待。对违法者，要一视同仁。例如，同样的情况，不能只处罚甲，不处罚乙。选择性执法也是滥用职权的表现，违反了平等执法原则。

公开执法。即所执之法是已经公布的法律，执法过程是公开透明的，执法结果可以预见。

民主执法。即降低执法的高权性、单方性，创造各种条件让利害关系人参与到执法过程中来，充分表达意见；执法结果要尽可能体现民意，接受人民的监督。

高效执法。执法要进行“成本－效益”分析，控制执法成本，减少当事人的负担；同时还要增加执法的正收益，使执法结果让各方满意。

良善执法。随着善治概念的提出，执法应有新的价值取向，也就是“导向善治的执法”。良善执法是从良善的角度对执法提出的全面要求，它容纳了德治、礼治、仁治以及法治等各种治国方式的优点，是对执法活动的最全面的要求。实现善治是治国的理想，而良善执法则是实现善治的必要手段。

（三）公正是执法的核心价值

执法价值具有多元性。与此同时，多元的执法价值也有一个轻重的排序。如果完全没有顺序，多元性必然导致混乱。在多元的价值中，公正是执法的核心价值。这个命题可以从以下几个方面来理解：

公正价值的内容具有丰富性。除良善执法以外，笔者认为公正执法所具有的内容是最丰富的，它可以从不同角度、不同层面进行理解和把握。

公正价值与其他价值具有兼容性和高度的关联性。要做到公正执法就必须要平等执法、廉洁执法、公开执法、民主执法等等。

公正执法与国家大局和社会公正具有高度的关联性。其他的执法价值可能影响到国家和社会的局部，而公正执法则可能影响国家治理的整个大局和社会公正。

公正是执法的灵魂和最重要的标准。只要做到公正执法，其他的执法价值也会得到间接体现。而如果执法不公正，即便它是公开的、平等的、谦抑的，那也不能让公民满意。

公正是评价执法状态的首要标准。公正是人民群众对执法的基本要求和最大期待，也是评价执法权运作状态的首要标准。

公正执法是息诉止争的根本。政法机关担负着化解社会矛盾的重任，确保公正执法是息诉止争的根本所在。

公正执法是执法行为得以实现的保障。执法行为的最终实现，要以执法的公正性为基础、根据和保障。

公正执法是提高执法公信力和权威性的保证。执法的公信力和权威性，从根本上来说，来源于执法的公正性。

（四）执法的公正性是亟待补上的一块短板

随着法治意识的增强和法治建设的推进，执法的公正性已经有了明显改善，但仍存在一些问题，主要表现在以下几个方面：

1. 因执法问题产生的涉法涉诉信访数量居高不下。涉法涉诉信访情况是执法状态的晴雨表，是政法机关执法水平、执法质量和执法效果的直接反映。近几年，我国每年涉法涉诉总量大约在 200 万件次以上，占全国信访总量的 15%。从 2004 年到 2009 年，全国政法机关共受理涉法涉诉信访案件 1474 万件次。2009 年因涉法涉诉到中央机关上访的有 4.2 万人次，比 2008 年上升 21%；到四个重点地区进行非正常上访总量有 1.85 万人次，占全部进京非正常上访的 40% 以上；到全国人大上访的有 6.6 万人次，占人大机关接待上访总量的 94.4%。信访量居高不下，某些指标仍在上升，说明执法的公正程度尚待提高。

2. 因执法问题引发的群体性事件时有发生。2009 年公安机关处理治安刑事案件 1660 万件，法院审理各类案件 1100 余万件，并呈现逐年上升的趋势。在各种矛盾问题突显、社会形势日趋复杂的情况下，群体性事件也不断发生。而群体性事件的发生，往往与这些地方的政法机关、政法干警在执法过程中不作为、乱作为的现象有很大关系。

3. 因执法问题造成的责任事故屡禁不止。在监狱、看守所、劳教所里非正常死亡的涉案人员，有的是被在押人员殴打或民警体罚致死的。类似事件，给执法队伍形象造成了恶劣影响。这类事件的发生，往往是因为各地对执法事故不认真调查、不严肃处理，隐瞒掩盖，欺上瞒下，将伤害致死说成是自杀，将非正常死亡说成是正常死亡，以各种理由回应死者家属。

4. 执法中暴露出来的违纪违法问题非常突出。2009 年全国政法干警因违纪违法被立案的有 5982 起，涉及 8472 人。其中，党纪处理的有 1570 人，政纪处理的有 5526 人，追究刑事责任的有 436 人。这个情况也反映了公正执法方面存在的严重问题。

另外，执法问题在新形势下呈现一些新特点：第一，执法问题发生的领域在扩大；第二，执法问题的趋利性特征明显；第三，执法问题的社会敏感性日益增强，仇官、仇警、仇富的倾向明显；第四，敌对势力试图利用负面消息影响公民对政法机关的信任、对政法干警的信任，从而瓦解政法机关的权威，达到颠覆、分化的目的。这些情况必须引起我们高度的警惕和重视。

二、公正执法的标准

与执法的廉洁性相比，执法的公正性问题要复杂得多。可以说，认识并把握公正执法的标准，是一项重要课题。

（一）公正执法标准的多元化

实践中，评判一个执法行为是否公正的依据是什么？政法干警公正执法的具体准则是什么？对于执法行为公正与否有不同认识时，如何决定？这些问题的存在说明了公正执法的标准是多元化的，是可以从不同的角度、不同的层面来评价的。笔者把它称为“立体公正观”。立体地认识公正，需要通过以下标准来认识公正的多个面向：

1. 形式标准与实质标准。所谓形式标准，通俗地讲，就是看执法活动是否符合法律规定，合法的即为公正，不合法的则为不公正。形式标准主要是基于公正标准在相当大程度上的不确定性提出来的。这里的“不确定性”主要是指不同时代的人、不同角色的人、不同职业的人、不同文化水平的人对公正有不同看法。比如说，父亲隐瞒儿子的罪行，或者儿子隐瞒父亲的罪行，现代人认为是非正义的。但在中国古代，“父子相为隐”符合儒家道德戒律，也符合法律规定。可见，不同时代的公正标准不同。又比如，中国现在实行计划生育，但少数民族可以多生子女，汉民族则要少生。少数民族可能认为是公平的，但汉族人则可能认为对他个人而言是不公平的。在这样的情况下，如何形成一个基本的共识，让社会能够有序运转呢？有些人提出要靠法律，通过民主体制、博弈机制等形成体现多数人的意志的法律规范，凡是符合这些规范的就是公正，不符合这些规范的就不公正。这种处理方式，就是公正的形式标准。形式标准具有简便易行的优点，为人们提供一个衡量各类行为，包括执法行为是否公正的标准（或者说是大多数人可以接受的一个标准）。但多数人的决定不等同正确，因此，通过多数人意志形成的法律也不等同公正，符合这样的法律的活动会存在偏离公正的问题。例如，二战时期，希特勒有很多活动是在执行国会制定的法令，但他的执法活动是不公正的。可见，在法律不能保障自身公正性的前提下，用它来作为衡量公正的标准，是有缺陷的。有鉴于此，仅有形式标准是不够的，必须引入实质标准。公正的实质标准，是要看执法是否符合公平正义，是否符合主流的价值观，是否符合公认的道德“律令”。

2. 主观标准和客观标准。符合法律所规定的标准或正义标准，即为客观标准。但是，执法尽管符合法律规定或正义标准，当事人却未必接受，也未必认为它是公正的。所以，公正还可以区分为主观标准和客观标准。一般来说，执法行为在客观上应该是公正的，即符合法律规定或正义标准。但在此基础上，执法也要适当考虑当事人的感受，提高执法结果的可接受性。这既是落实党中央“以人为本”要求的实际行动，也是公正执法的必然要求。所以，执法活动要尽可能获得执法对象的认可，只有这样，执法才有群众基础。

3. 个案标准与社会标准。公正是抽象的，也是具体的。抽象的公正，要站在全社会层面、整体利益层面、历史层面来全面衡量。具体的公正则要通过每天发生于我们周围的林林总总的事情来感知。一个抽象的公正标准，具体到个案来考量，多数情况下它可能是公正的，但客观上也存在不公正的情况。个案标准和社会标准相互冲突的问题，说明制定完美无缺的法律是很难的，超出了人的能力范围。法治必须容忍少部分个案的不公正存在。人治的优点是可以做到某个局部个案的公正，但缺点在于它同时可能出现大多数的不公正，因为它没有客观标准。从这个意义上讲，法治要容忍部分无法或难于避免的不公正的个案，当然前提是要尽可能地减少个案的不公正。

4. 现实标准和历史标准。公正是现实的，也是历史的。由于时代不一样，公正的标准往往也不一样。封建时代的法律用我们现代人的法治理念来衡量，很多是不公正的，但它符合当时占主流地位的意识形态和价值观。所以，公正具有历史性，我们每个人都难以超出时代给我们的限制。要通过时代主流的价值观（核心价值观）来指引我们的公正观，在给定的条件下，尽可能地形成经得起历史考验的公正观。

5. 程序标准与实体标准。公正的标准还有一个向度，那就是程序标准与实体标准。有的人认为执法的结果是公正的，才是真正的公正。有的人则认为只要执法是按照正当程序进行的，它就应当被视为是公正的，结果在所不论。前者是公正的实体标准，后者是程序标准。有时候，实体公正和程序公正也是有冲突的。比如在没有任何外部证据可以证明某一案件事实的情况下，即使该事实客观上真的存在，法官也不能认定，只能靠证据规则来处理。此时，牺牲实体的公正性也许是必要的代价。公正执法，只能在一定范围内兼顾实体和程序两种标准。

总之，公正执法的标准是多维度的、立体的。简单地用一个标准来衡量，有失偏颇。实现执法的公正性，要求我们照顾到各个面向和维度，尽可能地做到主观标准与客观标准的统一、形式标准与实质标准的统一、个案标准与社会标准的统一、现实标准与历史标准的统一以及程序标准与实体标准的统一。当然，如何统一这些标准也是一个问题。最高法院提出“能动司法”，所谓的“能动”，重要内容之一就是研究如何把相互冲突的评价标准统一起来。

（二）公正执法的程序标准

法治取决于一定形式的正义程序，一个国家及其人民共同服从的程序状态和公正度是衡量该国法治程度的标准。程序正义甚至被认为是人治和法治的分水岭。遵循程序的执法，实体处理不一定绝对公正。著名的美国辛普森案件，一般认为它的程序合法，但实体则不公正。[①] 但反过来讲，如果程序不公正，就很难期待实体公正。所以在执法过程中，一定要重视程序，严格按照程序办事。按照程序办事，可以减少实体处理上的失误，减少实体不公正，这是程序所具有的重要功能。但程序本身存在正当性问题。如果一个程序设置得不合理，程序本身不正当，越是按照程序办事就越不公正。所以，不仅要有程序，而且要有正当的程序。树立正当程序意识，要求在执法中：法律有明确规定的，要严格按照法律规定的程序办；法律没有规定的，要按照正当程序要求办；法律规定模糊的地方，要按照正当程序的要求把它明细化、具体化；法律规定的程序有冲突的、有矛盾的，要在正当程序规则的指引下进行选择。

在正当程序包含的各种价值中，笔者认为以下几点非常重要：

1. 执法者的中立性或无私益性。作为执法者，应该保持中立，应该与所处理的案件没有任何个人利益关系。中国古代不太强调执法者在处理案件时保持中立，而是要求大义灭亲。即使当事人是法官的亲人，也要当判则判，当斩则斩。这种例子是很多的。但现在，立法通过回避制度，保障执法者与所处理的案件没有利害关系。具体地讲，中立性或无私益性有三个条件：第一，不得作为自己案件的执法者。如果执法者是本案的当事人，应主动回避。第二，执法的结果与执法者的利益不能有任何关联。尽管不是一方当事人，但是执法者和本案有利益关系，也应当回避。第三，具有可能影响公正裁判的其他事由。有些情况，尽管不属于法定的回避理由，但有可能引起当事人对裁判公正性产生合理怀疑的，执法者最好回避。

---

① 辛普森杀妻案是指 1994 年美式橄榄球运动员辛普森（O. J. Simpson）谋杀其妻子和另一男子的刑事案件。此案当时的审理一波三折，由于警方的几个重大失误导致有力证据失效，从而使辛普森（O. J. Simpson）在用刀杀前妻及餐馆的侍生郎·高曼两项一级谋杀罪的指控中无罪获释，仅被民事判定为对两人的死亡负有责任。本案也成为美国历史上疑罪从无的著名案件。

2. 对待当事人的平等性或非歧视性。对各方当事人，执法者应该做到平等对待，不可偏袒一方，更不可歧视。对待当事人的平等性或非歧视性的具体要求是：第一，不应具有支持或反对一方的偏见。如果执法者对某问题有偏见，当事人可以据此申请回避。第二，执法者应听取各方当事人的论据和证据。一些当事人单方面向执法人员递交案件材料，通过领导批示或其他可能影响办案人员的方法转交材料，这些都是影响公平的做法。第三，对所有当事人的意见均应给予平等的关注。执法人员必须同时听取所有当事人的陈述和辩解，才能做出公正的裁判。第四，执法者应避免单方面、私下接触当事人。任何单方面的接触和私下接触，原则上都构成执法者回避的理由。客观地讲，大多数执法者也希望平等、非歧视地对待当事人，但各种社会关系，比如亲戚、朋友、同学、战友、熟人、老领导等人的说情给执法人员带来的压力很大。实践中，很多执法问题就是在与一方当事人单方接触时出现的，比如受贿问题、偏袒问题等。要实现公正执法，执法者必须顶住压力，守住底线。

3. 当事人行使程序权利的充分性。正当程序的重要内容是当事人能够充分行使其程序性权利。当事人的程序性权利有：一是知情权。又称“了解权”、“知察权”，指民众运用自己所选择的方式了解政府工作情况及其他各种有关信息的权利。简单地说，就是当事人获知相关信息的权利，包括对方控告的内容、控告的依据、相关法律规定、执法的后果等。二是表达权。表达权有很多内容。当事人提出请求、提供证据、发表意见、进行辩论、提出反驳等都是行使表达权。与当事人的表达权相对应的，是执法者的回应义务。三是选择权。要尽可能创造条件保障当事人的选择权。四是请求救济权。对执法行为不服的，当事人可以依法申请复议、提起诉讼、提出控告、检举等。对当事人的各种权利必须给予充分保护。当事人程序性权利的其他内容，可以分为两大类。一类是积极权利。包括：（1）允许当事人充分提供于己有利的信息；（2）充分了解相关法律政策规定；（3）充分了解对方提供的信息或控方指控的信息；（4）有合理时间和条件选择律师、获得辩护；（5）有必要的时间准备反驳证据和意见；（6）有权要求传唤证人出庭作证或接受询问或质证；（7）有必要的机会和时间表达意见，包括自我辩护和请他人辩护；（8）可以充分依法行使处分权和选择权，包括选择律师和代理人、选择可以适用的特别程序等；（9）在当事人行使权利有障碍时，执法者应提供适当的救助或帮助，如获得免费翻译、律师援助、规范释明等；（10）对执法机关或执法者的决定、裁判不服可以要求重新处理或复审；（11）对错误处理有权获得纠正及赔偿。另一类是消极权利。包括：（1）在未被依法证实为有罪或有过之前，有权被视为无罪或无过；（2）不得强迫当事人自证其罪或自证其过；（3）避免重复究责等等。

4. 执法结论须有形式上的合理性或符合逻辑性。正当程序规则要求程序和结论之间要有合乎逻辑的联系或关联。具体内容包括以下几个方面：第一，执法者认定事实必须遵守公认的证据规则。要根据举证、质证认定的事实，作出执法结论。如果最终结论不是依据举证、质证的情况，而是依据执行程序之外的其他因素作出，则违反了公认的证据法则。第二，执法者解释和适用法律规范必须遵循法律解释规则。法律规范中有很多不确定的概念，解释法律必须遵循基本的解释规则，不能任意进行。第三，执法结论的得出应以理性推演为依据。第四，执法结论应以全部听审、听证记录或所有证据材料为基础并与之具有合理的联系。

5. 执法具有及时性、便捷性和成本的低廉性。执法的效率或效益与公正问题紧密相关。比如有的执法者利用无故拖延来谋取私利或赚取人情。有的执法者受一方当事人之托，放慢执法节奏，为其赢得规避债务的机会，严重影响了执法的公正性。所以，执法必须要有严格的时限要求。近年来，针对个别执行员消极不作为、缓作为造成的执法不公，最高人民法院设置了非常细致的执行制度，包括执行案件的立案、移送、审查，对执行财产的调查、处理等都有时间限定。如果确实没有财产可供执行，还要通过领导、廉政监督员或人民陪审员审查签字来终结本次执行程序。总之，就是要约束执法者在规定时间内完成规定的“步骤”。对于没有执行完毕的，或者是认为没有财产的，必须要送到有关部门进行评查。经评查有问题的，要追究执行员的责任。这一系列的规定，全国绝大部分地区已经落实，取得了明显的成效。

以上五个方面，是判断程序是否公正的一些标准。这些标准有一定的共性，无论是司法机关还是行政机关，都可以适用。

（三）公正执法的实体标准

公正执法的实体标准，主要包括以下几个方面：

1. 认定事实客观

客观地认定事实，是公正执法的必然要求。要做到认定事实客观，需要做到：第一，倾听各方意见，不能偏听偏信。第二，全面搜集证据。无论是对结论有利的证据，还是对结论不利的证据，都要注意全面搜集。第三，善于去伪存真。对各种现象要加以分析，由表及里，把握真相。第四，严防主观臆断。作为执法人员要时刻警惕不被自己固有的偏见、固有的知识、过去的经验所局限，养成自我反思的意识和习惯，防止主观臆断。

2. 适用法律正确

怎样才能做到适用法律正确？第一，精心选用应当适用的法律规范。执法是一个适用法律的过程。对于同一事项，有不同层级、不同部门、不同时间的法律规范进行调整。到底应根据哪个规范来执法？要遵循法律适用规则来选择法律规范。一般来说，后法优于前法，高层级的法优于低层级的法，特别法优于一般法，主管部门法优于非主管部门法等等。除了这些一般规则，还要了解和掌握一些例外规定，即法律适用的特殊规则。第二，正确把握法意。要正确地把握法律的精神实质，既重视文本但又不能搞法律教条主义。第三，要力求善意适法。善意适法是指执法人员在适用法律时有善意和良知，综合地、正当地考虑实际情况。第四，确保平等适法。就是要做到不歧视，无偏袒，同等情况同等对待，条件不同区别处理，尤其要注意区别处理理由的正当性。第五，力戒机械执法。为了实现执法的社会效果，在一定范围之内，对法律规定可以作扩大或限缩解释。当然，要避免突破法律规定的底线而违法办案。

3. 权责分配公平

执法的效果，最终体现在权责分配上。实现权利、义务以及责任的公平分配，要注意做到以下几点：第一，坚持分配正义。执法的结果要使当事人得其应得。执法者要掌握分配正义的规则，要具有把握这些规则的能力和素质。第二，严格依法办事。法律标准是最重要、最基本的权责分配准则。只有在坚持法律标准的前提下，才能参照和应用其他标准。第三，恪守罪刑法定原则。坚持法无明文规定不入罪。第四，注意过罚相当。坚持处罚与罪过相当或衡平。第五，坚持平等原则。要坚决反对特权，防止法外开恩、徇情枉法。第六，适度关注弱者。这既为社会主义法治国家的性质所决定，也是关注和保障民生的必然要求。

4. 自由裁量得当

自由裁量权是执法权的重要组成部分。当法律存在空白、冲突或存在局限性时，执法者必须依据案情和公平正义的要求，独立判断、权衡并作出合理的决定。公正执法与依法执法的最大区别，就是要求执法者必须正当地进行自由裁量。具体包括六个方面的要求：第一，符合授权目的。任何执法行为都是有目的的，执法者在行使自由裁量权时要符合执法目的。第二，全面合理考量。执法者在裁量时要考量各种相关因素，但要避免不相关、不正当的因素的干扰。第三，坚持公平对待。第四，力戒反复无常。第五，遵循比例规则。第六，避免结果失衡。

三、公正执法的实现

公正执法不仅是一个认识层面的问题，更是一个实践层面的问题。在实践中要做到公正执法，或者说要实现公正执法，至少需要做到以下几个方面：

（一）坚持依法办事、衡平多元价值

要树立依法办事是第一要求的理念。执法人员要牢固树立依法办事的理念，在具体执法活动中切实做到法律至上，切实依法保证行政相对人、犯罪嫌疑人和广大群众的合法权益，有效防止各种有法不依、知法犯法现象的发生。

要妥善解决公正执法与其他价值的冲突。公正执法与其他价值，如稳定的价值、发展的价值发生冲突的情况经常发生。执法人员要在衡量、分析的基础上平衡公正执法与其他价值。

（二）完善制度、促进执法的规范化建设

要科学配置执法权力。权力配置良好是公正执法机制的重要条件。领导干部要把科学配置执法权力作为一项重要工作来抓，不断优化和完善权力运作的机制。要建立系统的行为规范。要为执法的全部过程、各个环节建立完整的行为规范体系，做到有法可依、有章可循。要提高执法过程的透明度和能见度。同时也要提高执法程序的正当化水平。

（三）建立完善监督制约机制，保障公正廉洁执法

要为衡量执法效果建立一套科学的评价体系，并及时向社会公布，以提高执法公信度。要建立强有力的督察机制。要建立健全评价、查处、检举、起诉、控告等强有力的督察机制。要建立全面充分的权利救济制度。要赋予所有执法利害关系人以申请复议、提起诉讼或上诉、申诉等权利救济制度。要建立理性的责任追究制度。对于执法中出现的错案，要在分析的基础上进行理性追责。

（四）提高队伍素质、强化执法保障

要提高执法队伍素质和完善执法能力养成机制。要制定针对执法人

员的淘汰制度、奖励制度，建立执法能力的养成机制和考核机制，督促执法人员自觉提高执法能力。

要强化公正执法的保障措施。要不断更新和配齐配足基层政法队伍日常执法办案所需的装备，提高执法科技化水平，为公正廉洁执创造好的保障措施。

古人讲："法者，国家所以布大信于天下。"① 公正执法作为执法的核心价值，对政府管理和服务行为的合法与高效起着决定性作用，对实现国家任务和目标具有全局性的影响。与此同时，公正执法是一个系统工程，需要每位执法人员乃至全社会作出不懈努力。

① 《旧唐书·岑文本、戴胄列传》。

第七章　法治政府与责任承担

推进法治政府建设，要求将政府从决策到执行及监督的整个过程都纳入法制化轨道，不断健全政府行政的法律依据和督促政府依法行政的法律制度。法治政府也是责任政府。在行使社会管理职能的过程中，政府应主动就自己的行为向人民负责；政府违法或者不当行使职权，应当依法承担法律责任，实现权力和责任的统一。本章将讨论法治政府与责任承担的问题：法治政府必须是责任政府；政府必须对自己的行为负责。

一、法治政府必须是责任政府

2004 年 3 月 22 日，国务院印发了《全面推进依法行政实施纲要》。该纲要提出了依法行政的六项基本要求，即“合法行政、合理行政、程序正当、高效便民、诚实守信、权责统一”，其中“权责统一”的含义为：行政机关依法履行经济、社会和文化事务管理职责，要由法律、法规赋予其相应的执法手段；行政机关违法或者不当行使职权，应当依法承担法律责任，实现权力和责任的统一；依法做到执法有保障、有权必有责、用权受监督、违法受追究、侵权须赔偿。这一要求可以概括为：政府必须是责任政府，必须对其所有失职行为与违法行为承担相应的法律责任。为贯彻《全面推进依法行政实施纲要》，2005 年 7 月 9 日，国务院办公厅印发《关于推行行政执法责任制的若干意见》，明确界定行政执法责任制的内涵，详细规定了行政执法责任制的基本内容；

2005年9月3日，国务院颁布《关于预防煤矿生产安全事故的特别规定》，对不履行法定职责的相关行政人员依法给予严肃处理；2006年1月1日生效的《公务员法》，明确规定了领导干部的引咎辞职制度；2006年1月8日，国务院发布《国家突发公共事件总体应急预案》，规定对迟报、谎报、瞒报和漏报等失职、渎职责任人给予处罚。通过制定和实施上述法律法规及其他规范性法律文件，责任政府的轮廓更为清晰。

究竟什么是责任政府？法治政府为什么必须是责任政府？

关于责任政府的内涵，学术界有不同认识。一般认为，责任政府指政府应对其公民及其公民所赖于生存的社会承担责任。这种责任主要包括三类：政治责任、道德责任和法律责任。政治责任，指政府应当对民意负责，对民选机构负责；当出现重大违法、失职、滥用职权等情形时，政府机关及其工作人员（特别是领导人）必须被罢免、引咎辞职或责令辞职。道德责任，指政府机关及其工作人员的生活与行为必须符合人民与社会所要求的道德标准与规范，如公务员应具有清廉、真诚、正直等品质，在执行公务时必须维护公共利益和国家利益，不得运用不正当的方式在执行职务时获取不正当利益和私利，等等。法律责任，指政府及其工作人员违反法定义务、违法行使职权时，必须承担相应的法律后果。需要注意的是，政治责任、道德责任与法律责任之间有交叉与重合的领域，许多政治责任和道德责任都可以转化为法律责任，如美国的《政府道德法》、英国的《文官法典》和加拿大的《利益冲突章程》等都是政府道德责任的法律化。[①] 相比较而言，法律责任具有较强的可操作性、可预测性和强制性，因此，许多学者都呼吁政治责任和道德责任的法律化。由上可知，责任政府的内涵虽然非常丰富，在崇尚法治、将法治作为治国方略的国家，责任政府主要是指政府应当承担与其职权

① 上述法律均通过法律规定的强制性提升政府及其公务人员的职业道德水准，增强他们履职的使命感。

和行为性质相当的法律责任。

法治政府为什么必须是责任政府？主要有三方面的理由：

1. 法律后果和法律责任是法律规范的重要组成部分

法治政府的内涵非常丰富，其精髓是：政府及其工作人员必须依“法”行使职权、履行职责和义务。因此，建设法治政府，首先必须了解“法”的构成要素。我国法理学界对“法”的构成要素已经基本达成共识，即“法”由法律概念、法律规范和法律原则构成。在这三大要素中，法律概念是对法律现象进行抽象、概括后形成的法律范畴，它源于日常生活、法律事件或法学家的创设；法律规范是规定法律关系主体在法律上的权利、义务和责任的准则、标准；法律原则是法律的基础性真理或原理，为其他规则提供基础性或本源的综合性规则或原理，是法律行为、法律程序、法律决定的决定性规则。可以发现，能够对社会主体的行为提供微观指导的只有法律规范。

根据学者研究，法律规范由假定、行为模式和法律后果三个要素构成[①]。“假定”是法律规范中指出适用该规范的前提、条件或情况的部分，又称“条件”；“行为模式”是法律规范中具体要求人们做或不做某一行为的部分，又称“处理”，具体包括授权性行为模式、义务性行为模式和复合性行为模式；“法律后果”是法律规范中规定的 、人们在作出符合或违反该规范的行为模式时所引起的法律制裁或法律保护与奖励。在法律规范的三个要素中，“法律后果”是不可或缺的组成部分，因为只有设定合理的法律后果，法律规范才能够发挥其保护性功能和制裁性功能，也才能够引导社会主体按照法律规范的要求来安排自己的工作和生活。具体来看，“法律后果”分为肯定性法律后果与否定性法律后果两类，前者是对社会主体符合法律规范的行为模式的认可与保护，后者是对社会主体违反法律规范的行为模式的否定与制裁。否定性的法律后果表现为“法律责任”，即社会主体因实施了违反法律规范中行为

① 亦有主张法律规范由两部分组成的两部分说。

模式要求的行为而承担的不利后果。法律后果和法律责任是法律规范的重要组成部分。进一步讲，建设法治政府，就必须确保法律规范的完整性，并确保该法律规范在社会生活中得到严格的遵守，即政府必须依法对其行为承担相应的法律责任。

2. 政府对自己的行为负责，是法治政府的基本特征

第一，如前所述，法治政府的基本内涵是依法行政，《全面推进依法行政实施纲要》将依法行政的基本要求概括为六个方面，即合法行政、合理行政、程序正当、高效便民、诚实守信和权责统一。其中，"权责统一"就是要求政府必须对自己的行为负责，这是法治政府的基本特征。

第二，法治政府的另一基本内涵是法律面前人人平等，即任何社会主体，无论是自然人、法人、普通百姓还是国家机关或其工作人员，都必须平等地接受法律的调整和控制。因此，在要求普通百姓遵纪守法的同时，政府也必须遵纪守法；在要求普通百姓对自己的行为负责、依法承担法律责任的同时，政府也必须对自己的行为负责，依法承担法律责任。

第三，法治政府的内涵还包括责任自负，即作为社会主体之一的政府必须对自己的行为依法承担法律责任，而不得转嫁法律责任，或者随意扩大、缩小法律责任的范围。只有确立了责任自负原则，社会主体才会认真对待自己的权利，认真对待自己的义务，认真对待自己的行为，或者说，法律才能够真正起到对行为的约束与指引作用。否则，某些社会主体就可能肆无忌惮违反法律，侵犯其他社会主体的合法权益。作为法治政府，政府必须遵循法治的基本原则——责任自负，即对自己的行为负责。反之，如果政府可以摆脱法律责任的约束，权力就可能像脱缰的野马，恣意践踏社会公众的权利。我国立法要进一步明确规定政府的法律责任，确立可行的责任追究机制。当务之急是修改和完善《行政诉讼法》、《国家赔偿法》、《刑法》和《刑事诉讼法》并加大对渎职犯罪的惩戒力度。

3. 政府敢于负责，是执政为民的必然要求

2004年9月19日，中国共产党第十六届中央委员会第四次全体会议在全面分析我国当前形势和任务的基础上，作出了《中共中央关于加强党的执政能力建设的决定》。在论及五十五年（1949—2004）来党执政的主要经验时，《决定》把“必须坚持立党为公、执政为民，始终保持党同人民群众的血肉联系”作为经验之一。如何实现“立党为公，执政为民”?《决定》以平实的语言阐述了执政党的主张，即“要牢记全心全意为人民服务的根本宗旨，牢记‘两个务必’，坚决惩治腐败，坚持权为民所用、情为民所系、利为民所谋，实现好、维护好、发展好最广大人民的根本利益，保证人民群众共享改革发展的成果。”从法律的角度来看，就是执政党及其政府必须敢于负责。

政府敢于对自己的行为负责，其意义在于：

第一，政府只有对自己的行为负责，才能取信于民，彰显政府的诚信。诚信是中华民族的传统美德，然而近些年，诚信危机、信任危机弥漫于社会之中。市场经济运作过程中存在大量不诚信行为，关于黑心棉、毒大米、有毒豆制品、发霉月饼等事件的报道不绝于耳。而政府的不诚信行为也大量存在，例如许多政府在岁末年初往往承诺来年给老百姓办十件或二十件“实事”，但随着时间的推移，政府没有任何举动；个别政府通过声势浩大的社会调查，了解人民群众最不满意的机关、最不满意的国家工作人员，但很少公开调查结果，更未采取改善措施；经政府机关检验“合格”的商品，却依然存在着触目惊心的质量问题。所有这一切都在拷问着政府：如何成为社会公众的诚信榜样，如何做到诚信政府？抛开学者们关于“诚信”的内涵的探讨，社会大众对诚信政府的朴素认识就是要“言必信，行必果”。也就是说，政府必须履行自己关于依法行政的承诺；如果没能履行，就坦诚地向公众说明情况，主动承担法律责任。唯有如此，政府才能够取信于民，全社会才能够重现诚信之风。

第二，政府只有对自己的行为负责，才能维持和强化人民对政府的

信赖。自改革开放以来，我国政府经受住了来自国内外的一系列挑战，使人民群众的物质文化生活水平稳步提高，同时也赢得了人民群众对政府的信赖。可以说，进一步维持和强化人民对政府的信赖，是政府凝聚社会力量、应对国际竞争的保障，也是化解冲突、缔造和谐稳定的社会秩序的需要。实践证明，只有勇于承担责任，政府才能够维持和强化人民对政府的信赖。倘若政府对自己的决策失误与违法行政无动于衷，只会失信于民。只有政府真诚地对待老百姓，勇于承担责任，公众才可能基于理解与信赖而自愿与政府同舟共济，政府也才能够顺利渡过各种难关。

第三，政府对自己的行为负责有利于引导人民守法并积极履行法律义务。在法治社会，所有的社会主体都必须遵守法律，即依法行使权利和履行义务，并在实施违法行为后依法承担法律责任。在我国，各社会主体的法律意识和法律素质差别很大，为全面提高全体公民的法律素质，自 1986 年以来，中央就持续开展法制宣传教育活动。这些宣传教育活动均把政府和公务员列为普法的重点对象，这不仅因为政府和公务员是否依法行政直接关系到普通公民的合法权益能否得到有效维护，而且因为政府与公务员的行为具有示范效应，即政府和公务员成为守法的典范能够引导和带动人民守法。如果政府和公务员不断违法，并且不承担法律责任，何来资格要求老百姓遵纪守法？从这一角度看，政府对自己的行为负责有利于引导人民守法并积极履行法律义务。

二、政府必须对自己的行为负责

法治政府之下，政府必须对自己的行为负责。政府的任何行为都必须接受法律规范的调整和监督。鉴于政府行为的复杂性和多样性，可从以下五个层面阐述政府如何对自己的行为负责：

1. 政府不仅对自己的侵益行为负责，而且对自己的授益行为负责。根据政府行为与行政相对人的利害关系，政府的行为可分为侵益行为和授益行为，前者指对行政相对人权益产生不利影响的行为，如限制行政相对人的人身自由；后者指授予行政相对人某项利益（包括权利、资格和客观的物质利益等）的行为，如通过准予行政许可，使行政相对人获得驾驶机动车辆的资格。政府对自己的侵益行为负责，表现为：依法撤销该违法的侵益行为或确认其违法，并在必要时给予受侵害的行政相对人以国家赔偿；依法追究实施该侵益行为的直接责任人的法律责任。政府对自己的授益行为负责，主要表现为：为维护法律的安定性和行政相对人对政府行为的合理信赖，政府不得随意撤销或废止授益行为；在不得已而撤销或废止授益行为时，应采取措施保护行政相对人的信赖利益。在这一方面，《行政许可法》迈出了具有里程碑意义的一步，确立了信赖保护制度。该法第八条规定："公民、法人或者其他组织依法取得的行政许可受法律保护，行政机关不得擅自改变已经生效的行政许可。行政许可所依据的法律、法规、规章修改或者废止，或者准予行政许可所依据的客观情况发生重大变化的，为了公共利益的需要，行政机关可以依法变更或者撤回已经生效的行政许可。由此给公民、法人或者其他组织造成财产损失的，行政机关应当依法给予补偿。"今后，我们需要深入研究信赖保护制度的适用范围和适用条件，以切实保护行政相对人的合法权益。

2. 政府不仅对自己的干涉行为负责，而且对自己的指导行为负责。根据政府行为对行政相对人是否具有强制性，政府行为可分为干涉行为和指导行为。前者具有强制性，行政相对人必须依法履行其设定的义务，否则政府就可以依法启动强制执行制度；后者不具有强制性，行政相对人可以根据自己的价值判断和利益权衡来决定是否接受政府的建议和指导，并且不因拒绝政府的建议和指导而遭受不利法律后果。指导行为对行政相对人的权利义务没有实质性影响，而干涉行为存在侵害行政相对人权益的可能性。但是，在实践中，某些行政机关可能以"指导"之名行"强制"之实，损害行政相对人的权益。为减少直至杜绝这类现象的发生，同时也为了防止政府借"指导"来规避和逃脱自己的法律责任，政府不仅要对自己的干涉行为负责，而且要对自己的指导行为负责。正是基于这一考虑，最高人民法院在《关于执行〈中华人民共和国行政诉讼法〉若干问题的解释》中，将“具有强制力的行政指导行为”列入了行政诉讼的受案范围。同时，即使是“不具有强制力的行政指导行为”，如果确实给行政相对人造成了损害，政府也应当承担相应的法律责任。在此问题上，可以研究借鉴日本的行政指导制度，进一步规范我国行政指导适用的范围和政府承担责任的条件以及责任的类型。①

3. 政府不仅对自己的法律行为负责，而且对自己的事实行为负责。法律行为和事实行为的区分标准，学术界有不同认识，但基本共识是：根据行政主体的意思表示，能够产生相应法律后果的行为是法律行为；与此相对，虽然产生一定的法律后果，但这种法律后果与行为人的意思表示无关的行为是事实行为。在行政法学发展初期，学术界认为，政府只对其法律行为负责，而对其事实行为不承担责任。事实上，事实行为同样可能损害行政相对人的合法权益。毋庸置疑，“有损害即有救济”是法治社会的基本特征。因此，政府也应对其事实行为负责。我国1995年出台的《国家赔偿法》已经明确，对于侵害行政相对人合法权益、给行政相对人造成损害的事实行为，国家应承担赔偿责任。目前需要进一步研究的是：对于事实行为，政府应该承担怎样的法律责任？除了赔偿损失，是否还有其他责任内容？

4. 政府不仅对自己的积极行为负责，而且对自己的消极行为和不作为负责。积极行为，指政府针对行政相对人作出了一定的意思表示，如给予行政相对人以行政处罚，或拒绝行政相对人的申请；消极行为，指行政机关在法定期间或合理期间内未向行政相对人作出任何意思表示，如行政相对人申请保护人身权或财产权时，行政机关不予理睬。积极行为和消极行为的分类与该行为是否合法没有必然联系，因为政府的

---

① 参见崔卓兰、鲁鹏宇：《日本行政指导制度及其法律控制理论》，载《行政法研究》2001年第3期；[日] 毛桂荣：《行政指导在日本》，载《东南学术》2005年第1期；陈斯彬：《作为行为和制度的行政指导——中日行政指导比较研究》，载《环球法律评论》2009年06期。

义务包括积极的作为义务和消极的不作为义务。也就是说，无论是积极行为，还是消极行为，都有违法的可能性，都可能给行政相对人造成损害；一旦违法，政府就应当承担相应的法律责任。消极行为包括两类：一是应为而不为，二是应不为而不为，前者就是通常所说的行政不作为。学术界和实务界都认识到了行政不作为的危害性，也都在积极探讨法律规制的途径。2001 年 7 月，最高人民法院针对发生于四川的李茂润案件作出批复，指出："由于公安机关不履行法定行政职责，致使公民、法人和其他组织的合法权益遭受损害的，应当承担行政赔偿责任。在确定赔偿数额时，应当考虑该不履行法定职责的行为在损害发生过程和结果中所起的作用等因素。"这就明确了政府应对行政不作为承担赔偿责任。对于行政不作为违法，政府应当承担怎样的法律责任，应通过怎样的途径来追究其法律责任，都是有待探讨的课题。

5. 政府不仅对自己的恶意行为负责，而且对自己的善意的行为负责。在民事责任和刑事责任追究上，一般都查明行为人的主观方面是故意违法还是过失违法，是故意犯罪还是过失犯罪。行为人的行为是受其主观意识支配的。过失违法、过失犯罪较故意违法、故意犯罪所承担的法律责任要轻。这提醒我们，责任的大小与行为人的主观意识关联。与此相关，在探讨政府的责任时，是否也需要考虑政府的主观方面？或者说，不论善意与否，政府是否应当对其违法行为负责？在依法行政原则之下，对于政府行为，只进行行为合法性评价，而不关注其主观方面。因此，无论是政府的恶意行为还是善意行为，主观上是故意还是过失，只要违反了法律，政府都需要承担法律责任。在具体的责任选择上，可以根据政府的恶意或善意来区别对待。

第八章　权力运行的制约和监督

权力运行的制约和监督是依法治国、建设社会主义法治国家的重要内容。党的十八大报告明确指出要“健全权力运行制约和监督体系”。2012年12月4日，习近平同志在首都各界纪念现行宪法公布施行30周年大会上的讲话上进一步强调：“我们要健全权力运行制约和监督体系，有权必有责，用权受监督，失职要问责，违法要追究，保证人民赋予的权力始终用来为人民谋利益。”可见，中央已将权力运行的制约和监督提到空前高度，已经切入到权力运行制约和监督机制体系问题。如何着力建立一套系统性、整体性、协同性与可持续性的监督体系已成为当前迫切需要解决的现实问题。

从理论上看，权力运行的制约和监督问题是公法学的核心命题，“无论在普通法国度还是在大陆法国度，贯穿于行政法的中心主题完全是相同的。这个主题就是对政府权力的法律控制（legal control）”①。虽然权力制约和监督是一个经久不衰的课题，已经有着极为丰富的成果和实践，但如何健全权力制约和监督体系，依然存在许多问题亟待梳理和澄清。

一、对权力进行监督的必要性

（一）公共权力的二重性

公共权力好似一把“双刃剑”，具有“二重性”：一方面其可以被

① ［印］M. P. 赛夫：《德国行政法——普通法的分析》，周伟译，台湾五南图书出版公司1991年版，第4页。

用来为人民谋福利；另一方面，其也可能成为掌权者牟取私利的手段，被用来作为压迫人民、剥削人民的工具。公共权力的存在具有其自身的合理性及价值，任何社会都需要公共权力。英国著名思想家伯特兰·罗素在他的名著《权力论》中直截了当地说："权力是非有不可的，不是政府的权力，就是无政府冒险家的权力。"① 没有权力，社会就难以整合，难以凝聚力量来实现整体目标，权力是实现人类目标的一个必要的组织手段和载体。"权力现象从古至今的客观存在，说明人类社会需要权力，权力也是人类组织成社会的重要手段之一。社会、国家和法律的产生、存在和发展，本身就象征着权力的客观属性，他不以人们的主观意志为转移。从某种意义上讲，权力也是伴随人类文明发展历程而不断演化的文明形态之一。"② 由于权力本身的二重性，其不只是一种规训、压迫人民的工具，更是人类生存发展的必须，决定了我们要建立健全权力的监督和制约体系。因为如果权力只有"恶"的一面，而没有"善"的一面，则我们就可以完全将其舍弃。正是由于权力具有"二重性"，并还需要利用其"善"的一面，故权力于人类社会不可或缺。故此我们既需要保护，又需要监督和控制权力。

（二）权力异化（或腐化、扩张）的必然性

孟德斯鸠在《论法的精神》中曾断言："一切有权力的人都容易滥用权力，这是一条万古不易的经验。"③ 任何权力只要不加强监督和制约必然会异化，这种异化不以人的意志为转移。德国历史学家弗里德里希·迈内克指出，一个被授予权力的人，总是面临着滥用权力的诱惑、面临着逾越正义与道德界限的诱惑。"人们可以将它比作附在权力上的

---

① ［英］伯特兰·罗素：《权力论》，吴友三译，商务印书馆1991年版，第74页。
② 刘作翔：《法治社会中的权力和权利定位》，载《法学研究》1996年第4期。
③ ［法］孟德斯鸠：《论法的精神》（上），张雁深译，商务印书馆1961年版，第154页。

一种咒语——它是不可抵抗的。”[①] 公共权力具有倾向于腐败和扩张的必然趋势。一方面绝对的权力将导致绝对的腐败，另一方面权力只要存在就有自然倾向于扩张的本性。法国哲学家马里旦指出：“每一个强有力的东西总有越出它本身范围的本能倾向，因而权力总倾向于增加权力，权力机构总倾向于不断扩大自己。”[②] 除非其不能再扩张或者有巨大的障碍阻碍其扩张，其无限扩张就必然要打破既定的范围和界限，侵犯其他权利（力），危及他人自由及社会公共利益。

（三）权力主体的局限性

从权力的归属关系上看，权力无论在抽象上是属于人民还是公共团体，具体施行中总是由个人来掌握和运用的，因此权力的个体性特征是始终挥之不去的。“公共权力主体从名义上的拥有与实际上的掌握运用来看，可以分为形式主体与实际主体。形式主体即由宪法、法律授予行政权力的行政组织机构。但是实质上，公共权力无法由一个‘抽象物’来行使运用，而行政机关中的‘人’，即行政机关公务人员，才是具体行使权力的主体，其才是具体运用公共权力的实际主体。”[③] “人”作为一种自然界生物，不可能摆脱趋利避害的本能，其即使不是自私的，也总是自利的。实际掌握权力的“人”是一个个有理性的“经济人”，即具有追求自身利益最大化的偏好。换言之，权力之所以需要制约，是因为行使权力的人需要制约。正如布坎南曾言：“对外在代表国家办事地位的人，如果要适当设计出能够制约赋予他们的要劝告的他们在权力范围中的行为的法律——宪法条款，我们就一定要把他们看作是以他们自

---

① ［美］E. 博登海默：《法理学：法律哲学与法律方法》，邓正来译，中国政法大学出版社2004年版，第367页。

② 转引自沈宗灵：《现代西方法理学》，北京大学出版社1992年版，第87页。

③ 方世荣：《论行政权力的主体及其制约问题》，载《湖北行政学院学院报》2003年第6期。

己的权力最大限度追逐纯财富的人。”① 人的认识能力、知识水平、品质和素质等都可能会影响到权力的运用，使权力运用本身发生变化，甚至走向反面。“如果约束机制不能提供一种良性的压力，以确保任何人处于某一特权地位时均不能过多地牟取私利，那么再高尚的执政官也不能保证公共利益不被他或他的后继者有意或无意的损害。”②

（四）与公民利益的深度关联性

公共权力与公民权利密不可分。一方面，公民希望借助公共权力来实现其自身利益。由于某些利益和福祉是通过公民个人能力所无法实现的，因此公民对公共权力有着一种天然的依赖性。法国大革命时期的主要领导人罗伯斯庇尔曾言：“民主的国家乃是这样的国家：在那里，主权的人民受自己制定的法律的领导，自己去做所能做的一切事情，并借助自己的代表去做自己不能做的一切事情。”③ 另一方面，公共权力行使的对象——优势资源的承受者往往是公民，其影响载体的承受者也是公民。因此“公共权力并不总是作为社会成员权利的‘敌对者’而存在的。凡是在公法权利发达的地方，公共权力通常是作为‘友善的合作者’而存在。更为重要的是，一切公法权利皆需借助公共权力来创设推行和实现”④。公共权力与公民权利存在一种深度的关联性，有着非常深刻的利害关系。

（五）权力拜物教的腐蚀性

权力拜物教是官僚政治的突出特征，其实质是崇拜私利。马克思曾一针见血地指出：“就单个的官僚来说，国家的目的变成了他的个人目

---

① ［美］詹姆斯·M. 布坎南：《自由、市场和国家》，北京经济学院出版社 1989 年版。转引自方世荣：《论行政权力的主体及其制约问题》，载《湖北行政学院学院报》2003 年第 6 期。

② 转引自丁煌：《西方行政学说史》，武汉大学出版社 1999 年版，第 380 页。

③ ［法］罗伯斯比尔：《革命法制和审判》，王之相等译，商务印书馆 1965 年版，第 171 页。

④ 夏勇：《走向权利的时代》，中国政法大学出版社 1995 年版，第 684 页。

的，变成了他升官发财、飞黄腾达的手段。”[①] 过去我们过多强调掌握权力的人如何滥用权力从而导致腐败，认为腐败的主体只能是掌握权力的人。[②] 但事实上每一个公民都不是天使，每一个公民也都有腐化的倾向。美国宪法之父麦迪逊提出了著名的“非天使统治”论，即“如果人人都是天使，就不需要任何政府了”[③]。权力腐化的危险不仅仅来自于掌握权力的人，也来自于普通的公民，来自于权力作用的对象，而这一点却往往被我们所忽略。在我国，公民遇到任何事情，首先想到的不是通过正当程序，而是依靠人情、私人关系来解决。在马克思看来，无论是国家还是社会，无论是官吏还是民众，只要对国家产生盲目崇拜情绪，国家权力就会处于无所不包的“万能”境地，一旦如此，权力和官吏就会带有权力拜物教的色彩。[④] 权力在社会中运行，而社会并非一方净土，每一个人的内心里都有自利与腐化的倾向，都是滋生腐败的一张温床。腐败并非是掌握权力人的“特权”，普通公民一样也会腐败，美国《反贿赂法》对腐败的定义就为：“直接或间接地以腐蚀为目的向公共官员赠送、提供或许诺任何有价之物……或向任何公共官员许诺向任何其他人或组织赠送物品，以便能够对任何官员的行为施加影响或影响该官员。”因此要根治腐败必须从每一个人做起，要控制和限制权力也必须从每一个人做起。

---

① 《马克思恩格斯全集》（第1卷），人民出版社1956年版，第302页。

② 例如，金太军认为：“行政权力腐败的本质主要是指国家政府机关及其工作人员尤其是各级官员，没有履行被赋予权力的相应职责，为谋取私利或所在小集团在不正当利益，非法用权，危险了社会公共利益的行为。”参见金太军：《行政腐败的解读与治理》，广东人民出版社2002年版，第7页。陈平军认为：“行政权力的腐败主要是指国家政府机关工作人员在行使国家法律赋予的公共权力过程所表现出来的违法违纪行为，即利用职权为个人或小集团谋取私利。”参见陈平军：《行政权力腐败及整治对策》，中山大学出版社2003年版，第3页。

③ ［美］汉密尔顿、杰伊、麦迪逊：《联邦党人文集》，程逢如、在汉、舒逊译，商务印书馆2004年版，第264页。

④ 马郑刚：《马克思对权力拜物教的批判及其启示》，载《中共中央党校学报》2001年第1期。

二、监督与制约权力的基本思路

建立健全权力监督和制约体系，可以从不同的角度来思考：从对权力监督和制约的主体角度来看，可以分为党内监督、人大监督、政府专门机关监督、政协民主监督、司法监督、群众监督及舆论监督等；从权力本身构成要素来看，可以分为对决策权的监督、对执行权的监督和对监督权本身的监督；从监督和制约的内容来看，可以分为实体的监督和程序的监督。本章拟从监督方式的角度对建立健全权力监督和制约做一个体系化的思考。

（一）有限授权

有限授权，即对权力的有限授予。前资本主义政府是一种全能政府，统一行使立法、行政和司法权力，一切政治事务、经济事务和社会事务都在政府的全面控制之下。随着社会发展，政府的设置必须摒弃这种全能模式，建立有限权力模式，从权力的源头上最大限度地控制行政权的唯我独尊，切断行政权的无处不在，限制行政权的无所不管，转化行政权的无所不能。[①] 有限授权是非常重要的控权方式：其一，授权本身对权力就是一种监督和制约。任何权力只要是被授予的，就代表该权力来源于他人，然而被授权者的权力并非天然拥有。正如托马斯·潘恩所言，权力“不是授予，就是僭取的。一切授予的权力都是委托，一切僭取的权力都是篡夺”[②]；其二，授权是有限度的授权，而不是绝对授权和完全限权。一方面，权力授予时必须有所保留。绝权的权力导致绝对的腐败，这是一条亘古不变的真理。无论是资产阶级政治家托马斯·杰弗逊宣称的“构成一个社会或国家的人民是那个国家中一切

① 袁曙宏：《论加强对行政权力的制约和监督》，载《国家行政学院学报》2002 年第 S1 期。

② ［美］托马斯·潘恩：《人权论》，载《潘恩选集》，马清槐等译，商务印书馆 1981 年版，第 243 页。

权力的源泉”，还是社会主义国家的宪法所称的“国家的一切权力属于人民”，都将人民视为权力的唯一源泉。为了制约权力的滥用，人民对政府的授权、对政府的委托，必须是让渡一部分权力，保留一部分权力，否则监督权则没有依托。另一方面，权力授予时需充分考虑其“善”的作用。鉴于公共权力的滥用会给自由带来的危害，有人认为授予行政机关的权力应当越少越好，甚至将权力看成是“必要的恶”。在悲观的公共选择理论看来，“所有的‘公共的’事物都是可疑的。对有些人来说，唯一值得尊重的公共目的似乎就是消灭公共部门”。① 对此笔者不太赞同。正如沃尔特·李普曼所言：“最好的政府是管制的最少的政府，这完全正确；但同样正确的是：最好的政府也是提供服务最多的政府。”② 如果将权力视为全恶，则可以完全消灭权力，采取无政府主义。承前所述，权力是具有“二重性”的，其可以是行“善”的利器，也可能是作“恶”的凶器。传统控权机制所基于的理念是“公权力是必要的恶”，其只看到公权力可能为“恶”的一面，而未看到公权力也可以为“善”的一面。正基于此，有限授权要有一个度，不能单纯地将授予行政机关的权力尽可能地控制在一个窄的范围，因为其还需要发挥“善”的一面。

授权者在授予权力时并不能随心所欲，需要遵守基本的规则：一是授出的权力必须小于授权者本身的权力。一方面如果大于授权者的权力，则被授予的权力就是无源之水、无本之木。另一方面如果等于授权者的权力，则监督就没有依托；二是授权要符合目的规则，授出去的权力和授权需实现的目的必须相适应，要能够逐步实现授权的目标；三是授权不能导致“一股独大”。权力不能过度集中在某个部门或者某个人手中。授权应当避免权力过分集中；四是要为授予权力制定基本规则，

① ［美］杰里·马肖：《贪婪、混沌和治理——利用公共选择改良公法》，宋功德译，商务印书馆2009年版，第39页。

② 转引自袁曙宏、宋功德：《统一公法学原论——公法学总论的一种模式》（下卷），中国人民大学出版社2005年版，第281页。

设定基本的程序；五是要为收回权力设定条件；六是要为授予权力设定监督机制。

（二）科学配权

科学配权，即通过科学合理的权力配置来实现对权力的制约与监督。要加强对权力的制约和监督，充分发挥其维护社会正常秩序，实现社会公共利益的“善”的作用，减少其“恶”的作用，就必然要实现权力配置的科学化。权力配置的科学、合理，不仅能有效防止权力被滥用的风险，还能极大的提高权力的运行效率，实现权力“善”的作用的最大化。目前，我们之所以强调科学配权，不仅仅由于科学配权是构建中国特色权力制约和监督体系的前提条件，更是由于科学配权在当代中国具有十分突出的现实意义。在我国现行政治体制下，权力配置尚有许多不科学、不合理的方面，权力过度集中、相互交叉、相互掣肘等现象严重。因此我们重视科学配权，旨在革除权力配置不合理的弊端，以期实现对权力的有效制约。

保证权力健康运行的基础是权力的科学配置，要做到科学配权需遵守如下规则：一是对公共权力进行切割。要根据权力的不同性质、阶段和运行状态对权力进行分类和细化。二是权力之间要形成相互制约和监督的关系。监督和制约的极致是制衡，即权力之间存在互相监督、互相制约的平衡关系，或者说是一种双向的制约关系。虽然监督的方式多种多样，但科学配权一定要做到相互制约，相互监督。三是要防止权力之间互相掣肘、相互扯皮。2008 年 2 月 27 日中国共产党十七届中央委员会第二次全体会议通过的《关于深化行政管理体制改革的意见》中，明确提出要按照“决策权、执行权、监督权既相互制约又相互协调的要求”，“完善行政运行机制”。世界历史上存在很多对权力制约的方式，但大数情况下都会存在相互争权夺利、扯皮推诿的现象。既要制约，又要协调，这是科学配权的精髓，是考验执政者政治智慧和政治能力的一个关键点。四是要注意效率。效率是公共行政的生命，对权力实施科学配置以保证公共行政效率是现代国家权力运行的一条基本准则。科学、合理配置权力既要兼顾制约也要兼顾效率，在制约与效率之间求得平衡。

（三）相互制权

相互制权，即权力与权力之间的相互监督与制约。孟德斯鸠曾直言："从事物的属性来说，要防止滥用权力，就必须以权力约束权力。"① 以权力制约权力之所以重要，一方面是因为单凭个人的力量不足以制约权力；另一方面是因为不能仅凭法律规范来约束权力，"徒法不足以自行"。不同的公权力之间相互制约是权力制约的一个基本要素，因为唯一能够势均力敌的是不同的公权力。没有权力做后盾，不依靠强大的公权力做支撑，无论多严密的法律法规也无法实现其作用。正如约翰·伦道夫所言："你可能在整张的羊皮纸上写满种种限制措施，但唯有权力才能限制权力。"② 所有其他的制约都要直接或者间接通过权力之间的相互制约这一环节来发挥作用。例如，公民不通过向司法机关起诉，难以制约行政权力；没有违宪审查机关，难以制约立法机关。另外，权力与权力之间相互制约，并非一定要采取对抗的方式，还可以通过混合、渗透以达到相互牵制的目的，"只要各个权力部门在主要方面保持分离，就并不排除为了特定目的予以局部的混合"。③

从公权力产生开始，相互制权就是制约权力最主要、最核心的方式之一。将公共权力分解为若干权力，把控制各部门的权力置于这个部门之外的其他部门手中，各权力主体之间既相互独立又彼此控制，使权力之间保持一定均衡，从而达到防止权力被滥用、异化之目的。以权力制约权力，需要讲究规则：一是权力之间要大体均衡。如果某一股权力独

① ［法］孟德斯鸠：《论法的精神》（上），张雁深译，商务印书馆 1961 年版，第 154 页。

② 参见高鸿钧：《法治与公共权力制约》，载《清华法律评论》1999 年第 2 辑。

③ ［美］汉密尔顿、杰伊、麦迪逊：《联邦党人文集》，程逢如、在汉、舒逊译，商务印书馆 2004 年版，第 337 页。

大，其他的权力都非常弱小，则难以形成相互制约的关系。“防止把某些权力逐渐集中于同一个部门的最可靠办法，就是给予各部门的主管人员抵制其他部门触及其权力领地的必要法定手段和个人的主动。在这方面，如同其他各方面一样，防御规定必须与攻击危险对称。野心必须用野心来对抗。”① 二是权力之间要相互制约。如果只是单向监督，则可能出现权力不均衡的现象。监督一定要是双向的，或者是环状的，要能够形成一个封闭系统。每一种权力都可能成为另一种权力的监督者，每一种权力也都可能被另一种权力所监督。三是相互制约的权力之间产生冲突应当有相应的协调机制。相互制约的权力之间会产生冲突，需要相应的协调机制来解决该冲突，避免形成僵局。

（四）适度转权

适度转权，即将一部分公共权力转移给社会组织，将公共权力向非公共权力组织转移。随着公共行政改革的深入，部分公权力向社会流动已经成为改革的重要趋势。无论是20世纪70年代以来的新公共管理运动，还是20世纪90年代兴起的社团革命，都毫无疑问地揭示了社会组织的兴起与发展。政府将一部分权力放权给社会行使，把本应由社会自治行使的公共权力“还权于社会”。社会组织行使部分公共权力，瓦解了国家行政一统天下的格局，成为现代公共行政发展的亮点。“国家消亡是个漫长的历史过程，或许还只是一种理想和猜测，但是国家逐步部分地还权于社会，权力趋于多元化与权力走向社会化，则已是无可否认的现实进程。”② 将一部分权力还权于社会，其一，可以起到弱化比较强大的公共权力的效果；其二，可以避免公共权力过分干预社会生活；其三，可以扩大公民自治，使人民群众自己管理自己；其四，可以降低公共权力的运作成本，将一部分成本转移给社会，由社会来承担。

---

① ［美］汉密尔顿、杰伊、麦迪逊：《联邦党人文集》，程逢如、在汉、舒逊译，商务印书馆2004年版，第264页。

② 郭道晖：《权力的多元化与社会化》，载《法学研究》2001年第1期。

不可否认，社会组织拥有政府难以企及的高效率与灵活性，能够及时回应并满足社会公众多样化的公共需求。托克维尔曾指出，一个由各种独立、自由的社团组成的多元的社会，可以对权力构成一种“社会的制衡”。“这种社会组织的出现，不仅仅是民族——国家统治过程民主化的一个直接结果，也是为民主过程本身运作所必需的，其功能在于使政府的强制最小化、保障政治自由、改善人的生活。”① 但是由于我国社会组织起步较晚，发展不够成熟，因此在转权过程中，还需要注意如下规则：一是注意对转权对象的选择和培育。由于我国目前社会组织普遍存在经费短缺、财务混乱、独立性弱、自治力不强、公信力差等问题，因此并非任何一个社会组织都有能力承接政府转移的权力。在转权之前要注意对转权对象的选择和培育，做好充分的准备工作，盲目转权只会适得其反。二是注意社会组织滥用权力的趋向。社会组织也并非天使，其也会滥用权力，从而出现“志愿失灵”的现象。社会组织的工作人员的选择较之于公务员而言标准要低，程序要简单，故其更加具有滥用权力的可能性。因此在权力转移过程中，一方面要注意有选择性的授予，另一方面也要强化对承接权力之社会组织的监督与制约。三是注意为权力的行使设定条件、设定规则、设定程序。权力并非授予给社会组织就“一劳永逸”，而是要为授予给社会组织的公共权力的行使设定相应的规则、条件和程序，并对其进行必要的监督。

（五）规则控权

规则控权，即通过设立实体规则的方式来监督和制约权力。“根据法的合理性来制约行政的随意性”，是各国行政法治理论与实践的共识。② 法律规则是控制权力必不可少的依据，它为制约与监督权力提供预想模式、调节机制和强制保证。西罗塞在其名篇《论法律》中提出

① 转引自［美］罗伯特·达尔：《民主理论的前言》，顾昕、朱丹译，生活·读书·新知三联书店1999年版，第227页。

② ［日］藤田宙靖：《行政与法》，李贵连、宋坚雷译，载《中外法学》1996年第3期。

“权力从属于法律”，“既然法律统治长官，长官统治人民，因此确实可以说，长官是能言善辩的法律，法律是沉默寡言的长官”①。亦如博登海默所言，法律同专制乃是根本的对立物。权力意志根植于支配他人并使他人受其影响和控制的欲望之中，而法律意志则源于人类反对权力冲动的倾向之中，即要求摆脱他人专断统治的欲望。法律制度最重要的意义之一，就是它可以被视为一种限制和约束人们的权力欲的工具。② 因此，行政法的最初目的就是要保证政府权力在法律的规范内行使，防止政府滥用权力，以保护公民。③

“如果一个国家的法律处于从属地位，没有权威，我敢说，这个国家一定要覆灭；然而，我们认为一个国家的法律如果在官吏之上，而这些官吏服从法律，这个国家就会获得诸神的保佑和赐福。”④ 因此，通过国家机关制定的、能够运用国家强制力保证实施的规范对权力进行控制，是建设法治国家的应有之义。规则控权需要注意以下几点：一是规则要具有确定性、明确性和可操作性。“无论国家采取什么形式，统治者应该以正式公布的和被接受的法律，而不是以临时的命令和未定的决议来进行统治。”⑤ 二是规则要具有可检测性和可追责性。某行为一旦违反了规则，则可以马上依据规则进行追责。三是规则要具有完整性、系统性和协调性。要实现规则控权，需要级别较高层次的规则和较低层次的具体的规则之间协调一致，并形成规则体系和系统。四是规则的适用要具有平等性。规则要平等适用和普遍适用。“应该以正式公布的既定的法律来进行统治，这些法律不论贫富、不论权贵和庄稼人都一视同

---

① ［古罗马］西塞罗：《论法律》（第3卷），转引自《西方法律思想史资料选编》，北京大学出版社1983年版，第79页。

② ［美］E. 博登海默：《法理学：法律哲学与法律方法》，邓正来译，中国政法大学出版社2004年版，第377页。

③ ［英］威廉·韦德：《行政法》，楚建译，中国大百科全书出版社1997年版，第5页。

④ ［古希腊］柏拉图：《法律篇》，转引自《西方法律思想史资料选编》，北京大学出版社1983年版，第25页。

⑤ ［英］洛克：《政府论》（下篇），叶启芳、瞿菊农译，商务印书馆1997年版，第84～85页。

仁，并不因特殊情况而有出入。”[①] 任何组织和个人不能有超越宪法和法律的特权，绝不允许以言代法、以权压法、徇私枉法。

（六）权利限权

权利限权，即通过权利来制约权力。前文论述了“相互制权”这一“权力制约权力”的方式，虽然政府的立法权与行政权分立，在很大程度上能防止政府的独裁和专断，但是这种分权本身却无法构成一种预防侵犯个人权利的完全且充分的保护措施。因此，自然法另一最终保护者——全体人民，可以罢免和更换那个无视委托关系的立法机关。当行政权或立法权试图变其统治为专制并试图奴役或毁灭其人民的时候，人民便可以通过行使抵抗或革命的权利，在反对压迫性的和否定了自然法的实在法的过程中维护自然法。[②] 因此通过权利来限权，是社会主义民主政治的应有之义，是社会主义政治文明发展的必然要求。公民权利是国家权力的基础与源泉，1776 年的美国《独立宣言》开篇称：“我们认为这些真理是不言而喻的：人人生而平等，他们都从他们的‘造物主’那边被赋予了某些不可转让的权利，其中包括生命权、自由权和追求幸福的权利。为了保障这些权利，所以才在人们中间成立政府。”[③] 权利涵盖一切正当权利，包括主体的公权利和私权利。其中公权利是人民在政治和社会公共事务方面的权利，私权利是人们在经济领域或私人事务方面的权利。通过权利来制约权力，我们尤其要注重个人在公法上的权利，因为公民通过公权利的行使，直接或者间接地把权力赋予给官员，则权利产生权力。通过权利来限制权力，具有非常重要的意义。因为权利尽管比权力弱小，但是权利拥有者人数众多，在必要的时候形成合力，会具有相当的影响力。

---

① ［英］洛克：《政府论》（下篇），叶启芳、瞿菊农译，商务印书馆 1997 年版，第 88 页。

② 参见［美］E. 博登海默：《法理学：法律哲学与法律方法》，邓正来译，中国政法大学出版社 2004 年版，第 61 ~ 62 页。

③ 董云虎等：《世界人权约法总览》，四川人民出版社 1991 年版，第 272 页。

以权利制约权力，实质上是人民对权力的制约，是人民作为权力所有者通过法律对权力受托者的根本制约。通过权利来限制权力，需遵守如下规则：一是要为私权利设定边界，要为基本人权设定基本的范围。国家权力以法律明文规定为限，凡是需要进入私权利范围的则要有法律明确的授权，必须在职权范围内严格恪守“公民权利是政府权力天然界线”的原则，不得没有法律依据而介入私权领域。二是要充分授予个人公法上的权利，并且形成一个权利系统，或者说是一个权利链。公民权利能够形成一个封闭的系统，形成个人权利的保障系统，比如说知情权、参与权、表达权、监督权、拒绝权、抵抗权、批评建议权等。只有这些权利充分和无障碍的行使，才能对公权力形成有效的制约。三是要为个人权利设定边界，为其配置相应的义务，正所谓“没有无义务的权利，也没有无权利的义务”。四是要为个人权利限制公共权力设定纠纷解决机制。个人权利在制约公共权力时一旦发生冲突，则需要通过行政复议、行政诉讼或者其他的仲裁、协调机制来加以解决。

（七）程序导权

程序导权，即通过程序来引导公共权力，通过设置科学的公共权力运作的步骤、顺序和方式等来规范公共权力的运行过程，使其按照理性的方式来运作。美国哲学家罗尔斯认为：“公正的法治秩序是正义的基本要求，而法治取决于一定形式的正当过程，正当过程又主要通过程序来体现。”[①] 如果在放水之前不修好渠道，则会导致泛滥。而事先将渠道修好，水就会顺着渠道流向目的地。程序控权就是这个道理。程序之所以能够引导公共权力，是因为：其一，权力运行过程中镶嵌了许多相对人的权利，这样，行政相对方总是能对权力进行制约，即只要有行政权的外部运行，就有行政相对方对权力的制约。其二，程序需双方当事

---

① ［美］约翰·罗尔斯：《正义论》，1971 年英文版，第 239 页。转引自湛中乐、王敏著：《行政程序法的功能及其制度——兼评行政处罚中程序性规定》，载《中外法学》1996 年第 6 期。

人参与，因此权力需受到双方参与人和公众的监督，使权力能够在阳光下运行。其三，程序可以使公权力产生效力，也可以使其失去效力。可以通过程序来制约其效力，影响其强制力运用的程度。其四，程序利用它的利益导向机制，来影响各方程序主体的选择行为，使其朝着共同的行政目的和公共权力要实现的目标来运作。

程序是一个确保程序正义得以实现的公开与平等、分化与制衡的积极过程。权力只要进入了程序运作，恣意妄为就会遇到制度障碍。任何专横的权力被导入正当程序后，都会受到规范和控制，都无立足之地。要通过程序监督与制约权力，需遵守如下基本规则：一是必须充分赋予公民参与程序的权利，否则难以实现对公权力制约；二是程序一定要尽可能地保持公开和透明，不能暗箱操作；三是要善于利用利益导向机制来能动地推动程序向前发展；四是要处理好程序公正和程序效率之间的平衡。

（八）惩腐净权

惩腐净权，即通过惩治腐败的方式来净化公共权力。事实上任何权力的滥用都与利益有关。马克思主义认为，利益是人类活动的动因，它引发人的活动力量，规定人的行动方向。一切政治活动归根到底都是为了经济利益，权力的产生过程和实现权力的具体状态都充分证明，公共权力不过是用来实现经济利益的手段。如果没有利益关系，滥用权力的机会就会很少。坚决惩治权力腐败，让掌权者无法利用手中权力获得非法利益，有效制约权力滥用的利益源头，遏制掌权者滥用权力的欲望。

惩治腐败，关系人心向背和党的生死存亡，这一重大课题始终是我们党和国家面临的重大政治任务。我们要充分认识反腐斗争的长期性、艰巨性、复杂性，把反腐倡廉工作放在更加突出的位置。[①] 惩腐净权需遵守的规则：一是一定要加强对重点环节、重点领域的监控，尤其是一

---

① 胡锦涛：《坚定不移走中国特色社会主义伟大道路　为夺取全面建设小康社会新胜利而奋斗》，载《人民日报》2007年6月26日第1版。

些容易滋生腐败的环节。要发现一起、查处一起、严肃处理、绝不姑息[①]。二是一定要标本兼治，重在预防。三是一定要做到个别预防和一般预防的平衡。不仅要对典型滥用权力的人进行制裁，还要注意一般、普遍的预防。四是一定要建立惩治腐败的相关制度，筑牢限制滥用权力的篱笆。

（九）救济督权

救济督权，即通过建立救济机制来监督权力。“有权利必有救济”，这是我们常引用的一句格言。当权利受到侵害时，如果没有救济机制，权利事实上是不存在的。有没有权利，有多少权利，需要在权利受到侵害的时候能不能得到及时有效的恢复来加以证明。救济督权需遵守如下规则：一是必须有强有力的、专门的救济机构；二是必须有一整套具有高度正当性的救济程序，来实现权力的救济和恢复；三是必须有公平公正的审判机制，保证纠纷能够得到公正、及时的处理。

（十）问责矫权

问责矫权，即通过问责机制来矫正权力的偏执。党的十八大报告强调：“要健全质询、问责、经济责任审计、引咎辞职、罢免等制度。”“按照近代以来的国家观念，民主政治是一种责任政治，民主行政也是一种责任行政，它需要对法律、对社会、对人民负责，行政权力的行使需要承担相应的责任并在一定的义务限制范围内行使权力。”[②]“责任政府既是现代民主政治的基本理念，又是一种对政府公共管理进行民主控制的制度安排。作为一种制度安排，必须建立健全政府的责任控制机制，强化对行政权力的监督和制约，防止滥用权力。”[③] 通过对超越职

---

① 《中共中央纪委关于严格禁止利用职务上的便利谋取不正当利益的若干规定》，载《人民日报》2007年6月9日第4版。

② 孙笑侠：《法律对行政的控制》，山东人民出版社1999年版，第53页。

③ 唐汉铁：《我国开展行政问责制的理论与实践》，载《中国行政管理》2007年第1期。

权、滥用权力、违法行使权力的问责，通过对不作为、懈怠、渎职的问责来实现对权力的监督与制约。要做到有权必有责，有权受监督，违法受追究，侵权要赔偿，建立健全决策问责和纠错制度。

在我国，权力制约中的一大问题就在于责任控权不到位，正如邓小平同志指出的："我们的党政机构以及各种企事业领导机构中，长期缺少严格的从上而下的行政法规和个人负责制，缺少对每个机关乃至每个人的职责权限的严格明确的规定，以至事无大小，往往无章可循，绝大多数人往往不能独立负责地处理他所应当处理的问题，只好成天忙于请示报告，批转文件。有些本位主义严重的人，甚至遇到责任互相推诿，遇到权利互相争夺，扯不完皮。"① 因此，不断完善权力运行的责任制度，依法定责，依法督责，依法问责，实现"以责任制约权力"，是我国推进法治建设和责任政府的努力方向之一。通过问责来矫正权力时需注意以下规则：一是为避免问责权的滥用，要严格遵守罪刑法定或处罚法定，事先预设追责的相关法律规范；二是为保证问责的实现，要建立相对独立的追责机关；三是为实现行政问责的规范化、制度化，要规范问责的程序；四是为防止过度追责，要建立健全追责规则；五是为防止错误追责，要建立健全纠错机制。

（十一）自治约权

自治约权，即行政主体自发地约束其所实施的行为，使其权力的行使在合法合理范围内运行的一种自主行为。按《布莱克维尔政治学百科全书》的定义，"自治是某个人或集体管理其自身事务，并且单独对其行为和命运负责的一种状态"②。自治约权，简单地说就是行政主体对自身违法或不当行为的自我控制。按照传统行政法学理论，控制行政权只有外部控制一途，对于行政权的控制主要依赖于外部主体，包括立

---

① 《邓小平文选》（第2卷），人民出版社1994年版，第328页。

② ［英］戴维·米勒、韦农·波格丹诺：《布莱克维尔政治学百科全书》，邓正来译，中国政法大学出版社2002年版，第693页。

法机关、司法机关、新闻舆论、社会团体等，却偏偏忽略了行政机关才是控权中规模最大、最具重要性的主体。随着行政权的日益扩张，行政理念的逐渐更新，和谐社会发展目标的深入人心，在通过外部控制实现行政法治的路径中存在障碍的情况下，突破传统行政法理论视野，转换思维角度，探索以政府自身为主体，从其内部控制行政权，填补立法的不足，弥补司法的滞后，从而开拓有中国特色的行政法治道路，是具有重大意义和充分必要性的迫切任务。

自治约权强调在保证对行政权外部制约的前提下，从行政机关内部寻求权力控制的途径，这就意味着行政权不仅具有扩张行使的可能，还具有自我控制、善意行使的能力，即以行政机关为主体，通过设立内部的监督控制机制，以实现控制行政权、提高服务能力的目的。通过行政主体自发约束自己的行为，需注意如下规则：一是要重视外部监督机制的作用。外部监督机制依然是监督权力的主要方式，内部监督只是补充，没有外部监督制约机制，内部监督则难以生存。要使自我监督、自我纠错的内部监督机制能够启动，一定要充分发挥外部监督制约机制，压力、动力机制。二是通过自我监督、自我约束来制约权力也需要制定相应的规则。三是要充分发挥内部监督机制的作用，需建立相应的内部考核评价机制。

（十二）协商平权

协商平权，即通过协商的方式来控制公共权力的运用。党的十八大报告强调，要“健全社会主义协商民主制度。社会主义协商民主是我国人民民主的重要形式。要完善协商民主制度和工作机制，推进协商民主广泛、多层、制度化发展。”传统公共行政理念认为，政府是公共权力的唯一主体，故公权力的行使多采用“命令—服从”方式。但随着社会的发展，现代治理理念认为，公共治理的主体是多元的，一个良性的治理结构，需要不同治理主体的合理分工、合作努力，进而形成一种治理中的“合作伙伴关系”。因此真正持久有效的监督和制约并非利用强制力使相对方服从，而是使公权力主体和相对方通过协商在尽可能长的阶段、尽可能广泛的情况下处于平等或者对等的地位，从而实现行政法学界近几十年来一直强调的“交往理性”，即强调通过沟通、交往、协商来处理公共行政问题。

随着民主化程度的加深，人类文明程度的提高，人民主体地位的增强，协商这种控权方式将会逐步上升到主导地位。因为大量公权力的行使如果不是通过许可或者制裁，而是通过协商的方式，这本身就是对公权力强有力的控制，权力被滥用的机会就会大大降低。过去我们谈到协商民主，过多强调的是充分发挥人民政协作为协商民主重要渠道的作用，但事实上，协商民主不仅仅指人民政治协商这一个方面，而是指整个民主机制里的协商民主。通过协商这样一个机制来控制权力，需要遵守如下规则：一是要准确掌握采用协商方式的时机。在目前情况下，不可能一律采用协商的方式。对于唯利是图、损害公共利益的行为，仍然需要通过一定强制、命令的方式来处理。二是要合理配置柔性机制和强制机制，尽量做到“刚柔并济”。三是要讲究规则，不能随心所欲，要注重信息的对称性、地位的平等性等问题。

（十三）伦理驭权

伦理驭权，即通过公权力行使的伦理来驾驭权力。事实上，通过公权力行使的伦理来控制权力并非行政法上的方式，而是通过学习和教育的方式培养政府官员内心的道德力量，增强他们抵御不良诱惑的能力，从而减少权力滥用的可能性。以伦理约束权力的思想自古有之。古希腊著名思想家亚里士多德在他的《政治学》中特别强调对政治至善性的追求，认为权力在运行中合乎理想的道德境界所表明的是“一切社会团体均以善业为目的。”① 在中国古代，行政更是以儒家伦理为基础，以“父母官”为主导，可谓之“依伦理行政”。中国古代历代统治者都极其注重个人的道德修养在实现政治统治中的重要作用，并将其视为选

① ［古希腊］亚里士多德：《政治学》，吴寿彭译，商务印书馆1965年版，第3页。

任官员的首要条件，要求官吏们“正心”、“诚意”、“修身”、“齐家”，以实现“治国”、“平天下”的目标。“大德必得其位，必得其禄，必得其名，必得其寿”①、“其身正，不令而行；其身不正，虽令不从”②、“治国之道，当任德也”③ 等封建社会的“官箴”都是约束官员从政的道德与规范。

健康的权力运行、廉洁的行政离不开行政伦理。相较于其他控权的方式，伦理驭权看上去较为柔和，但其所发挥作用的广度与深度是无可比拟的。我们强调必须强化伦理对权力的制约作用，但也要有一定条件：一是必须形成一系列伦理规则，且这些伦理规则必须得到大家普遍认同。二是必须形成良好的风尚。通过社会评价、社会舆论甚至是法律手段的引领，形成良好的文化氛围。三是必须完善表彰激励机制，树立先锋模范的带头作用。

（十四）良知训权

良知训权，即通过良知约束自己的行为，从而防止权力滥用和腐败现象的滋生。“良知”一词出自《孟子·尽心上》：“人之所学不学而能者，其良也；所不虑而知者，其良知也。”良知是理性、道义、良心。心中的那个居民，内心的那个人，是判断我们行为的伟大法官和仲裁人。④ 道德伦理要靠社会评价，而良知则是审视自己的内心，故“良知是人性中的核心”⑤，其为训权的最高境界。我国哲学家王阳明是良知学说的集大成者，他认为良知包括三重涵义：第一，良知等同于心，“天地万物俱在我良知的发用流行中，何尝又有一物超于良知之外”。⑥

---

① 《礼记·中庸》。

② 《论语·子路》。

③ 《论衡·非韩》。

④ ［英］亚当·斯密：《道德情操论》，蒋自强等译，商务印书馆1997年版，第165页。

⑤ 参见［美］梅尔维尔·斯图尔德：《人之天性与恶之起源》，载张志刚、梅尔维尔·斯图尔德主编：《东西方宗教伦理及其他》，中央编译出版社1997年版，第54页。

⑥ 王阳明：《王阳明全集（卷三）·传习录》（下），上海古籍出版社1992年版，第106页。

第二，良知是植根心中的天理，表现为是非之心，是主体进行价值判断的内在的最高依据。“夫良知者即所谓是非之心，人皆有之，不待学而有，不待虑而得者”。[①] 第三，良知是至善的，是完美无缺的道德意识和道德原则。

“君子酬万变，当行则行，当止则止，当生则生，当死则死，斟酌调停，无非是致其良知，以求自慊而已。”[②] 按照良知的指引去行为，把良知推及于万事万物，不是为追求功名利禄，不是为服从法律规范，完全是一种自然需求，只求心安理得。通过良知约束来唤醒公权力主体服务于相对人权益和社会公益的主观意识，使公权力的行使受发自内心的良心理性和正义观念的审查和辨别，从而引导行政权力的行使步入正当而善良的轨道。

三、监督与制约权力需要注意的若干问题

（一）牢固树立人民主体地位，保证人民依法实现民主选举、民主决策、民主管理、民主监督

十八大报告强调：要“更加注重健全民主制度、丰富民主形式，保证人民依法实行民主选举、民主决策、民主管理、民主监督。”监督权力的目的是为了保证权力的正确行使。正确行使权力，就是要为人民谋利益，为人民办好事，而非追求个人利益。当我们在急于掌舵时，也应当时刻铭记到底谁拥有这条船。因此要牢固树立人民主体地位，树立为人民服务的意识，否则就无法实现监督与制约权力的目的。因为如果不首先解决人生观和世界观层面的问题，则无论怎样对权力进行监督和制约，一旦存有机会，权力就有被滥用的可能。

---

① 王阳明：《王阳明全集（卷八）·朱守乾卷》，上海古籍出版社 1992 年版，第 279 页。

② 王明阳：《王明阳全集（卷二）·传习录》（中），上海古籍出版社 1992 年版，第 73 页。

（二）高度重视权力监督的重点、死角与盲区

建立健全权力监督制约体系，既要注意监督体系的完整性，又要注意监督体系的重点性。首先要注意监督体系的完整性，因为监督体系上的任何一个环节出现漏洞，都会影响对权力监督制约的效力。就如同渔网织得很严密，但只要存在一个漏洞，鱼也会顺着漏洞溜出去。其次要注意监督体系的重点性。唯物辩证法认为，矛盾有主次之分，在对矛盾进行全面把握的基础上，我们既要区分主要矛盾和次要矛盾，又要区分矛盾的主要方面和矛盾的次要方面，要学会抓重点。所以在建立健全权力监督和制约体系时，也必须抓重点。因为公共资源是有限的，而权力行使的范围又太广，可谓是“无处不在，无处不有”，因此我们讲建立监督和制约体系，指的是全局，并不是面面俱到，也不是不分轻重缓急。我们必须抓住重点环节和重点部位，关注管权、管事、管钱、管案等重点人头和重点对象。

（三）注意运用利益导向机制制约权力

马克思曾经说过：“人们奋斗所争取的一切，都同他们的利益有关。”[①] 承前所述，掌握权力的“人”都被推定为“经济人”，“经济人”在作出行为选择时都需要进行利益衡量，因此通过利益导向机制监督权力才会有动力。就分蛋糕而言，其实质就是通过利益导向机制对切蛋糕人的权力进行制约。由切蛋糕的人最后取蛋糕，其如果想保证利益最大化，则其必须要公正。因为利益人置于程序中，而程序本身对于所有人都是一样的，结果公正就在程序中找到了。当利益与公正的行为捆绑在一起时，就会对权力产生制约。当自身利益与公正规则捆绑在一起时，制约机制就会产生作用。

---

① 《马克思恩格斯全集》（第1卷），人民出版社1956年版，第82页。

（四）注意权力运行的均衡性与协调性

控制权力、监督权力是必须的，但是也要防止过度监控、过度制约，要注意权力运行的均衡与协调。公共权力虽然具有“恶”的一面，但如果没有公共权力就没有秩序，在“丛林”状态下则无个人自由可言。实际上，正当行使的公共权力有利于保护个人自由，它通过资源的合理配置为个人自由的实现提供更多的物质条件，并通过正当程序为自由受到侵害的个人提供有效救济。[①] 因此，如果法律在对政府授权时，立法者的眼睛只盯着权力的范围和限度，将政府权力限制在尽可能狭窄的范围和尽可能没有自由裁量的限度，表面上政府权力有限，公权力为“恶”的机会是少了，但是，严格、僵硬的限权、控权会把政府为“善”的手脚也束缚住，使政府无法对现代社会、经济事务进行管理，无法维护现代社会、经济运行所必要的秩序，无法保护消费者和各种弱势群体的权益，无法保护人类可持续发展所需要的生活、生态环境。[②] 正所谓“过犹不及”，因为公共权力具有“二重性”，如果过度控制权力，则会制约权力发挥“善”的作用的效力，从而导致纷争不断，影响社会发展。

（五）注意权力运行的有效性与合目的性

一个精细的权力监督与制约体系既要充分监督，防止权力滥用，同时又要保障权力有效运行，提高效率，符合权力运行的目的。权力运行的有效性与合目的性，就是监督和制约权力时一定要注意我们追求的目标是什么、怎么样才能有效地实现目标。所有的措施一定要与行政目标相一致，而不能发生冲突，其要有利于目标的实现，而不是通过监督制约权力来妨碍或者延缓其实现。

---

① 参见高鸿钧：《法治与公共权力制约》，载《清华法律评论》1999 年第 2 辑。

② 参见姜明安：《行政程序：对传统控权机制的超越》，载《行政法学研究》2005 年第 4 期。

（六）把制度建设放在突出位置

邓小平同志早在多年前的《党和国家领导制度改革》一文中就深刻指出："我们过去发生的各种错误，固然与某些领导人的思想、作风有关，但是组织制度、工作制度方面的问题更加重要，制度好可以使坏人无法任意横行，制度不好，可以使好人无法充分做好事，甚至走向反面。""这种制度问题，关系到党和国家是否改变颜色，必须引起全党高度重视"[①]。因此要将权力监督和制约的制度建设摆在重点突出的位置，因为只有制度才具有根本性、全面性、稳定性和长期性，只有制度才不会有"人亡政息"的危险，才会让坏人不容易办坏事，让好人更容易办好事。制度建设要注意有针对性和可操作性，且必须多项制度共存，如果只存在一个孤立的制度，则孤掌难鸣，难以发挥其作用和实现其目标。只有建立相应的制度群，制度之间才能够相互弥补、相互延伸、相互支撑，才能充分发挥其效力。

（七）让权力在阳光下运行

布兰代斯大法官的名言至今仍为许多人所记取："公开是治疗社会病和产业病的最佳药方，阳光是最好的消毒剂，灯光是最有效的警察。"[②] 党的十八报告明确指出，要"推进权力运行公开化、规范化、完善党务公开、政务公开、司法公开和各领域办事公开制度。让权力在阳光下运行"。要真正做到让权力在阳光下运行，需注意以下几个方面的内容：其一，要做到实质公开，即与事情处理没有关联、次要的内容不必公开，但与事情处理有实质影响的事项，则必须或者应当公开。以前好似公开了许多内容，但其实都是一些没有必要公开的信息，而真正需要公开的信息，相对人却无法知晓。其二，公开还要做到信息对称或

① 《邓小平文选》（第二卷），人民出版社 1994 年版，第 333 页。

② 参见湛中乐：《中国加入 WTO 与行政审批制度改革研究》，载《中外法学》2003 年第 2 期。

者称之为信息对等，各方当事人要平等地拥有知情权。在信息公开时要做到“一视同仁”，不能将私人关系、个人好恶作为判断是否公开的标准。其三，对于需要公开的信息是否秘密，要有一个裁断机制。不能仅凭主观臆断，将众多权力运作过程中的寻常信息都归为“国家秘密”、“敏感信息”，或依据社会稳定、公共利益的需要而为政府所限制。要有一个裁断机制来判断某一信息到底是属于应当公开的信息，还是属于不应当公开的“秘密”，不能将“秘密”变成权力掌握者维护私利的手段。如果权力掌握者能擅自决定哪些信息能公开、能对谁公开、在公开问题上拥有广泛而无制约的裁量权，则相应的监督与制约也就只是空有其表，所谓的公开也就只是纸上谈兵。

（八）既要让监督者敢于监督，也要让监督者善于监督

敢于监督是指履行监督职能的部门敢于排除困难和障碍，而忠实履行监督职责的情况。善于监督是指在监督权的行使过程中，要采取适当的方法和策略，以取得良好的监督效果。敢于监督是前提，善于监督是手段，二者相辅相成、缺一不可。我国目前有许多监督机关，专门履行实施监督的职责，例如全国人大有对“一府两院”即人民政府、人民法院和人民检察院的监督权力；司法机关对行政机关有监督的权力。但基于某些原因，这些专门实施监督职责的监督机关许多时候不敢监督，也不善于监督。因此要创造条件让监督者敢于监督、善于监督，让其更好地履行监督的职责。

（九）要监督监督者，让监督者受到更为严格的监督

要使监督制约有效、真正持续地发生效力，一定要防止监督权的滥用，一定要对监督者进行合理的控权，对监督者本身进行有效的监督和制约。监督是指行使监督权的人对被监督者实施的一种管理行为。但事实上作为监督者，其权力的行使也必须遵守相应的规范，监督者的行为也应当公平、合法。否则，不仅监督的效率大打折扣，而且也容易滋生

监督的盲点和真空。在历史上，有许多监督权被滥用的例子。曾被称为“告不倒、查不倒、管不倒”的纪委书记曾锦春，将反腐战场当成自己牟利的“生意场”，将反腐利器作为其敛财利器。2006年当他成为郴州官场最后一张“多米诺骨牌”浮出水面时，引发了一场关于如何监督监督者的深刻反思。众多监督者腐败的现象说明，谁都不可能生活在真空中，监督者也无法逃出“权力魔咒”。对监督者应当要进行更为严格的监督，避免监督权本身成为另一个腐败源头。因为当越来越多的监督者滥用权力“魔杖”时，大家就会主张放弃对权力的监督，而导致更多的权力被滥用。

（十）要注意监督权的整合与衔接，形成监督合力

建立制约和监督体系，不是将各种监督权杂乱无章的凑在一起，而是要按照一定的原则和要求，将其结合成有机整体。世界上的万事万物都存在整体与部分两个方面。整体是指若干对象按照一定的结构形式所组成的有机统一体。部分是指对于整体来说的个别对象。部分对整体有一定决定作用，整体的功能与特性归根结底来自部分，来自部分之间的相互作用和相互关系。但是整体上的性质并不等于它的多个组成部分在孤立状态下性质的机械相加。马克思在《资本论》中明确指出，单个劳动者力量的机械总和，与许多人手同时共同完成统一不可分割的操作所发挥的社会力量有本质的差别。因此在当前情况下，我们存在许多监督，例如党的监督，上级机关的监督，权力机关的监督，专门法律机关的监督，舆论监督等，可权力依然存在被滥用的情况，主要就是因为监督权没有形成监督合力，各监督之间没有有效的衔接，没有根据不同监督的性质充分发挥各自的特长，形成整体效应。由此，必须高度重视监督权的有序与整合，使各种监督权优势互补，形成巨大的监督合力和正能量。

第九章　生态法治及其制度逻辑

“法治中国”是“美丽中国”不可或缺的色彩。法治中国的绚烂之处在于为生态文明提供保障。生态文明作为一种后工业文明，是人类社会新的文明形态，也是迄今为止人与自然关系之最高的文明形态。建设生态文明表现为一整套社会的再造和重塑工程。法治作为系统性保障生态建设的可靠途径，在回应文明转型诉求的同时，其自身也演进到相应的新形态。生态文明与“生态法治”的同步进化由此展开。

一、生态文明的本土理念：政策演进与逻辑必然

（一）改革开放以来生态文明建设的政策演进

1. 两型社会的提出

资源节约型、环境友好型社会（通常简称“两型社会”）是我国发展进入新阶段，应对新时期突出问题时的战略选择。资源节约型社会是指全社会都采取有利于资源节约的生产方式、生活方式和消费方式，在生产、流通、消费的各个领域采取综合性措施提高资源利用效率，以最少的资源消耗获得最大的经济效益和社会效益，实现经济社会可持续发展。环境友好型社会是一种人与自然和谐共生的社会形态，其核心内涵是人类的生产和消费活动与自然生态系统协调。①

---

① 孙佑海：《法治与“建设资源节约型、环境友好型社会”》，载《环境保护》2006 年第 6 期。

早在1999年就有学者提出“改变‘高资本投入、高资源消耗、高污染排放’发展模式，利用市场机制和技术进步建立适合中国国情的‘资源节约型‘和‘环境友好型’国民经济体系。”① 党的十六届三中全会明确提出全面、协调、可持续的科学发展理念后，2004年春，中央人口资源环境工作座谈会上，胡锦涛同志首次提出“建立资源节约型国民经济体系和资源节约型社会”②。次年3月12日，胡锦涛同志在中央人口资源环境工作座谈会上进一步明确提出“建立资源节约型、环境友好型社会”。③ 10月，中共十六届五中全会将“加快建设资源节约型、环境友好型社会”明确列为发展目标，并确定为我国国民经济和社会发展中长期规划的一项战略任务。④ 2007年12月14日，国家发展和改革委员会正式批准武汉城市圈和长株潭城市群为“全国资源节约型和环境友好型社会建设综合配套改革试验区”。⑤ 建设资源节约型和环境友好型社会，包括了探索集约用地方式、建设循环经济示范区、深化资源价格改革；囊括了建立主体功能区，制定评价指标、生态补偿和环境约束政策和完善排污权有偿转让交易制度等。五年来，两大改革试验区在城市整体规划、基础设施建设、两型产业布局以及合理引导投资等几个方面均取得了丰硕的成果。

2. 生态文明观兴起

面对资源约束趋紧、环境污染严重、生态系统退化的严峻形势，基于尊重自然、顺应自然、保护自然的理念，执政党提出了全方位加快建设“两型社会”的主张，即建设生态文明。生态文明是指人们在改造

---

① 胡鞍钢：《我国可持续发展十大目标》，载《煤炭企业管理》1999年第11期。

② 胡锦涛：《在中央人口资源环境工作座谈会上的讲话》，载《人民日报》2004年4月7日，第1版。

③ 胡锦涛：《在中央人口资源环境工作座谈会上的讲话》，载中国环境年鉴编辑委员会编：《中国环境年鉴》，中国环境年鉴社2005年版，第1~2页。

④ 《中共中央关于制定国民经济和社会发展第十一个五年规划的建议》，载《求是》2005年第20期。

⑤ 2007年《国家发展改革委关于批准武汉城市圈和长株潭城市群为全国资源节约型和环境友好型社会建设综合配套改革试验区的通知》。

客观物质世界的同时，不断克服改造过程中的负面效应，积极改善和优化人与自然的关系，建设有序的生态运行机制和良好的生态环境所取得的物质、精神、制度方面成果的总和。

2007 年，党的十七大报告在全面建设小康社会奋斗目标的新要求中，第一次明确提出了“建设生态文明”。[①] 2012 年，党的十八大则将“生态文明建设”提升至与经济、政治、文化、社会四大建设并列的高度，明确提出建设五位一体的中国特色社会主义总体布局，并用专门一章阐述“生态文明建设”，要求把生态文明建设放在突出地位，融入经济建设、政治建设、文化建设、社会建设各方面和全过程。[②]

（二）生态文明建设的逻辑必然

从两型社会到生态文明不仅是政策的主观选择，更蕴含着社会发展和文明更迭的深刻客观必然性。这种必然性突出表现在三个方面。

1. 建设生态文明是消解环境资源供求紧张关系、克服生态危机、使人类免于毁灭的必然选择。

“地力之生物有大数，人力之成物有大限，取之有度，用之有节，则常足；取之无度，用之无节，则常不足。”[③] 随着人类社会的不断发展，人类赖以生存的地球越来越难以承载人类以几何级数增长的态势和人类无休止的索取。人类需求的扩张性与资源的有限性的张力越来越白热化。正如福格特所指出：“人类由于生育过度和滥用土地已陷入生态陷阱，人类要想‘免于毁灭’，必须放弃任何‘只顾今天’的哲学。”[④]

---

① 胡锦涛：《高举中国特色社会主义伟大旗帜　为夺取全面建设小康社会新胜利而奋斗》，载《人民日报》2007 年 10 月 25 日，第 1 版。

② 胡锦涛：《坚定不移沿着中国特色社会主义道路前进　为全面建成小康社会而奋斗》，载《人民日报》2012 年 11 月 18 日，第 1 版。

③ 司马光：《资治通鉴》卷二百三十四。

④ ［美］威廉·福格特：《生存之路》，张子美译，商务印书馆 1981 年版，第 11 页。

2. 建设生态文明是创造和谐天人关系，使人类享受长久安宁与幸福的必由之路。

“天人关系”、“人己关系”、“身心关系”等三个问题是中国传统哲学的三大基本问题。[①] 从人类历史的发展长河来看，天人关系经历了原始协调、相对平衡、严重紧张三个阶段。20世纪后期以来，日益严峻的生态环境危机给人类敲响了警钟。建设生态文明反映了一种全新的天人关系，突破了人们传统的统治自然观、改造自然观的束缚，摈弃了人与自然之间的对立与差异化的立场，转而追求人与自然的和谐共存[②]，是人类面对危机的客观选择。

3. 建设生态文明是反思传统发展模式的局限性、不可持续性，进行文明转型的必然结果。

生态文明之所以在当代产生，源于工业文明本身的局限性。从形态构成角度看，工业文明有三个基本特征：一是使用不能再生的石化原料作为能源基础和能源动力；二是全面依赖科学技术，科技创新成为社会发展的动力；三是形成消费主义生活方式。从精神构成角度看，工业文明由三个信念所支撑，一是征服自然的思想观念，二是技术领先至上的观念，三是物质增长带来的人类幸福观。物质和精神两个方面的结合形成了工业文明的整体目标。这一目标表现为三个方面，一是它改造、征服、掠夺自然成性，把人类自己推向了与自然世界完全对立的转折点；二是它无限掠夺和高度消耗浪费自然资源，使自然资源处于枯竭状态；三是它持续追求经济高增长，造成了整个地球的高污染化、高碳化。这些目标决定了工业文明本身的局限性和不可持续性。[③]“如果从原始文明、农业文明、工业文明这一视角来观察人类文明形态的演变发展，那

---

① 黄玉顺：《生存结构与心灵境界——面向21世纪的中国哲学》，载《周易研究》2002年第4期。

② 毕瑞峰：《试析生态文明建设中的法治要义》，载《中共珠海市委党校珠海市行政学院学报》2010年第3期。

③ 唐代兴：《可持续生存式发展：强健新生的生态文明道路》，http：//www. aisixiang. com/data/36460. html，访问时间：2012年7月15日。

么可以说，生态文明作为一种后工业文明，是人类社会一种新的文明形态，是人类迄今最高的文明形态。”① 因此，我们必须向生态文明尽快转型。

二、生态文明的现实紧张：社会关系的四维矛盾

如果说环境问题与资源危机表现为人与自然的不和谐，那么这种不和谐之实质是人类社会内部关系不和谐的结果和反映。② 后者又呈现为当下社会错综复杂的系列矛盾和紧张关系。厘清并正确认识这些矛盾是迈向生态文明，建设两型社会的基本要求。这种生态文明的现实紧张可以梳理为如下四个向度的社会矛盾：

（一）空间维度——有限与无度的面向

在空间维度上，量有限而欲无度是矛盾的基本内容。具体包括，第一，在特定时间内环境资源总量相对有限与人类欲望无度之间的矛盾；第二，在特定时间内资源供给有限、生产效率有限与索求无度、破坏无度之间的矛盾；第三，基于市场经济中经济人行动的基本逻辑，不正当追求外部性与自然容纳外部性的有限性之间的矛盾；第四，在中国发展的当下阶段，为强国富民、民族复兴而高速发展的压力与资源匮乏和紧张之间的矛盾。

（二）时间维度——最大化与永续性的面向

在时间维度上，眼前利益最大化与人类发展永续性之间的张力是矛盾的基本内容。具体包括，一是资源环境利用的最大化与资源环境保护的乏力之间的矛盾；二是经济发展的高速度与环境自我修复的缓慢性之间的矛盾；三是财富积累最大化、个人占有最大化与生存环境和经济发

---

① 俞可平：《科学发展观与生态文明》，载《马克思主义与现实》2005年第4期。
② 刘东国：《绿党政治》，上海社会科学院出版社2002年版，第227页。

展难以为继的矛盾；四是人类追求幸福最大化的动机和需求与资源的有限性和地球环境的脆弱性之间的矛盾。

（三）主体维度——不同利益主体的面向

在主体维度上，不同利益个体、群体对环境、资源的利用诉求存在矛盾。一是人际矛盾，即发展成果共享与少数人对资源的垄断和对环境的破坏之间的矛盾，以及破坏、污染、掠夺环境资源的受益者与受害者之间的矛盾。二是区际矛盾，即不同国家和地区、不同利益集团在占有、利用、争夺有限资源中产生的矛盾，重点开发、有限开发地区与禁止开发、限制开发地区的矛盾，发达地区与落后地区在发展任务和方法上的矛盾，城市和乡村在发展思路上的矛盾。三是代际矛盾，即当代的幸福程度与后代的幸福程度之间的矛盾。四是其他矛盾，包括共同体利益与个体利益之间的矛盾，环保行业与非环保行业之间的矛盾，不同职责的政府主体之间的矛盾。

（四）行为维度——自由与限制的面向

在行为维度上，不同的行为逻辑之间相互冲突呈现出各种矛盾。在这个面向中存在着以下问题：一是由于对近利的无限放大和急功的无度争夺，由 GDP 崇拜和指标性冲动导致的扭曲的政绩观与全面、协调、可持续的科学发展观之间的矛盾。二是发展经济与发展生态、“政府发展权”[①] 与经济自由权、公民共享权乃至代际权利之间的矛盾。三是强化共同体整体安排与扩大个人、地区、社会自治空间之间的矛盾。四是多元转型要求的变革与发展秩序需要的稳定之间的矛盾。[②]

---

① 20 世纪以来，对发展权的反思使人们越发认识到发展权作为一种人权的重要性，其属于公民而非政府。

② 中国正在经历第三次大的转型，即向市场经济的转型。这一过程需要处理八个方面的转变、转换：监管主体的单一性向多元性转变、转换，监管客体的偏经济性向偏社会性转变、转换，监管方式的单向性向互动性转变、转换，监管程序的封闭性、保密性向公开性、透明性转变、转换，监管手段的偏强制性向偏柔性转变、转换，监管标准的自由裁量性向裁量基准限制性转变、转换，监管者责任的只对上负责性向主要对人民负责性转变、转换，监管目的的重秩序性向重权利性转变、转换。参见姜明安：《转型社会的社会监管机制转型》，载《法制日报》2012 年 7 月 25 日，第 12 版。

矛盾的多维交织凸显了生态文明建设过程中社会关系的深度复杂性。法以社会关系的调整为基本使命。面对错综复杂的社会矛盾，法治是系统性保障生态建设的可靠途径。

三、生态文明建设的依凭：迈向生态法治

与以往的法治有所不同，生态文明的建设呼唤并带动了法治观念的进化更迭。如果说，既往人类社会发展历程中，法治因其主要调整人与人关系，以“人本”作为法治演进的恒久主线，而称之为“人本法治”[①]，那么当下生态文明建设中对人与自然关系的重构，及在此之上对人与人的关系的反思，则要求法治观念与实践的因应变迁。其基本范畴和特性展示出与人本法治不同的特征，其制度建构与实施也提出了更新的要求，一种崭新的法治观念及实践，即“生态法治”逐渐展开。

（一）生态法治的基本范式——权利观念之革新

权利是古今中外法治实践的基本范式。法治以权利为核心赋予人们自由并构筑行为边界和确定政府责任。具体时空中的法治阶段或法治类型之间的差异在于对权利的不同诠释及由此决定的不同治理方式。生态法治所追求的自由、正义、民主、秩序等法治价值，正是透过其革新的权利观表现出与以往法治的不同与进化。

1. 生态法治对既成权利观提出新的挑战

这种挑战在主体层面首先表现为权利归属的广延性拓展：在向生态文明转型的过程中，社会科学理论上呈现出从动物权利到生命权及至生态整体主义视野下的自然界权利的演进谱系[②]。虽然在法权系统的建构

---

① 刘明皓：《从人本法治观到生态法治观——一种法治观念模式的衍更》，载《黑龙江省政法管理干部学院学报》，2007 年第 3 期。

② 动物权观以彼得·辛格为代表，生命权理论以阿尔贝特·施韦泽为代表，生态整体主义则以霍尔姆斯·罗尔斯顿为代表。参见［美］彼得·辛格：《实践伦理学》，刘莘译，东方出版社 2005 年版；［法］阿尔贝特·施韦泽：《敬畏生命》，汉斯·瓦尔特·贝尔编，陈泽环译，上海社会科学院出版社 2003 年版；［美］霍尔姆斯·罗尔斯顿：《哲学走向荒野》，刘耳、叶平译，吉林人民出版社 2000 年版。

和融贯上，这些观点仍需审慎斟酌，但不可否认的是，无论怎样称谓之，生态法治下的权利归属正在向着我们原先客体化了的自然对象大举扩张。如果说工具理性与价值理性的失衡是现代生态问题的直接根源，那么建设生态文明，构筑人与自然的和谐关系，本身就意味着对主客二分的思维模式的深刻反思。

生态法治对既成权利观的另一个重要挑战表现为，在权利范畴的属人性认知内部，作为权利主体的人也从当下的人向未来拓展至整个人类。那些尚未出生的后代人也享有充分的生存发展权利。当代人必须切实履行满足尚未出生的后代人权利需要的义务。[①] 对于尚未出生的后代人，其权利基础、权利来源究竟为何，理论界尚无有效共识。但这种代际权利的提出显然打破了权利能力始于出生的既成认知。

2. 生态法治要求权利系统达至新的平衡

这一点突出表现为平衡环境权、发展权与社会保障权之间的关系。有一种观点认为，经济发展与生态保育是相互冲突的两项事业。对此，反对者们往往从长时段的相辅相成来加以回应。而除此之外，一项可能被忽略的思考还在于，建设生态文明、转变经济发展方式的同时需要特别兼顾弱势群体生存权的维护。这是因为，在节约资源、保护环境理念下的文明转型，往往可能在特定时间和程度上出现缩小经济规模和降低经济增长速度的情形。因此国家在建设生态文明的同时，必须要确保广大社会低收入群体不至于因此而成为经济上的直接受害者。也正是在此意义上，欧洲绿党的社会政治主张坚持“保护社会弱者的基本人权和生存权，是实现生态优先发展战略的必然要求”。[②]

3. 生态法治要求新权利的确认——环境权

肇始于二十世纪六七十年代的环境权概念是环境危机下社会环境保护运动的产物。1960 年，原联邦德国的一位医生向欧洲人权委员会提

---

① 方乐：《可持续发展与法律价值的完善——中国法制可持续现代化的路径探究》，载《法学论坛》2005 年第 1 期。

② 刘东国：《绿党政治》，上海社会科学院出版社 2002 年版，第 227 页。

出控告，引发了是否要把环境权追加进欧洲人权清单的大讨论。20世纪70年代初，美国学者萨克斯教授首次提出“环境权”的理论①。1970年3月在东京召开关于公害问题的国际座谈会，会议发表的《东京宣言》中确认了萨克斯的观点。此后，环境权随着各界对环境问题的反思成为学术研究的热点和社会关注的焦点。环境权即公民、法人和其他组织等对其所处环境所享有的满足其正常生产、生活之环境安全和环境舒适等需求的权利。简言之，即一定环境内的公民和社会组织等享有良好环境质量的权利。② 环境权的客体是环境生态功能，其内容是指向环境生态功能这一特定客体的利益群。环境权的权能包括对良好生态功能的保有权、享受权等实体性权能和环境参与权、环境知情权、环境请求权等程序性权能。③ 实际上，在生态文明建设的视域下，环境权的内容已经不仅限于个体环境权，还包括群域环境权益乃至人类集体福祉的维护。生态权或能更好地概括环境权日益增多的丰富面向，并由此与生态政治学、生态哲学形成良好的对话。因此，生态权成为生态法治视野下人权的重要组成部分，并成为其他权利的基础④，由此带动权利观念相应变迁。

（二）生态法治的相对特性

除了法治的一般特性之外，生态法治观相较于人本法治呈现出三个突出特性。

1. 从专门性到统筹性

如果说市场经济的基本前提是“个体理性”，国家干预、调节的出

---

① 萨克斯教授在其发表的论文《为环境辩护》中提出了环境立法的三项任务。其首要的就在于“承认对于良好环境公民权利是一项可强制执行的合法权利”。参见蔡守秋：《论环境权》，载《金陵法律评论》2002年春季卷，第83~119页。

② 杨朝霞：《环境权：生态文明时代的标志性权利》，载《环境保护》2012年第23期。

③ 邹雄：《环境侵权法疑难问题研究》，厦门大学出版社2010年版，第19页。

④ 蓝华生：《生态权利观的多元聚焦与差异整合》，载《华南农业大学学报（社会科学版）》2012年第4期。

发立场是"集体理性"，那么，生态文明的建构则是以"系统理性"为逻辑起点。系统理性意味着，一切主体行为应以整体生态系统的良性可持续循环为基本出发点，一切行为诉求应统筹兼顾各方面的利益关系。系统理性是生态及其损益的系统性的必然要求。生态文明建设要求对于节约资源和保护环境的空间格局、产业结构、生产方式、生活方式同步构造，并融入经济建设、政治建设、文化建设、社会建设各方面和全过程。这意味着在调整有关生态建设的社会关系时，必须本着兼顾经济效益与生态效益，兼顾眼前利益和局部利益与长远利益和整体利益的基本秩序观。党的十八大报告明确指出，"保护生态环境必须依靠制度"，并将制度建设细化为方方面面的具体内容①，也反映出对生态法治及其统筹性的理解与认同。

由此延伸，生态法治建设特别需要在法律位阶创立具有统筹各种利益关系功能的生态基本法，确立生态文明建设的指导方针、原则，并据此对已有制度进行梳理、调整，对未尽制度进行补充、细化；在建设规划方面，通过《全面推进生态文明建设实施纲要》② 对建设目标及实施步骤等做出系阶段性安排，也是生态法治系统性推进和落实生态文明建设的必然诉求。

2. 从保守性到前瞻性

本质上说，法律规范社会生活调整社会关系具有相对滞后和保守的特质。生态环境与资源的被破坏，其损害往往具有非即时显现性、影响广泛性与系统性、难以乃至无法恢复/补偿性等特质。因之，以事后补

---

① 十八大报告具体要求"把资源消耗、环境损害、生态效益纳入经济社会发展评价体系，建立体现生态文明要求的目标体系、考核办法、奖惩机制。建立国土空间开发保护制度，完善最严格的耕地保护制度、水资源管理制度、环境保护制度。深化资源性产品价格和税费改革，建立反映市场供求和资源稀缺程度、体现生态价值和代际补偿的资源有偿使用制度和生态补偿制度。积极开展节能量、碳排放权、排污权、水权交易试点。加强环境监管，健全生态环境保护责任追究制度和环境损害赔偿制度。"见胡锦涛：《坚定不移沿着中国特色社会主义道路前进　为全面建成小康社会而奋斗》，载《人民日报》2012 年 11 月 18 日，第 1 版。

② 严耕：《生态文明法制建设须突破四个瓶颈》，载《光明日报》2012 年 12 月 11 日，第 2 版。

偿或惩罚为主的传统法治观表现出严重的不适应。生态法治相较于人本法治应更加注重事前的调整而非事后救济，着眼于风险预防而非侧重于违法处罚。特别是我国从保护生态的基本立场上升至建设生态文明的整体战略思路，要求法治不能止步于“防治污染和其他公害”，更应该同时注重“保护和改善环境”，直至全面治理与建设。可以说，透过具有前瞻性、建构性的法治运行观重塑社会、人与自然之间的生态秩序是生态法治的突出特点。

3. 从重民主性到兼顾科学性

建设生态文明对法治在民主基本立场的基础上，提出了科学性的更高要求。例如确定环境风险的基准、风险水平、损害因果等诸多行为准则需要科学知识的指导；民主协商必须建立在科学的分析研判基础之上；立法、执法、司法都需要专家的专业知识的支撑。相对地，公民参与则遭遇了知识性障碍而变得相对乏力，隐含了行政权在其间恣意运行的风险。生态法治对如何兼顾民主性与科学性问题提出相较于传统法治的更高要求。如何确保立法决策的科学化，同时充分表达多元的利益诉求和相互竞争的利益诉求①，具体的应对措施需要深入思考。②

（三）生态法治的规约建构

法治是规则治理的事业。法治追求基本价值和释放其功能的过程实际表现为建构合自由与合正义的秩序过程。法治秩序的建构以立法、司法、执法、守法为四个基本环节，可划分为建制与践制二元内容。生态法治在上述环节对人本法治既有所继承又需要发展。后者突出表现为对全面性规约和对切实性实践的强烈要求。全面性规约主要强调两点：

---

① 王锡锌：《立法与决策中的公众、专家与政府》，引自会务组编印：《第四届“法治政府·南岳论坛”会议简报》，第二期，2012年7月14日。

② “公众参与的梯度理论”对此问题具有启发意义。详见曾娜：《食品安全风险评估中的公众参与研究》，载王贵松组编：《宪政与行政法治评论》，第5卷，中国人民大学出版社2011年版，第170～179页。

1. 完备性立法

立法是法治的首要环节。建设生态文明，完善立法是前提。生态法治所要求的完善生态立法有二方面的要求，一要从制度内容上积极促进经济发展方式的转变，努力解决经济社会发展与环境资源保护的矛盾，在能源法、环境法、科技法等各方面法构建有关环境权的完整的制度性保障体系。二要特别注意生态法治对立法理念与技术的特别要求。如前所述，生态法治观是一种统筹性的系统治理。因此相对传统法治而言，生态法治更加反对“含糊又空洞的准则”，它需要完备的制度系统建构。有一种观点认为，在生态问题和风险治理上，由于人的理性局限越发凸显，必然导致法规则的建构呈现为模糊性。诚然在事实层面，这种影响不容否认，但如果基于此而容忍乃至乐于接受宽泛的规约方式，则事实上超脱了法治系统特有的合法、不合法二值符码的调整方式，从而丧失法律规范主体预期的功能①。仅仅在《环境保护法》中宣示要“协调经济发展与环境保护”的关系是不足以将对环境问题的考虑纳入到法律系统之中的。真正具有实效的是诸如“三同时”制度以及强制性环境影响评价等此类可被法律系统执行的规范。②

2. 多层次建制

在有限知识与无限风险之间，如何处理法的稳定性、问题的不确定性和知识的更新是生态法治必须应对的问题。舒缓其间张力的有效措施之一是法律的多层性建制。具体说来，就是在宪法层面宣誓生态权利作为人权的根本性，在法律层面制定基本的制度框架，在行政法规、规章层面透过细则、实施办法等来强化法律的操作性。在应对新问题和回应新知识的时候，以下位阶的规范改造来及时调整局面，同时确保法律的相对稳定性。这种具有融贯性的金字塔结构，在稳定性与灵活性、操作

① 有关法系统二值符码的详细论述参见 NiklasLuhmann，Ecological Communication，translated by John Bednarz，Jr.，University of Chicago Press，1989，P. 64.

② 金自宁：《现代法律如何应对生态风险——进入卢曼的生态沟通理论》，载葛洪义主编：《法律方法与法律思维》，第8辑，法律出版社2012年版，第213～231页。

性与弹性之间为生态法治的回应性留足了空间。①

尽管中国特色社会主义法律体系已经形成，但生态文明领域的立法依然有待进一步完善。当前，我国有关生态权益的实体性规定不足，环境权尚未得到法律上的明确；程序性规定更是相对缺乏，当出现违法行为时，缺乏制裁的依据；当公民权益受到侵害时，缺乏依法救济的途径。特别是当行政决策呈现隐患时，缺乏公民参与生态文明建设的有效途径和配套制度。这与生态法治的要求还差距甚远。

（四）生态法治的运行实施

1. 强力施治，以严格执法反哺法律权威

通过生态法治保障生态文明建设，关键在于严格执法。近年来，环境问题的层出不穷凸显了生态文明建设的紧迫性。许多学者将环境权入宪作为焦点问题提出。这虽是世界潮流也是我国必须解决的问题，但不应由此遮蔽了其他思考和取代更具紧迫性的任务。在转型中国建设生态法治，更为迫切和立竿见影的，不在于宪法化表达，而在于具体实施中奖优罚劣，即时反馈规则对行为的评价，以切实的利害矫正人的行为。严格的执行有助于真正树立法治权威、巩固文本中的法，并帮助树立信仰中的法，使每个人、全社会都相信法治，并充分运用法治手段来建设生态文明。

生态法治的强力实施，要求强化环境资源领域的行政执法，要加大和强化对资源分配行为和环境资源消费行为以及企业生产营销行为的规范。要节约资源、履行义务、遏制权利的滥用。要经常组织生态文明建设的专项执法检查活动、联合执法活动。② 对于执法中查出的问题要依法严格追究责任，不能怠于作为，更不能以罚代法。生态法治的强力实

---

① 湖南近年来在“两型社会”建设中的摸索具有借鉴意义和研究样本价值。其做法被概括为“着眼于法治创新，抓顶层设计；着眼于深化改革，抓专项立法；着眼于‘两型建设’，抓配套立法；着眼于依法行政，抓法治政府建设；着眼于决策落实，抓务实行政。”

② 刘武俊：《生态文明建设要靠法治来保障》，载《人民政坛》2012 年第 12 期。

施，亦需高度重视司法的作用。修订后的民事诉讼法为环境公益诉讼拓开了渠道①，司法机关需要提供强有力的支持，鼓励和支持有关机关和环保组织依法提起环境公益诉讼，及时受理，公正裁决。

2. 创新机制，以利益导向促进自我实施

全面的实施往往意味着高昂的监督和执法成本。许多监管措施因实施中不符合比例原则而被束之高阁。但令不行禁不止又会直接损害法治的权威，产生的负面影响和连锁效应难以计算。因此，一种理想的实施途径是通过机制的设计创新，诱导理性经济人的个体利益与系统整体利益趋于一致，从而自动顺应法对行为的调整规范。具体说来，第一，为使法治切实实施，必须从大处着眼、小处着手解决问题。哪怕是一个非常微小的制度都要进行精心构造。第二，在进行机制安排时要创造性构筑利益博弈格局，和探索利导性的激励机制来努力实现制度的自我实施。

3. 文以化人，构建生态伦理以导正行为

由于制度本身在解决整体系统问题的不完备性，生态法治特别要求伦理与法的协同共治。这使自然法观念以降，法与伦理分离、伦理主要以外在给养或评判方式介入法的现代法治观，进入了又一个新的阶段。其一，从人类中心主义到生态中心主义，在反思搭便车的唯利性问题无法在市场秩序内部得到解决，也无法透过简单的禁止性规定而彻底防止外部性的基础上，生态法治必须辅之以自利利他的伦理观念，以道德作为辅助法实施，共同导正人的行为向着合乎生态文明的方向迈进。其二，生态文化发展与生态文明建设同理同道。文化的力量是巨大的精神力量。② 生态文明建设在法治实施中需要透过文化发展寻求开拓路径、树立理念和信仰，构建政府、社会、行业、司法、媒体的良知，让文化

① 修订后的《民事诉讼法》明确规定对污染环境等损害社会公共利益的行为，法律规定的机关、有关组织可以向人民法院提起诉讼。

② 张穹：在第四届“法治政府·南岳论坛”开幕式上的讲话，引自《两型社会法治新起点——第四届“法治政府·南岳论坛”发言摘登》，载《湖南日报》2012年7月16日，第7版。

精神、道德意识走进大众的心里。①

生态文明是物质文明、政治文明和精神文明的基础和前提，它以人与自然协调发展作为行为准则、以资源环境承载力为基础，建立健康有序的生态机制，保障和促进良好环境质量，实现经济、社会、自然环境的可持续发展。人类从工业文明向生态文明的迈进必然要求法治的因应变迁。从人本法治到生态法治，反映了法治的这一演进历程。我国近年来多地区持续雾霾天气现实地提醒我们人与生态环境的冲突日益加剧，既有生产生活方式难以为继，故生态建设必须切实的推进，法治保障必须向生态法治加速转型，将人与自然的关系的反思与重构及由此对人的行为的要求制度化、长期化十分必要。透过法治公正保证环境与资源的区际公正、人际公正和代际公正②。本章在揭示文明转型及其呈现的紧张关系的基础上，对生态法治的基本范畴、相对特性和建制运行进行了初步的探讨。而关于生态法治这一崭新的法治形态，还需要法学内风险治理理论、风险法治国、最佳行政行为等理论，以及法学之外保护理论与风险管理理论、经济学、管制学理论等的转型与创新，以揭示、协调进而丰富生态法治具体内容。

---

① 正是在这个意义上，党的十八大报告特别将“加强生态文明宣传教育，增强全民节约意识、环保意识、生态意识，形成合理消费的社会风尚，营造爱护生态环境的良好风气”作为制度建设的重要一环详细说明。参见胡锦涛：《坚定不移沿着中国特色社会主义道路前进 为全面建成小康社会而奋斗》，载《人民日报》2012年11月18日，第1版。

② 卓泽渊：《建设“两型社会”关键是用法律管住政府行为》，载《法制日报》2012年7月16日，第6版。

下　篇　法治国家的理性构建

第十章　法治国家建设的全面推进方略

党的十八大报告要求“加快建设社会主义法治国家”，凸现了党中央对法治国家建设的高度重视。党中央之所以把法治国家建设放在如此重要的地位，是因为：法治是建设中国特色社会主义的重要内容，是党领导人民治国理政的基本方略，是实现中华民族伟大复兴的重要支撑，是如期建成小康社会的捷径快道。

加快建设社会主义法治国家，要在规则治理上下工夫，在中国特色上费心力，在加快建设上用力气，在全面推进上做文章，在有效治理上见成效。

一、要把“民主”、“自由”、“法治”、“平等”、“公正”、“诚信”、“和谐”等理念纳入社会主义的核心价值体系

“民主”、“自由”、“法治”、“平等”、“公正”、“诚信”、“和谐”等理念，不仅是人类和平共处的基本准则，也是人类共同体生存和发展的基本条件。这些理念从来就不是资产阶级的专利，而是人类共同创造的文明成果；这些理念既是法治所承载的道德人文价值，也是法治得以被信仰的基本条件。将这些理念视为资产阶级的专利并将其与资本主义捆绑在一起，不仅人为地剥夺了社会主义的话语权，而且为渊驱鱼地造就了资本主义人文道德优势。将这些理念纳入社会主义的核心价值体系，既可以丰富社会主义核心价值体系的内容，又使社会主义的价值体系与其他价值体系具有一定的共性和兼容性，从而形成交流沟通与和平

共处的条件和桥梁；既使社会主义法治具有更丰富的内涵，又使社会主义法治更具有感召力和影响力。在全社会倡导这些理念，不仅有利于法治的基本价值得以在中国大地生根，而且有利于法律的贯彻实施；不仅为在中国大地上实现规则治理创造条件，也为法治国家的建设打下坚实的思想基础。

二、要进一步突显法治建设在中国特色社会主义总体布局中的地位

长期以来，我们将法治建设作为政治建设的组成部分。在全面推进依法治国、加快法治国家建设的今天，应当进一步突显法治建设在中国特色社会主义总体布局中的地位。首先，法治是党领导人民治国理政的基本方略，政治建设难以涵盖其全部内容；其次，尽管法治与政治具有极大的关联性，但法治有其自身质的规定性，也有其特有的建设规律；再次，不仅政治建设离不开法治，经济、社会、文化、生态等方面的建设也都离不开法治；最后，为了避免前苏联社会主义的悲剧，中国特色社会主义应当更加突显法治在总体建设布局中的地位。

三、要把保证人民依法享有广泛的权利和自由作为执政为民的起码职责

执政党要实现执政为民的宗旨，首先必须保证人民依法享有广泛的权利和自由。这是因为：只有将人民的正当利益、要求、愿望和诉求权利化，才能使执政为民转变成公权力机关具体的法定职责，才能使人民的正当要求、愿望和诉求转变成一种具有法律程序保护的请求权，才能使为人民服务走上公开、透明、公平、可持续之路，才能使人民的合法权益得到法治的保障和司法的救济。要保证人民依法享有广泛的权利和自由，一要在“广泛”上做文章：不仅要保护人民私法上的权利，而且要保护人民公法上的权利；不仅要承认国民的法定权利，而且要承认

国民的基本人权与正当利益；不仅要不断扩大人民的政治权利，而且要不断扩大国民的经济社会文化环境权利；不仅要强化对自由权的保护，而且要强化对平等权的保护；不仅要保护当代人的权利，而且要保护子孙后代的权利。二要在“保证”上下工夫：一是为权利的行使提供必要的物质资源；二是使每项权利具有相应的义务或职责对应支持；三是有效防止权利遭受公共权力的侵害；四是切实保障权利的平等行使；五是健全权利受损的救济机制。

四、要把对公共权力的有效监督和制约作为法治建设的核心内容

对公共权力的监督和制约，是任何形态的法治的基本要义；公共权力具有二重性，唯有法律方能使其扬长避短和趋利避害；破坏法治的最大危险在一般情况下都来自公共权力；只有约束好公共权力，国民的权利和自由才可能安全实现。有效监督和制约公共权力，要在以下几个方面狠下工夫：要科学配置权力，使决策权、执行权、监督权相互制约又相互协调；要规范权力的运行，为权力的运行设定明确的范围、条件、程序和界限；要防止权力的滥用，为权力的行使设定正当目的及合理基准与要求；要严格对权力进行监督，使违法或不正当行使权力的行为得以及时有效纠正；要健全权益恢复机制，使受公共权力侵害的私益得到及时赔偿或补偿。

五、要把依宪执政作为党的领导、人民当家作主、依法治国三者有机统一的基本路径

党的领导、人民当家作主、依法治国的有机统一，是中国共产党对执政规律认识的深化，是执政党对六十多年执政经验教训的总结。三者的有机统一，不仅反映了现代民主政治的基本规律，而且体现了政党与国家和人民之关系的基本准则。要实现三者的有机统一，必须走依宪执

政之路：党必须在宪法和法律的范围内活动，任何组织和个人都不得有超越宪法和法律的特权；党应当通过依宪执政路径吸纳、整合、表达民意，并通过立法程序将党的意志和政策变成国家的意志和法律；要使党的领导融入人民代表大会制度这一根本政治制度之中，并通过权力机关的立法权、人事选举罢免权、重大事项的决定权、监督权实现党对国家的领导；要使党对国家的领导方式与宪法所确定的国家权力运行方式协调、统一起来，确保行政机关依法行政、司法机关依法独立公正地行使职权。

六、要用法律思维和法治方式解决改革、发展、解纷、维稳中的棘手问题

宪法和法律是人民公意的规范表达，是国家意志的集中体现，也是党的各种政策的有机整合。因此，宪法和法律是任何组织和个人都必须遵循的准则，法治是治理国家和管理社会的基本方式。无论是深化改革还是推动发展，也不论是化解矛盾还是维护稳定，都不得以任何借口以言代法、以权压法、徇私枉法，都应当以法治思维进行谋划和决策，都必须以法治方式进行决断和处理。要按照法定的权限举事，不得超越或变相超越本机关或本职位的职权范围，不得随意扩大自己的职权范围，即使目的正当也不得在法外行使权力；要按照法定的条件处事，不得曲解法定的条件行使职权，也不得随意变更法定的条件行使职权，更不得无视法定的条件行使职权；要按照法定的程序行事，不得任意减损或增加法定的步骤和方式，不得随意颠倒法定程序的顺序，不得无视法律的形式或标准，不得随意违背法律的期间规定和时间要求；要按照证据规则定事，对事件进行定性必须满足法定的事实要件，认定事实必须有足够的证据支持，所运用的证据材料必须客观合法并与待证事实具有关联性；要按照正当合理原则办事，不得受不应当考虑的因素的干扰或拒绝考虑应当考虑的因素，不得违反比例原则及合目的性、合正义性之原则；不得滥用对法律规范的解释权以及实体或程序的自由裁量权。

七、要在完善社会主义法律体系的基础上建构充分、良善且体现民主精神的法律规范供给机制

全面推进依法治国，需要充分的规范供给。恪守原有单一的法律渊源已无法满足法治实践的需求，有必要适当扩大法律渊源，甚至可以有限制地将司法判例、交易习惯、法律原则、国际惯例作为裁判根据，以弥补法律供给的不足，同时还应当建立对法律扩大或限缩解释的规则，通过法律适用过程填补法律的积极或消极的漏洞。为了保证法律规范的质量和提升立法科学化的水平，应当进一步改善立法机关组成人员的结构，提高立法程序正当化水平，构建立法成本效益评估前置制度，建立辩论机制，优化协商制度，提升立法技术，规范立法形式，确定法律规范的实质与形式标准，设立法律规范的事前或事后的审查过滤机制，构建实施效果评估机制，完善法律修改和废止制度等等。尤其要着力提高立法过程的实质民主化水平，要畅通民意表达机制以及民意与立法的对接机制，设定立法机关组成人员联系选民的义务，规范立法机关成员与“院外”利益集团的关系，完善立法听取意见（包括听证等多种形式）、整合吸纳意见以及重大立法全民公决制度，建立权力机关内部的制约协调机制，建立立法成员和立法机关接受选民和公众监督的制度等等。

八、要用系统工程学的观念看待并建构法律实施系统

法律实施与严格执法是一个系统工程。首先，要认真研究如何使法律规范本身具有可实施性，不具有实施可能性的法律规范无疑会加大实施成本，甚至即使执法司法人员竭尽全力也难以实现。因此，要特别注意法律规范的可操作性、实施资源的配套性、法律规范本身的可接受性以及法律规范自我实现的动力与能力。其次，要研究法律实施所必需的体制以及法律设施，国家必须为法律实施提供强有力的体制、设施与物质保障。再次，要认真研究法律实施所需要的执法和司法人员的素质与

能力，要为法律实施所需要的素质和能力的培训与养成提供必要的条件和机制。又次，要研究法律实施的环境因素，并为法律实施创造必要的执法和司法环境。最后，要研究如何克服法律实施的阻碍和阻力，有针对性地进行程序设计、制度预防和机制阻隔，针对我国现阶段的国情，有必要把排除“人情”、“关系”、“金钱”、“权力”对法律实施的干扰作为重点整治内容。

九、要为司法机关依法独立公正行使职权创造体制条件，并设置高度正当的司法程序

司法的性质、功能和使命，要求司法主体必须具有中立性。司法不中立便无法获得当事人的认同和接受；而司法的中立必须以确保司法机关独立行使职权并有足够的能力抗拒任何形式的干扰为条件。在中国，对司法的干扰，不仅来自“金钱”和“权力”，而且来自“人情”和“关系”，这种国情和现实，使中国的司法所面临的干扰风险非常之大。因此，需要建立坚固的体制障碍和制度隔离，使任何干扰都无法对司法的公正性产生实质性的消极影响。而要做到这一点，必须进一步推进司法体制改革和制度完善。然而，独立性并不是公正的充分条件，而只是必要条件。要实现公正，除了司法人员的优良素质和高度自律之外，还必须通过设立具有高度正当性的程序，通过赋予当事人及其代理人充分的程序权利，通过科学、有效且符合司法规律的管理，通过有效而理性的层级监督和外部监督等等，以确保事实认定的客观性、法律适用的正确性以及当事人的可接受性。

十、公民对法律的尊重和信仰比知法懂法更重要

一个人如果对法律缺乏应有的尊重和信仰，知法、懂法不仅无助于法律的实施与遵守，反而会为其规避法律创造条件。教育民众学法、知法固然重要，但更重要的是教育民众尊法和守法。事实上，即使是从事

法律专业的人，也很难熟知所有的法律规范。因此，与其花巨大的成本去向公民灌输法律知识，不如通过大量公开的执法和司法典型案例使公民树立尊法和守法的意识；与其让每个人都全面地知法懂法，不如将资源用来培养大批律师和法律工作者，为普通民众提供及时、廉价的法律咨询和法律服务。对于一般公民来说，以下两点最为重要：一是恪守道德底线，知道哪些可为，哪些不可为，法律乃道德之底线，绝大多数法律规范乃道德原则衍生或折冲之产物；道德规范不容，一般为法所禁止（尽管不可画等号）；道德规范容许，一般为法所不禁。二是遇有矛盾和纠纷，养成咨询律师和法律工作者的习惯，而不是凭着对法律的一知半解去实施法律行为（有时反而风险更大）。这正如国家对待公民的健康一样，重要的是让公民具有保健意识和知识，有病及时咨询或看医生，而不是让每个人都去精通所有的医药知识。当然，在公民具有强烈的法律意识和咨询意识的基础上，鼓励公民多懂得法律知识也值得提倡，但一方面要注意普法的成本和效益，另一方面要提醒公民注意避免一知半解运用法律的风险。

第十一章　法治国家建设的道路选择

正确辨识和选择法治国家建设的道路，是法治理想变成法治现实必须解决的问题。

一、法治发展的一般规律

要正确辨识和选择法治中国建设的道路，有必要探讨法治发展的一般规律。

（一）法治发展的一般条件

任何一个法治体系的形成，必须同时具备以下几个条件：

一是公共政治权力形成，拥有主权的民族国家出现。公共政治权力的形成是独立国家存在的必要条件。独立国家强调政治共同体，强调国家主权的至高无上，强调由国家制定和颁布统一的规则，强调国家为保证规则执行所必需的暴力以及对暴力的合法垄断。法和法治是国家发展到一定阶段的产物。

二是商品交换频繁进行，使封闭的自然经济逐步解体，使封建的人身依附关系转型，从而使利益集团多元化；市场经济取代自给自足的小农经济，形成对统一市场和自由竞争的强大需求；市场主体欲确保竞争自由、交易安全、降低交易成本，强烈要求建立公平、安全、富有效益的竞争、交易和市场规则，强烈要求生产、交换和生活秩序制度化，以减少竞争的高成本、残酷性和风险性。

三是依赖神化的权威和个人魅力形成的权威无法实现对国家持续有效的统治或治理，统治集团需要通过法律集中表达民意或公意，以人民或公民的名义行使统治权，以便取得统治或治理的正统性和合法性，并以“主权在民”的理念和民主的形式获取统治或治理权威。国民或公民也因而具有强烈的主体性意识。

四是通过经验、感受和学习，统治者和被统治者充分认知规则治理所带来的一切好处以及专制、任性、擅断所造成的一切祸害，从而形成普遍的肯定法治的文化。统治者和被统治者均愿意接受、认同或服从（至少默认）规则治理，并愿意支付实现法治所必须支付的成本，法律切实进入民众的日常生活，并为公众所信仰。

五是立法权从统治权中独立出来，立法成为一种专门职业，立法机关在国家政治生活中扮演重要角色。相对独立和专业化的司法体系担当解决法律争议、保护国民权利、保障法律实施的职责。为了实现真正的法治状态，法律职业共同体日益形成。

（二）法治发展的共性与非同一性

各国实行法治有着共同的规律和要求：

一是普遍实行规则治理，尤其是国家权力的产生和运作必须受制于法，政府如要干预公民的行为，则必须根据普遍的规则进行。

二是通过强调法律规范的形式理性、确定法不溯及既往的原则、建立法律规范的解释和适用规则、确定遵循先例原则、防止自由裁量权的滥用等措施，确保法的安定性与确定性，以增强法的透明度和可预测性，保护国民的合理预期。

三是法治以维护国家主权、巩固政权为主要任务。

四是承认公民的自由权利，实现权利的平等保护以及公民义务的平等履行，反对特权和歧视。

五是确保政府对社会的有效管理和对权力的监督与制约。

六是确保法律的良善以及与主流价值观的协调性，将自由、平等、安全等作为法律的基本价值。

由于国情不同，各国的法治发展道路也有很大区别：

1. 英国的法治发展道路

通过新兴资产阶级与封建贵族的斗争与妥协，资产阶级通过不流血的方式占据了议会舞台，并通过一系列宪法文件或宪法惯例，确立了议会至上、越权无效等根本法治原则；通过对大量习惯和惯例的认可并借助普通法的渐进传统，逐步完成了法治的统一；通过建立议会授权制度和确立自然公正的程序规则以及强化对自由裁量权的监督，不断控制王权和行政权；通过司法机关的判例（即所谓法官造法）逐步建立国民所熟悉（大部分为习惯或惯例）并愿意接受的法律秩序；通过使政府官员像普通公民在普通法院接受审判的司法审查方式以控制政府的权力、保障公民的权利。

2. 法国的法治发展道路

法国资产阶级是在国王和封建贵族顽固阻挡第三等级崛起、镇压人民反抗、法国人民以暴力推翻封建制度的大背景下走上历史舞台的。资产阶级通过大革命全面取得立法权、行政权和司法权，经过多次调整，使行政权在国家的政治生活中占据主导地位；法国统治者发扬罗马法学家以抽象理性建构规则体系的精神，继承罗马帝国的法律编撰传统，通过广泛的多层次的立法，形成治理社会的规范，建构法的统治基础；严禁司法权干预行政权，对行政权的控制除了议会以外，隶属于行政系统的行政法院发挥了重要作用。

3. 美国的法治发展道路

美国通过独立战争推翻了英国的殖民统治，由于在英国殖民统治期间，北美殖民地人民不仅深受英国行政权的压迫，而且深受英国立法权的压迫，故美国立国之后，不仅注意防止行政权的越权和滥用，而且注意防止立法权的滥用，因而建立了三权鼎立、相互制衡的宪法体制；通过一系列宪法修正案建立了基本人权保障制度；通过宪法修正案建立了正当程序规则。从而使所有国家权力均纳入控制范围。

4. 德国的法治发展道路

德国在19世纪末才通过铁血政策实现统一。统一后实行三权分立制和联邦制。通过制定成文法典促成了法治的统一。通过宪法确立了依法治国原则以及法律保留和法律优先原则。通过魏玛宪法及以后的宪法确立了社会国家原则，把福利国家的建设提到重要议事日程。通过建立行政法院制度和违宪审查制度强化对行政权和立法权的监督。在二战以后强调实质法治国理念。

5. 日本的法治发展道路

日本法治发展的一个重要特征，就是其善于吸收和借鉴外来先进的法律制度。日本的近代法治的发展开始于明治维新。明治维新之前，日本主要借鉴中国唐朝和明朝的法律制度。明治维新之后，先后借鉴法国、德国等大陆法系的制度，确立了法律保留、法律优先等法治原则，建立行政法院以监督行政权、解决行政争议。二战以后，又吸收美国的司法审查制度，撤销行政法院，由普通法院担当司法审查职责，并建立了比较完善的行政程序制度。

（三）法治发展的阶段性

法治发展是一个不断深化的过程。从法治与治国理政的关系看，一般说来具有三种类型，而这三种类型又与法治的发展阶段大体相适应：

1. 以法治国的擅断主义阶段[①]

这一阶段大体与前资本主义时代相适应（古希腊的城邦民主制时代和古罗马的共和时代例外），行政权在国家权力结构中占据绝对支配地位；立法权没有从统治权中分离出来，或者即使已经分离出来但力量非常弱小或只是为了粉饰民主；国王或君主的诏书或命令是法律的主要或最高渊源；法律只是治国理政的偶用或御用工具而不是治国理政的基本手段；政府不受法律的规制，法律的主要规范对象是公民而不是统治

① 这一阶段的法类似于韦伯的传统法、昂格尔的官僚法、诺内特和塞尔兹尼克的压制型法。

者；法律具有易变性和不确定性，往往随国王或君主的意志、感情的变化而变化；不仅法律本身具有明显的不平等性，法律的适用也具有不平等性；法律本身及其应用常具有非人道性和非正义性。总之，这一阶段的法具有明显的工具主义性质，法的运用带有明显的随意性；法在国家的政治经济和社会生活中不具有重要价值。

2. 形式主义的依法治国阶段①

这一阶段大体与近代的自由资本主义时代相适应。在这一阶段，行政权在国家权力结构中不再占据支配地位；立法权从统治权中分离出来，并在国家政治生活中占据重要地位；议会、国会等立法机关制定的法律是法律的主要或最高渊源；法律成为治国理政的基本手段并优于行政机关和司法机关制定的规则和决定；政府服从法律并受法律的规制，法律的主要规范对象是国家的权力而不是民众；法律不溯及既往并具有稳定性、确定性、普遍性和公开性，不随国家领导人的更替及其意志、感情的变化而变化；强调法律自治，即强调法治与政治、道德、宗教相分离，主张法律的终极合法性源于自身，反对向法律之外寻求合法性根据；强调法律面前人人平等和法律适用的平等性。总之，依法治国阶段关注的是形式合理性，法治带有明显的形式主义特征，法律的良善未能受到应有的重视。

3. 实质主义的法治国家阶段②

这一阶段大体与现代特别是二战以后的时代相适应。在这一阶段，国家成为福利国家，并与社会逐步近似和融合，政府介入社会，社会逐渐获得本属于政府的公共权力；注重权力的科学配置，注意防止某一种国家或社会权力在国家的权力结构中占据绝对支配地位；为了防止类似德国法西斯时期的恶法出现，一些国家注意对立法权进行严格的事中的程序控制和事后的违宪审查控制；立法机关制定的法律仍然是法律的主要渊源，但通常将宪法、法律原则甚至某种道德原则（或自然法）、道

① 这一阶段的法类似于韦伯的形式法、昂格尔的法律秩序、诺内特和塞尔兹尼克的自治型法。

② 这一阶段的法类似于韦伯的实质法、诺内特和塞尔兹尼克的回应型法。

德权利作为法律的最高渊源；反对法律自治，主张以实在法以外的标准衡量和检测法律，法律必须符合一定国家或社会公认的正义标准；在新的层面强调法的政治属性，强调法的合目的性；政府必须受法律的规制，但政府也可以进行授权立法、委任立法、执行性立法甚至是一定范围内的创制立法；法律不仅规范统治者而且规范公民；法律不仅控制政府的权力而且保障政府对社会进行有效管理；在维护法律的安定性及确定性的前提下，注意通过建立解释规则和法律运用规则使执法机关和司法机关在一定的范围和程度上发展和完善法律；为了确保良法之治，越来越多的国家采用司法审查或设立宪法法院进行违宪审查等方式，对违宪或不符合主流价值观和正义观的法律规范进行过滤，防止恶法进入实施过程；不仅强调法律面前或法律适用的平等，而且强调在实体法上对所有人给予平等的机会，给予平等的关怀与尊重，应采取可能的措施（如通过福利立法调节公民的财产分配）缩小实际的不平等，主张给予不利地位的群体和个人以更多的保护，重视最少收益者的最大利益；越来越强调法律本身及其应用的人道性和人性化。总之，这一时期，注重通过法律实现实质正义，法律的内在价值和外在价值均受到重视。

（四）法治发展的基本方法

就建设法治国家的基本方法而言，各国普遍注意以下几个问题：

——赋予宪法以极大权威但也注意与时俱进；

——在赋予立法机关以优越地位的同时对其进行全面的程序控制；

——把议会作为政党和其他政治力量活动和博弈的主要舞台；

——在确保良法之治的前提下强调法律面前一律平等和严格依法办事；

——通过多种方式和渠道（纵横分权、权力制约、国民监督、透明行权、媒体曝光等）实行对国家权力的全面监督以确保法律的实施、保护基本人权；

——注重构建法治的人文基础作为法治发展的精神依托，通过培养法律职业群体作为法治实施的基本力量。

由于历史、国情和文化的差异，各国在选择法治的实现方式上也不尽相同。不仅在共选方式上各有侧重，而且创造了诸多特有的方式。

二、法治国家建设的基本路径

由特殊的国情和特定的历史发展阶段所决定，中国法治的发展道路具有如下特点：

1. 由执政党提出法治建设目标，并以执政党的权威进行推进。中国共产党是新时期社会主义法治建设的设计者和推动者。改革开放以来，我国社会主义法治建设的特点之一是由执政党设计并推动的。同时，执政党运用法律力量引导和规范社会行为。1982 年我们党提出“党必须在宪法和法律的范围内活动”，到 1997 年党的十五大第一次把依法治国确立为党领导人民治理国家的基本方略，到 2002 年党的十六大报告提出要提高依法执政能力，再到 2004 年十六届四中全会第一次把依法执政确立为党执政的基本方式，这既反映了我们党在领导与推进法治建设历程上的不断探索和深入思考，更反映了我们党在新的历史条件下执政方式的与时俱进和制度创新。

2. 党的领导、人民当家作主和依法治国的有机统一。在中国古代，倡导法治的法家，其核心是韩非所讲的“法、术、势”，西方某些国家法治中的精髓是“三权分立”，而中国特色社会主义法治的精髓则是“三统一”。党的领导、人民当家作主和依法治国的有机统一，意味着政治性、人民性和法律性的统一，意味着领导力量、执政基础和执政方式的统一，意味着政党政治、民主政治和法治的统一。从一些国家推动法治建设的力量来看，或由立法机关主导，或由司法机关主导，或由行政机关主导。而我国是共产党领导人民依法执政①。2004 年 9 月，党的

① 对此，邓小平曾经作了深刻阐述：“在中国这样一个大国，没有共产党的领导，必然四分五裂，一事无成。”他在《解放思想，实事求是，团结一致向前看》的讲话中指出：“为了保障人民民主，必须加强法制。必须使民主制度化、法律化，使这种制度和法律不因领导人的改变而改变，不因领导人的看法和注意力的改变而改变。”第三代领导集体阐明了党与法治的关系，强调党领导人民制定法律，又自觉地在宪法和法律的范围内活动，不能以党代政，也绝不能以党代法。党在提出依法治国后适时提出了依法执政。

十六届四中全会作出的《关于加强党的执政能力建设的决定》明确指出："依法执政是新的历史条件下党执政的一个基本方式。"中国共产党依法执政，在中外共产党执政史上第一次解决了共产党执政的基本方式问题，它突出体现了执政党在国家法治建设中的积极性、主动性、创造性和关键性。

3. 国家机关主动作为，各级政府协力推进。立法机关能动地制定立法规划，把在2010年以前初步建成社会主义法律体系作为自己的重要任务，并作了富有成效的工作。国务院提出了在2015年建成法治政府的目标，并制定了实施纲要。最高人民法院和最高人民检察院为适应建设法治国家的要求，进行了一系列体制、制度和机制改革。地方各级政府都制定了依法治省、依法治市、依法治县的规划。

4. 法治建设与改革开放同步发展，并服务于党和国家的大局。十三大报告指出："法制建设必须贯穿于改革的全过程。"前苏联东欧的一些国家搞民主，先从根本上否定原有法律框架，导致了国家的解体和社会的长期混乱。我国选择了通过法律改革进行政治和行政体制改革的方式，加强民主制度建设，为政治体制改革提供制度化保障①。正是这些制度化的手段使社会主义民主在法治的轨道上健康发展。从十一届三中全会后的1979年五届人大起至2008年2月底止，我国制定了大量的法律法规。这些立法不仅保障了我国国民经济的长期快速发展②，推动了经济、政治、文化和社会建设，也维护了社会稳定，较好地服务了党和国家的大局。

5. 树立社会主义法治理念，把法律交给亿万人民。党中央十分重

---

① 例如，1979年通过的选举法，把人大代表直接选举从乡一级扩大到县一级。1982年宪法第111条确立了城乡基层群众性自治组织的宪法地位，规定县乡基层人大代表由直接选举产生。之后又制定了城市居民委员会组织法、村民委员会组织法、代表法等等。

② 30年的经济快速增长创造了世界经济发展史上的奇迹。我国经济从一度濒于崩溃的边缘发展到总量跃至世界第四、进出口总额位居世界第三，人民生活从温饱不足发展到总体小康。

视社会主义法治理念教育①，强调要“弘扬法治精神，维护社会公平正义”②，特别重视社会主义法律文化建设③。这些举措，旨在奠定社会主义法治的思想理念基础。

彭真同志曾说：“把法律交给九亿人掌握，使他们运用这个武器监督国家机关和任何个人依法办事，对任何违法行为，进行揭发、检举和斗争，就可以有力地保证法律的贯彻执行。”④2007年10月15日，党的十七大报告特别强调“深入开展法制宣传教育，弘扬法治精神，形成自觉学法守法用法的社会氛围”。世界上没有任何一个国家在普及法治精神和法律知识方面能够和我国相比⑤。党的十八大报告进一步强调：“深入开展法制宣传教育，弘扬社会主义法治精神，树立社会主义法治理念，增强全社会学法尊法守法用法意识。提高领导干部运用法治思维和法治方式深化改革、推动发展、化解矛盾、维护稳定能力。党领导人民制定宪法和法律，党必须在宪法和法律范围内活动。任何组织或者个人都不得有超越宪法和法律的特权，绝不允许以言代法、以权压法、徇私枉法。”从20世纪80年代开始到现在，我国已经进行了六个五年的普法活动。每个活动都有相应的主题，覆盖社会的各个领域。党中央政治局带头听法律讲座，开创了全社会学法用法的良好风气。

---

① 2005年11月，胡锦涛同志作出“开展社会主义法治理念教育是加强政法队伍思想政治建设的一项重大举措”的重要批示。2007年12月25日，胡锦涛同志在同全国政法工作会议代表和全国大法官、大检察官座谈时，进一步提出要牢固树立社会主义法治理念。

② 2007年6月25日，胡锦涛同志在中央党校省部级干部进修班毕业典礼上发表的重要讲话中，全面深刻地阐述了社会主义法治建设问题，指出要“全面落实依法治国基本方略，弘扬法治精神，维护社会公平正义”。这是党和国家最高领导人第一次在高层次的会议上提出“弘扬法治精神”。

③ 2007年12月25日，胡锦涛同志在同全国政法工作会议代表和全国大法官、大检察官座谈时，进一步提出：“坚持在全社会深入开展法制宣传教育，弘扬法治精神，重视社会主义法律文化建设。”

④ 彭真：《关于七个法律草案的说明》，载《法学基础理论参考资料》，中央广播电视大学出版社1985年版，第149页。

⑤ 西方国家很少以政府的名义进行普及法治精神和法律知识的活动，它们认为，法律是一种公共产品，对这种产品的了解、需求和使用是社会层面的事情而不是政府的事情。

综上所述，在法治建设上，我国已经积累了不少的经验，走出了自己特有的法治发展和建设道路。这些方式和路径的选择，既体现了社会主义法治建设的特征，又与中国特有的政治发展道路相衔接。

三、对法治中国道路的几点思考

1. 要对法治进行准确定位。法治是使人类服从规则治理的伟大事业，是人类所希望的一种良好、和谐的生活状态，是人类达致幸福生活和有德性、有尊严生活的重要条件。这就是说，法治并不仅仅是政治国家实现特定目标的工具，也不是人类所追求的终极目的。发展和建设法治，不能无限夸大其本体价值，完全忽略其工具价值，又要超越纯粹功利主义的狭隘眼界，加速本体价值的建构；要注意运用法治的特有功能为大局服务，又要注意法治建设自身目的的实现。

2. 尽管法治的某些基本价值可以适用于不同的社会结构和经济结构，尽管各国的法治具有某些共同的价值追求，法治的发展具有某些共同规律可循，但由于历史、国情、文化的差异，法治或法律秩序往往会以不同的形式表现出来，没有也不可能有完全相同的法治发展道路。综观世界上一些国家的法治发展道路，既有通过暴力革命建立法治的模式，也有通过非暴力而相互妥协走向法治的模式；既有主要依靠自下而上的社会变革而实现的法治，也有主要依靠政府自觉推动而实现的法治；既有发达国家的法治发展道路，也有发展中国家的法治发展道路；既有大胆借鉴外国法律制度而成功的法治，也有高度重视本土文化和经验而建设成功的法治。因此，既不能过分夸大法治的“地方知识属性”，也不能无限强调法治的普适性，更不能用某一个国家的发展道路和发展模式作为普适性标准来评价另一个国家法治发展的优劣。

3. 法律与国家不可分离，不仅国家通过法律获得合法性、正统性依据，法律规范也只有凭借国家政权才能获得作为法律的外在特性。国家是法律的创制主体，是法律强制性的物质基础和保障力量，国家的政治活动是法律发展的直接渊源和动力。法律必须服从通过民主程序和方式所决定的并符合国家正义要求的国家的政治、经济和社会目的。

4. 要注意区分法治发展的普遍规律和一般规律，不能把特殊规律当成普遍规律。例如，政党政治是普遍规律，但两党或多党轮流执政是特殊规律；权力监督与制约是普遍规律，但三权鼎立是特殊规律；充分发挥司法机关的作用是普遍规律，但司法机关承担违宪审查的使命是特殊规律。特殊规律发挥作用需要特殊的条件和背景，在不具备特殊的条件和背景的情况下，生搬硬套必然事与愿违。

5. 有些法治原则具有一定的普适性，也具有重要价值，但不能将某种原则和价值绝对化。例如，制定法具有至上性，但又不能绝对至上，否则就会走上德国法西斯主义“恶法亦法”的不归之路；独立审判对实现司法公正具有极端的重要性，但不能以此拒绝党的领导和人大的监督，否则会出现司法专横的可能性；党对司法工作的领导和人大对司法的监督是必须和必要的，但如果不注意改善领导和监督方式，不强调领导和监督的合宪性，也可能对公正司法产生负面影响；法律职业共同体在法治建设中具有重要作用，但不能得出“法治只能靠精英推动”的结论，更不能忽视和拒绝公众或公民对法治建设实际有效的参与。

6. 法治发展的最根本的动力在于政治国家和市民社会的强烈需求。要善于发现并引导、凝集、整合这种需求（在这方面，执政党可以发挥重要的作用）。应当说，对法治的需求不仅来自市民社会，而且来自政治国家。尽管二者的目的和需求内容并不完全相同，但法治发展完全可以借助政治国家和市民社会的合力互动。事实上，法治状态的形成，既有赖于执政党的倡导、政府的推进，也有赖于“市民社会”及民众的自觉与广泛参与。

7. 任何法治系统都有一个不断完善的过程，也有一个不断适应不断变化的社会的过程。在进行法治建设的时候，既不能过高地估计人类理性的缺陷，消极等待社会的自然演进或“和平长入”，也不能过高地估计人类理性的能力，陷入法治浪漫主义和理想主义的泥坑。

8. 法治的发展是共性与个性的统一、普遍性与特殊性的统一。有共性和普遍性存在，就有借鉴人类优秀的法治文明成果和法治发展经验的可能性与必要性；有个性和特殊性存在，就必须高度重视法治的本土性以及本国的历史、文化和现实国情。在法治发展道路上，既要反对用“存在的即是合理的”的思维迁就本土不良和落后的习惯，又要反对不顾国情、社情照搬西方现代理念；既要反对经验主义的夜郎自大，又要反对教条主义的生搬硬套；既要大胆借鉴境外有益的法治建构经验和人类共同的法治文明成果，又要警惕法律移植过程中的意识形态因素和全盘“西化”图谋。

9. 法治必须与政治协调发展。在某种意义上说，法治是政治发展到一定阶段的产物；法治是社会秩序的重构和优化，它必须以一定的政治权威作为支持和保障力量。法治作为治国理政的基本方式，超然于政治之外是不可能的。不同的法律规范、不同的法律部门与政治的关系只有紧密与远疏之别，绝无有无之异。历史和现实中的政治体制改革，几乎无一不是“变法”活动，即对法律进行的立改废的活动。在政法工作中，政治占有主导地位，这既是一个历史事实，也是一种现实要求。我们必须坚持正确的政治方向，既要讲法治，也要讲政治。在法治建设中，一方面要充分利用我国强大、丰富的政治资源，加速法治的发展，另一方面，也要充分发挥法律协调政治关系、规范政治行为、促进政治发展、解决政治问题的功能，促进政治文明和政治发展。

10. 司法在法治发展中具有十分重要的作用，但作用的大小、强弱因各国的国体和政体的不同而不同，受各国的政治发展道路的制约，既不能无原则的放大，也不能妄自菲薄。在法治建设中，既不能妄自尊大搞“司法中心主义”，也不能放弃应尽职责庸碌无为，而应当依法充分发挥司法审判的职能作用，为中国特色社会主义法治作出应有的贡献。

第十二章　法治国家的理性构建

加快法治国家的建设是新形势下我国法治建设的重要目标和任务。如何把这幅蓝图变成现实，需要进行深度理性思考。

一、法治国家建设的路径识别

建设法治国家，有一个路径选择问题。西方法治发达国家大多经历了从形式法治到实质法治的发展路径。在自由资本主义时期，各国建设法治国家走的是形式法治道路。但从上世纪初开始，特别是二战以后，事实上已经进入实质法治时代。中国作为法治后发国家，面临一个先形式法治后实质法治，还是直接进行实质法治建设的选择。主流观点认为，我国仍应选择先形式法治后实质法治的路径，理由主要是：我国历史上长期处于封建时代，缺乏法治传统，有必要补上形式法治主义这一课，否则真正的法治中国很难建设起来。

笔者倾向于第二条路径，也就是直接进行实质法治的建设。主要理由是：

一方面，形式法治是不完善的法治。它具有四个典型特征：一是重外在法条而轻内在精神。二是重视规范制定机关的级别而轻视规范的内容，其极端状态是，法律被特定机关垄断，权力机关制定的规范即使极不正义也必须遵守；至于其他的机关制定的规范，即便具有再多的正当性和合理性也不能成为法律。三是在判断一个行为的效力时，重合法性而轻合目的性和正义性。四是重消极控权而轻积极作为。这些特征决定了形式法治的副作用很大。

另一方面，不直接进行实质法治建设会给法治中国建设带来很大的障碍：一是难以提升法律的正当性。比如，形式法治看重规范制定机关的级别，维护法律渊源的正式或正统。只要是正式或正统的法律渊源，不论规范的质量如何，它的正当性的含量多少，都必须严格遵守。这样一来，可能就阻碍了规范制定机关提高自身质量的内在要求。二是立法难以适应推动发展和维护稳定的需要。当前，我国正处于快速发展的时期，在这样一个时期，如果还是秉持消极的控权理念，与发展服务行政理念的要求就会脱节。三是存在脱离现实国情的危险。我国正处在深刻转型时期，立法机关在制定法律的时候面临许多困难，所立的规范大多是粗线条的，可能会过分抽象而难敷实用。在这种情况下，如果对法治本身不提出高度的正当性要求，而恪守于文字和法条，实施的效果肯定不好。第四，难以形成守法传统。强调形式法治一个很重要的考虑，就是让人们养成守法的习惯。但让人们无条件地去遵守低质量的“劣法和笨法”，如此，实际上会阻碍人们对法律的信仰。在基层工作的一些党政机关领导总感叹“无法（律）有（办）法，有法（律）无（办）法”。如果任这种现象频繁出现的话，肯定会影响人们对法律的态度以及对法律的信仰。其实，人们之所以信仰法律，除了在理论上被认为是公意或多数人的意志并由宪法赋予它们以正式法律渊源的地位之外，更重要的还是因为它们具有高度的科学性和正当性。没有科学性和正当性作支撑的法律，要持久地维护其权威性是很困难的。第五，作为后发的法治建设国家，我国在建设过程中应该有一个“弯道超越”。也就是说，如果要使我国的法治走在世界的前列，我们就必须乘其他国家从形式法治向实质法治转轨之机，加快法治建设步伐，才有可能赶超法治发达国家。

这里需要说明的是，强调和重视实质法治并不是说不要法治的形式。实质法治首先是法治，它不仅仅是指实质正义，而是本身包含着对形式法治的要求。实质法治是对法治提出的一种更高要求，即不仅仅要有完美的形式，而且要有正当、科学的内涵。

二、法律规范供给难题的破解

我国的法律体系已经形成，但仅指起支架作用的法律已经齐备。从司法的实践来看，我国仍未实现彻底的“有法可依”。无法可依，既包括法律的缺失，例如行政程序法，也包括已经制定的法律难以适用造成的无法可依。法律规范供给不足的原因包括：第一，正式或正统的法律渊源较少；第二，立法机关的工作机制使立法不能常态化，导致产出不丰；第三，成文法具有难以克服的漏洞和滞后性；第四，社会急剧转型导致法律难立。

如果我们延续既往的立法体制和工作思路，法律规范不足的问题仍很难得到真正解决。笔者认为，破解这个难题，可以考虑以下的思路：

第一，适度放开法律渊源。规范制定权原则上应与事权配置相适应，最高权力机关在立法上应抓大放小，重点应放在基本法的制定和完善上，大量的立法可以通过委任立法、授权立法进行，最主要的是要为各种立法活动设定标准和正当程序，并对所有法律规范拥有监督权、撤销权或无效宣告权。当然，适度放开法律渊源，必然会造成比现在更为严重的法律规范的良莠不齐问题，为此，有必要建立法律规范的过滤机制，或通过司法审查，或通过违宪审查，对有关法律规范进行甄别，过滤掉劣法和恶法，使良善的法律进入实施过程。

第二，把立法重点放在基本法和程序法上。形式法治主义模式下的立法，往往讲求法律形式的大而全。这就导致有的法律条文很多，但真正管用的也就是其中一小部分。如果把每一个领域基本的、核心的规则抽象出来并通过基本法的方式固定下来，换言之，将实质法治的理念与制定基本法的思路结合起来，就可以在很大程度上克服无法可依的问题。还可以考虑的一个好办法就是制定程序法。在立法资源相对有限的情况下，应优先考虑制定行政程序法，因为在实体上单个法律即使成百上千，但仍然不能囊括无余；而制定统一的行政程序法，却可以将所有行政活动纳入法律规范，以一当十甚或以一当百。即使实体法定得很多，若无一部程序法来保障，这些实体法也很难实现。相反，如果没有实体法，但有一部良好的行政程序法，大家都按照设计得良好或正当的程序来操作，作出的行政行为虽不能保证百分百的高质量，却可以保证绝大多数正确合法。我国正处于社会转型、体制转轨、社会关系急剧变动时期，更宜制定程序法而不宜仓促制定繁细的实体法。因为制定实体规则，既要考虑昨天的历史，又要迁就今天的现实，还要考虑明天的发展，这使立法者勉为其难，只能制定出十分抽象的原则规范，缺乏可操作性。制定程序规则，对复杂变动的社会关系依赖较少，可以适当超越时空的限制，对成千上万的行政行为类型化处理，分别做出程序要求。这样的法律规范不仅具有可操作性，且易得到有效实施。

第三，赋予司法机关一定范围内的法律解释权。我国实行的是人民代表大会制度，人民代表大会既是权力机关，也是立法机关。人民法院对其负责并向其报告工作。在这样的背景下，国内有一种既无理论、实践上的依据，也无现实价值的论说，即只有立法者才是法律的当然解释者，司法者不能解释法律，更不能积极地解释法律。笔者认为，一方面，法律有其局限性和不完善性，在实施时都难免出现不周延或过度概括等诸多问题，通过司法机关对法律的解释以弥补法律的缺陷和漏洞，是法治国家的通行做法；另一方面，法院如果严格按照法律条文字面意思进行解释，相当多的案件会得出社会难以接受的结论，会产生不好的社会效果。因此，不仅需要法院对法律进行解释，而且有必要进行一种积极的解释，对法律的缺陷予以补救。有人担心，允许法院进行积极的解释，法院可能滥用解释权。的确有这方面的可能。但是，对于解释权来说，任何人都可能滥用，关键是要明定解释的原则和规则，一旦发现解释权滥用，立法机关可以行使监督权予以撤销或宣告无效。如果完全否定法院对法律的解释权，虽然避免了法院滥用法律解释权的危险，但使法律的缺陷和漏洞无以弥补，无异于因噎废食。

三、法律系统公私二分的反思与重构

我国的法律系统是以公私二分作为根基的。但是这个根基并不牢靠。例如过去往往把宪法看作是公法，然而近期更多的人意识到宪法不仅包括公法规范，也包括或应当包括私法规范。其他的一些法律，包括物权法、行政法等等也都有这个问题。人们逐渐发现，很难确切地说一部法律完全是公法还是私法，甚至很难确切地判断一个具体的法律关系到底是公法关系还是私法关系。在司法实践中，有些案件既有私法的因素，又有公法的因素，如果按照非此即彼的思维方式将其完全按照公法规则或完全按照私法规则来办理，那么，案件的结果很可能是不公正的。例如有关村民委员会的案件，现在通常的做法是通过私法来调整的，但私法是遵循意思自治原则的，按照这个原则村民就没有根据去和村委会争取某些基本权利，如承包农地，这样的结论是荒唐的，也是可怕的。那么，完全用公法来调整是不是就可以了？也不是的。因为这里面有一个村民自治的问题，用公法规则无疑是侵蚀了自治的根基。笔者认为，公私法的划分应以规范为单元，而不应以某一个法为单元。在同一个法中，既可以容纳公法规范，也可以容纳私法规范。而不同的规范用不同的规则进行调整。

基于同一法律中通常公、私法规范并存的现实，笔者建议重新考虑人民法院民庭、刑庭、行政庭三庭分立的格局，研究一种能将民事问题、刑事问题、行政问题合并处理的办法，以更好地应对复杂的法律关系。当下民、刑、行三分的做法导致大量法律运用方面的冲突，比如行政法强调登记机关的效力，由在行政机关的登记决定企业性质是属于个体企业、私营企业，还是国有企业。但从事刑事审判的人为了尽量压缩和减少犯罪，可以把国有企业认定为私营企业。这里就出现了冲突。事实上，它们不应该是冲突的，民事关系和刑事关系应该是协调的。所以，笔者认为可以尝试按照一定的社会关系领域对审判体系进行重构，设置家事庭、劳动庭、交通庭、环境资源庭、金融庭、破产庭、知识产权庭等，取代现行的民庭、刑庭和行政庭三分的做法。

四、重新认识法制统一原则及其价值

我国的宪法、法律和法学理论比较看重法制的统一性，高度强调法制统一的价值。不仅把法制统一上升为宪法原则，而且使每一个法律的实施都非常强调统一性。这虽然有一定的好处，但也有不容忽略的问题：一是容易造成一刀切。如果“分几刀来切”，就认为是法制的不统一。二是容易使司法机关过于关注案件的共性，尽力避免出现“同案不同判”或者“同命不同价”的情况，但往往对案件的“特殊情况”关注不够。

强调法制统一，或许与中国传统文化中对“大一统”的追求有关，也是建设市场经济、维护国家秩序的现实要求。然而，第一，法律对社会的调整，并不是单一模式具有绝对优越性，相反，应该是调整的越精准越好。因此，在这个问题上要意识到，统一并非绝对的价值，调整的适当性、针对性、科学性、准确性才是真正值得追求的。第二，统一还有一个方法问题，为统一而统一，往往不能实现统一，尤其是不能实现持久地统一。根据我国古代的“维齐非齐”的辩证统一观，整齐划一往往需要通过不整齐来实现，正如平等往往要通过合理的、科学的差别对待实现一样。第三，要认识到，有些事需要统一，有些事统一未必好，有些事百花齐放更好。第四，如果确有必要统一，也要尽可能在充分类型化的基础上进行统一，如此统一才会持久。

五、处理好法治与发展、稳定的关系

现在有很多人抱怨“有法不依，执法不严”，就执法、司法层面而言，其中相当一部分“有法不依、执法不严”的个案是由法治与发展、稳定之间的冲突造成的。不难发现，只要法治与发展的要求、稳定的任务是一致的，就会比较容易实现法治；然而一旦法治与经济发展、维稳任务发生冲突，那么往往就要牺牲法治。因为发展是第一要务，稳定是第一责任。一个“第一要务”，一个“第一责任”，作为治国基本方略的法治则要放到第二、第三了，因此法律执行不了也就可以理解了。

笔者认为，要解决这个问题，第一要从理念上入手，重申法治的价值，把两个“第一”变成三个“第一”，即发展是第一要务，稳定是第一责任，依法办事是第一要求。有三个“第一”，才有可能明确法治应有的地位。第二，在解决个案时要注意各种价值的平衡，尤其是在合法性、合正义性与合目的性之间实现平衡。实现平衡的前提是正确认识各个价值的权重和位序，这就要求建立一定的规则。比如一个行政程序违法，行政机关作出决定时超过了几天时间，但内容是正确的，实体上是合法的，也有利于经济的发展，有利于社会的稳定，有利于实现行政目的，符合正义原则。在这个时候，显然不能把合法性放在最高的价值位置而宣布该行政决定无效。但是，如果它侵犯了公民的基本权利，又另当别论了。可见，这里面需要建构一套规则体系，以处理各种价值的关系，从而消解法治与发展和稳定之间的冲突。第三，尽可能保证法律的良善性，使之适应国家发展和稳定的需要。有些法律得不到执行，原因往往在于其科学性不够，正义含量不足。以时效制度为例，一般法律对时效的规定往往很短，一旦超过时效，就不再受法律保护。这种设计是逼着当事人打官司，哪怕明知对方当事人根本没有执行能力也要去打。官司打完后，还必须在时效范围内申请法院强制执行，不在时效内申请就得不到法院的支持。但是申请的结果只能是徒劳无功，因为对方没有财产可供执行，矛盾纠纷仍然不能解决。最后，在所有法律路径都走完却没有成果的情况下，只好上访。假如说没有这样一个太紧迫的时效制度，或放宽一点，允许对方有了钱再还，或者允许有一些特殊的、合理的例外规定，不要逼着人们急着去打官司，就会减少很多的争议。又如房地产登记，法律规定以登记有效为准。但这里面有一些问题。买房子的人与开发商签订合同，但是办不办手续的主动权却通常在开发商那里。有些开发商为了能够卖更高的价钱，同时与几个买家签订合同，谁的价最高，就跟谁办手续。手续一办，一登记，最后有效了。此前与其他买家签订的合同都没有效。这样一来，先签订的那些人肯定不服。官司打到法院，法律说话了：对不起，后签订的合同登记了。明明知道开发商在玩把戏，但是法律却还是支持他。这就是制度设计带来的问题。总之，如何让法律制度实现科学化是很重要的问题，做好了可以从根本上处理好法治与稳定和发展之间的关系。

六、解决依法执政中的党政关系问题

如何解决依法执政中的党政关系问题，是法治中国建设中的一个核心问题，也是人们比较关注的问题。对此，中央提出的指导思想是要实现“三执政”和“三统一”。三执政就是：依法执政、民主执政、科学执政；三统一就是要求做到党的领导、人民当家作主和依法治国三者之间的统一。笔者认为，这个指导思想是正确的，问题的关键在于怎样落实这三项“执政”和三个“统一”。

对此，首先要解决理念上的问题，打破先前已有的一些思维定式，破除某些成见。党与政，既分又不分。说党政不能分，是因为党要依法执政，既然是执政党，怎么与政分开呢？当然，这个“政”是广义上的政，指的是国家政权。所谓执政，就是掌握和运用国家政权。在这个意义上，党政是不能分的，也分不了；如果分了，就不是执政党了。说党政能分，是指执政党与执行法律的行政机关、司法机关能够分开，不能以党代政。这个“政”是狭义上的政，是指行政机关和司法机关。小平同志过去多次强调党政要分开，笔者认为他是在讲狭义上的党政分开，而不是国家政权意义上的党政分开。

根据宪法，我国的根本政治制度是人民代表大会制度。党的领导、党的执政活动应当符合这个根本制度。为此，党的活动重心应该在权力机关。这些年有一种做法，就是让地方的书记兼任人大主任，但效果并不理想，因为权力机关的地位反而降低了。原因可能在于，这种“兼任”徒有其名，与实际不符。笔者认为可以通过以下办法来解决这个问题，即让党的主要部门，如组织部、宣传部、政法委等，通过合法正当的选举程序实质性地进入权力机关，把权力机关中相应的委员会作为党开展工作的基本平台。具体来说，政法委到内司委，组织部到联工委，宣传部到科教文卫委。执政党通过权力机关实现领导，主要体现在：第一，掌握立法权和制订规则的权力；第二，掌握人事任命权，即通过选举任命权选举任命行政机关和司法机关的主要负责人以实现党的组织领导；第三，掌握重大决策权，即重大事项的决策都得通过立法机关；第四，掌握问责权、罢免权在内的监督权。有了这些权力，党足以对行政权和司法权实现有效掌控，实现对国家政权的领导，同时既解决了党的执政方式与人民代表大会制度的统一，又解决了狭义上的“党政分开”问题，为“三执政”和“三统一”提供了可能。

七、法治建设具体方式的选择

关于如何选择法治建设的具体方式问题，学术界已经展开了很多讨论，这里不再展开详说，只提出几个观点：

第一，动力问题。是依靠外在的压力，还是依靠内在的动力；是依靠政府实施，还是依靠民众；是直接解决关键性的要害问题，还是先进行条件和环境的建构；是更多地重视本土资源，还是更多地借鉴外国经验；是阵痛式革新，还是渐进性改革等等。笔者认为，应尽可能地利用各方面的资源，而不是局限于一种方式；更不用在肯定一种路径的时候，急着去排斥另外一种路径。当然，也应该有所侧重。

第二，不要先入为主。在本土资源和域外资源的问题上，只要有用的都可以用，不必非此即彼，非得说出个“中体西用”或“西体中用”来不可。关键在于“具体问题具体分析”，有些不能照搬，但有一些是可以照搬的。比如有的诉讼、商事制度。当然，照搬要有顶层设计和整体运作，要注意“制度群”的构建。所谓“制度群”，就是一个制度要依赖其他几个制度的配套才有可能有效运作，如果把这些制度人为分开割裂，它们就会出现不配套的问题。有的制度可能在一个地方运作得很好，到另外一个地方就不行了，往往是因为制度的生存环境（制度群）丧失了，所以要高度重视制度与制度群的关系问题。

第三，要注意底线。坚持底线才有条件去借鉴和移植，否则没有可能成功。

第四，要注重发展公权利，即公法上的权利。我们过去只注意到（个人的）私权，注意到基本人权，但对公权利关注得不够。公权利是个人、国民相对于公共权力机关所拥有的权利。我国行政诉讼法规定的是行政机关侵犯公民、法人或其他组织的人身权和财产权，完全以人身权和财产权这样的私权来定位一个公法诉讼的资格，是难以理解的。其实，法治中国的建构，在很大程度上取决于公权利的发展和生长。

八、实现良法为治

良法为治的提法源自亚里士多德。他在讲到法治概念的时候说，法治的两重含义是：已经生效的法律应该得到普遍的遵守和执行，而所遵守和执行的法律又是制定得良好的。其实，他的话只说了一半。接下来的问题是，法律制定得不良好时怎么办、谁来判断法律的好坏、恶法到底执行还是不执行等。正是对这些问题的不同回答，产生了不同的法学派别和法治国家形态。法治中国建设，同样面临这些难题。我认为，确保良法为治，需要做到以下几点：

第一，确立良法的标准，用以明确和判断法律到底是良法还是恶法。

第二，实现立法程序的高度正当化。要避免立法程序的行政化倾向。在遇到争议问题时，不能像实行行政首长负责制的行政机关一样，一律提交上级领导裁决，把难题推给领导，并让领导最后拍板，而应该通过辩论、表决的民主方式解决，确保立法程序的正当性。

第三，建立成本效益分析制度。这项工作开展得如果不充分，就会造成立法与执法的不契合，造成法律难以实施到位。

第四，建立科学立法的分析机制和驳议制度。类似的制度在西方和我国古代都有。在西方国家，其立法大多是依托两院（下院和上院、众议院和参议院）制。当众议院提交一项立法法案时，参议院可以提出相反的意见。这种做法有利于人们从不同的视角、立场、观点去分析问题，从而有利于法律的成熟。在我国古代，“立法机关”尚书省在起草法律规范以后，往往要经中书、门下等省的驳议，最后才送皇帝签发。这给我们的启示是，如果有一个负责驳议的机构，让它专门从相反的角度给立法草案提意见，也许可以很好地提升法律的科学性。

最后，建立违宪审查制度和法律规范的过滤机制，让有问题的法进入不了实施过程。如果让所有的法律执行者或每一个公民自主判断法律的良善，必然导致“无法无天”的局面；如果无视法律存在的问题，不及时祛除法律体系中的瑕疵，不仅会给公民、社会和国家造成损害，也会动摇公民对法律的信心。而设立权威机关（如在全国人民代表大会之下设立宪法委员会）来评价和判断法律规范的合宪和良善问题，既可以保证法律的权威性，又可以确保良法为治。

九、对地方政府的监管

如何对地方政府进行监督管理，是“大国地方”关系中的重要问题。一种做法主要是由中央政府的部门对地方政府的部门进行垂直管理。垂直管理固然可以保持中央对地方的控制能力，但是也有相应的问题，比如它与地方负责发展与维稳的思路相左，也就是说，既给下级政府压担子，又不给其相应的权力，而且一旦出了问题，被问责的往往是下级政府。这样难免会影响地方的积极性，也造成上级部门的权责不一。

解决这个问题，笔者认为，要在上下级政府之间合理配置权力，而在配置权力的时候，不应首先考虑规范制定权、处罚权、许可权的配置，而应首先考虑事权的配置，然后根据事权的需要配置规范制定权、处罚权、许可权。中央更主要的是通过以下三种方式来实现其对地方的调控：第一，国家层面的立法权；第二，资源配置的权力；第三，行政复议、行政诉讼等监督制度。只有这样，才能既确保上级政府对下级政府进行有效的监督，又不至于越俎代庖，损及下级政府的积极性。从一些国家的经验看，一方面充分授予地方政府完成自身职能和义务的必要权力，另一方面，设立独立的司法机关进行监督和制约。

十、对司法机关的监督

任何权力都需要监督，司法权亦概莫能外。然而，监督始终有一个监督者由谁来监督的难题，加之现代社会是司法最终裁决法律纠纷的社会，监督与不当干预的关系也需要慎重把握。所以，谁来监督、怎样监督是最为关键的问题。流行的观点或者主张是用一个特别的机关去监督法院的审判活动，或者用民意机关来监督。在法院系统内部，则是上级监管下级，院长监管庭长，庭长监管法官。笔者认为，这种监管虽有一定的作用但作用甚为有限。从长远来看，应该寄希望于司法程序内部的监督，寄希望于当事人和代理人的监督，这才是最可靠的、成本最为低廉的监督。

这种监督的优势在于：第一，它是符合法律程序的监督，是从诉讼程序内部入手，利用诉讼程序进行的监督。这种监督不易产生外来的非法干预，不必担心破坏审判活动的独立性。第二，由于利害攸关，当事人的监督比外部监督更具有监督的动力。第三，当事人监督成本最为低廉。在整个诉讼过程中，如果采用其他的监督，就得设定专门的机构和专门的人员，况且，这种监督还存在着另一种风险，它可能被寻租和被滥用；为了防止监督权力的寻租和被滥用，得再去设另外的监督，以至无穷。这样监督的成本就加大了。第四，它具有对称性。监督的主体是双方的当事人，赋予监督以对称性，不像单向的监督那样容易走偏。可见，对司法机关的监督，需要变换思路，也有更好的方式可供选择。

当然，要发挥当事人及其代理人在诉讼程序内对司法和法官的监督作用，需要有三个条件：一是诉讼程序的高度正当化；二是要赋予当事人和代理人更加充分的程序性权利；三是要建立相应的机制确保高度正当化的程序以及当事人及其代理人的各种程序性权利能够顺畅实现。

第十三章　依宪执政的实现方式

中国共产党在长期执政实践中，围绕靠什么执政、如何执政这个重大课题，不断总结和运用正反两方面经验，借鉴世界上一些执政党兴衰成败的经验教训，提出了依宪执政的基本方针。早在 1999 年，江泽民同志就指出，我们讲依法治国、建设社会主义法治国家，首先是依据宪法治理国家、建设法治国家。胡锦涛同志 2004 年 9 月 15 日在首都各界纪念全国人大成立 50 周年大会上明确提出，“依法治国首先要依宪治国，依法执政首先要依宪执政。”习近平总书记 2012 年 12 月 4 日在首都各界纪念现行宪法公布施行 30 周年大会上进一步指出，“依法治国首先是依宪治国；依法执政关键是依宪执政。”依宪执政的提出，使党根据宪法治国理政成为新的历史条件下党执政的一个基本方式，开启了依宪执政的新阶段。

依宪执政的提出和落实具有里程碑意义。这是因为：首先，依宪执政方为真正意义上的法治国家。法治的精义在于良法善治，而宪法是法之统帅，是国家的根本法，是具有最高的法律地位、法律权威、法律效力的法。正所谓皮之不存毛将焉附，如果宪法的地位得不到保障，宪法的权威得不到维护，宪法的效力得不到体现，整个法治大厦亦无从构建，法治国家就会沦为空谈。其次，依宪执政方为科学执政。宪法凝结了一国的最高理性，具有根本性、全局性、稳定性、长期性。讲宪法就是讲科学，遵守宪法就是尊重规律。尤其是在我国，宪法以根本法的形式，确立了中国特色社会主义道路、中国特色社会主义理论体系、中国特色社会主义制度的发展成果，反映了我国各族人民的共同意志和根本利益，是新时期党和国家的中心工作、基本原则、重大方针、重要政策在国家法制上的最高体现。只有依据宪法来执政，才能坚定不移地举好旗帜，才能不折不扣地反映人民的利益和意志，才能扎扎实实地体现党和国家的中心工作、基本原则、重大方针、重要政策。再次，依宪执政方能政通人和。宪法是党和国家对人民的承诺，只有依据这份承诺来治国理政，执政活动才具有正当性，执政党才不会失约于民、失信于民、失尊于民，国家政权才能具有凝聚力、向心力和公信力，国家政令才能令行禁止，党和人民的关系才能融洽。又次，依宪执政方能实现党的领导、人民当家作主和依法治国的有机统一。只有依宪执政，才能广泛地吸纳、整合、表达民意，并通过立法程序将党的意志和政策变成国家意志和法律；才能将党的领导融入人民代表大会制度这一根本政治制度之中，并通过权力机关的立法权、人事选举罢免权、重大事项的决定权和监督权实现党对国家的领导；才能使党对国家的领导方式与宪法所规定的国家权力运行方式协调、统一起来，确保行政机关依法行政、司法机关依法独立公正地行使职权。最后，依宪执政方能紧跟时代前进步伐。综观世界各国的发展趋势，依宪执政是必然选择和普遍做法。我国宪法具有与时俱进的品格，经过 1988 年、1993 年、1999 年、2004 年的修正，做到了不断适应新形势、吸纳新经验、确认新成果，因此具有持久的生命力。依据这样的宪法来治国理政，就能保证紧跟时代步伐。通过学习习近平总书记 2012 年 12 月 4 日在首都各界纪念现行宪法公布施行 30 周年大会上重要讲话精神，笔者认为，实现依宪执政需要做到以下几点：

一、必须在坚持中国特色社会主义政治发展道路上有新开拓

改革开放以来，我们党团结带领人民在发展社会主义民主政治方面取得了重大进展，成功开辟和坚持了中国特色社会主义政治发展道路，为实现最广泛的人民民主确立了正确方向。在新的历史形势下坚持和开

拓中国特色社会主义政治发展道路，关键是要坚持党的领导、人民当家作主、依法治国有机统一，以保证人民当家作主为根本，以增强党和国家活力、调动人民积极性为目标，扩大社会主义民主，发展社会主义政治文明。要在处理好国家和人民的关系方面有新开拓，使人民真正成为国家、社会和自己命运的主人；要在处理好国家机关之间的关系方面有新开拓，通过实行决策权、执行权、监督权既有合理分工又有相互协调，保证国家机关依照法定权限和程序行使职权、履行职责，保证国家机关统一有效组织和管理各项事业；要在处理好中央和地方的关系方面有新开拓，进一步增强中央的权威，进一步调动地方的积极性；要在处理好民族关系方面有新开拓，巩固和发展民主团结、生动活泼、安定和谐的政治局面。要更加积极稳妥地推进政治体制改革，发展更加广泛、更加充分、更加健全的人民民主，充分发挥我国社会主义政治制度优越性，不断推进社会主义政治制度自我完善和发展。

二、必须在落实人民主体地位方面有新举措

无权利即无地位，人民的主体地位要靠有效的权利来保证。我国宪法规定了人民享有广泛的权利，全面贯彻实施宪法，就要保障公民的人身权、财产权、基本政治权利等各项权利不受侵犯，保证公民的经济、文化、社会等各方面权利得到落实，努力维护最广大人民根本利益，保障人民群众对美好生活的向往和追求。要把国家一切权力属于人民的宪法理念落到实处，最广泛地动员和组织人民依照宪法和法律规定，通过各级人民代表大会行使国家权力，通过各种途径和形式管理国家和社会事务、管理经济和文化事业、积极投身社会主义现代化建设。要改进政府提供公共服务方式，加强基层社会管理和服务体系建设，增强城乡社区服务功能，强化企事业单位、人民团体在社会管理和服务中的职责，引导社会组织健康有序发展，充分发挥群众参与社会管理的基础作用。要认认真真倾听群众的诉求，依法公正对待利益关系，努力让人民群众在每一个案件中都能感受到公平正义，决不能让不公正的处理伤害人民

群众感情、损害人民群众权益。

三、必须在改进党的执政方式上有新进展

要把依宪执政作为依法执政的关键环节和首要条件，切实做到依据党章从严治党、依据宪法治国理政。改进党的执政方式，使其更符合宪法的要求，就要真正做到党领导立法、保证执法、带头守法；真正做到使党的主张通过法定程序成为国家意志；真正做到使党组织推荐的人选成为国家政权机关的领导人员；真正做到通过国家政权机关实施党对国家和社会的领导，支持国家权力机关、行政机关、审判机关、检察机关依照宪法和法律独立负责、协调一致地开展工作。要发展更加广泛、更加充分、更加健全的人民民主。要更加注重健全民主制度、丰富民主形式，保证人民依法实行民主选举、民主决策、民主管理、民主监督。要更加注重发挥法治在国家治理和社会管理中的重要作用，维护国家法制统一、尊严、权威，保证人民依法享有广泛权利和自由。要把制度建设摆在突出位置，充分发挥我国社会主义政治制度优越性，积极借鉴人类政治文明有益成果，绝不照搬西方政治制度模式。

四、必须在保证宪法实施方面有新机制

习近平总书记在讲话中强调指出："宪法的生命在于实施，宪法的权威也在于实施。我们要坚持不懈抓好宪法实施工作，把全面贯彻实施宪法提高到一个新水平。"提高宪法实施的水平，一方面要把宪法职责和宪法义务的自动履行率提高到一个新水平，另一方面要把没有履行或不愿履行宪法职责和宪法义务情况下的强制履行率提高到一个新水平，两者同等重要，不可偏废。为此，要建立科学合理的宪法实施的评价机制，对宪法实施的标准作出明确界定；要建立有利于宪法实施的利益导向机制，使各方主体自愿自觉履行宪法职责；要建立违宪行为的追究机制，使一切违反宪法的行为都得到追求；要健全宪法实施的监督机制，

使宪法监督机关能够担负起宪法和法律监督职责，加强对宪法和法律实施情况的监督检查，健全监督机制和程序，坚决纠正违宪违法行为。

五、必须在维护宪法权威、捍卫宪法尊严、保证宪法实施方面有新招数

习近平总书记指出：“维护宪法权威，就是维护党和人民共同意志的权威。捍卫宪法尊严，就是捍卫党和人民共同意志的尊严。保证宪法实施，就是保证人民根本利益的实现。”为此，要在彻底解决“宪法是不是法”问题上有新招数，使宪法的效力在社会生活中得到更现实、更直接地体现；要在彻底解决“宪法是不是最大的法”问题上有新招数，使宪法的最高地位得到真正的体现，遏制“根本大法根本无用”的苗头和倾向；要在彻底解决“宪法是不是具有可适用性”问题上有新招数，明确宪法全面有效实施的具体方式；要在彻底解决“宪法是不是能够良性违反”问题上有新招数，在宪法的稳定性与适应性之间找到平衡点；要在彻底解决“违反宪法的行为是不是可以不受追究”问题上有新招数，明确违宪的责任和追究主体。

总之，依宪执政要求我们党在治国理政过程中树立宪法理念，弘扬宪法精神、尊重宪法价值、维护宪法权威、遵守宪法规范、保障宪法权利、捍卫宪法尊严。将依宪执政作为新时期我们党执政的新思维，是对人类政治文明发展规律的深刻把握，是对人民关切和愿望的积极回应，是对历史使命和社会责任的直面与担当。实现依宪执政，必然开启我们党治国理政的新阶段，必然开启中国法治建设的新阶段，也必然开启党和人民和谐关系的新阶段。

第十四章　法律体系的完善

法治国家必然是一个法律规范高度完备的国家。中国特色社会主义法律体系形成后，完善和落实法律体系成为工作重心。站在新的历史起点上，我们不仅要认真总结立法工作的重大成就和宝贵经验，而且要从新的历史高度出发，更加高扬中国特色社会主义伟大旗帜，全面谋划和加快推进中国特色社会主义法律体系的完善工作。笔者认为，在尽可能短的时间内完善社会主义法律体系，并得以持久，以下途径不失为方便法门：

一、程序领先，以过程正义保障实体正义之实现

法之为法，不仅在于它是一份权利义务清单，更在于它具有保障权利义务得以实现的程序。古人说："口惠而实不至，怨灾及其人。"在中国特色社会主义法律体系的完善期，尤其要避免因实体与程序法制建设失衡而造成法律体系的结构性失调，避免因程序法制缺失而让所立之法形同虚设，避免因法律文本上的权利无法实现而使人们对法治失去信心。实体法与程序法是主体与载体的关系，主体固然重要，但没有载体的主体，无异于空中之楼阁。欲建大厦须先筑基石，欲实现实体正义须先有过程正义，这是笔者主张要以"程序领先"的观点统领新时期立法工作的根本原因所在。

具体来讲，程序领先，是提升立法水平的必然选择。人间万象，千变万化，一个一个做实体规定，不胜其烦，且挂一漏万。而以程序法统

一规范法律主体行为的步骤、顺序、方式、形式和时限，可以以一顶十，甚至以一顶百。程序领先，也是应对立法资源有限的无奈之举。如果没有优良的程序规则，实体规则再多再好也无法实施；而如果有一套优良的程序规则，即使没有完备、完善的实体规则，其运行的效果会使绝大部分的行为实现或接近正义——因为设计良好的程序，可以“架着”或者“逼着”行为人走向公平和正义。两害相权，在立法资源相对有限而且有冲突时，程序法应优先制定。程序领先，还是确保法律在转型时期能够合乎时宜的重要方略。制定实体规则，既要考虑昨天的历史，又要迁就今天的现实，还要考虑明天的发展，这使立法者勉为其难，只能制定出十分抽象的原则规范，缺乏可操作性。而制定程序规则，对复杂变动的社会关系依赖较少，可以适当超越时空的限制，对成千上万的法律行为类型化处理，分别做出统一的程序要求。这样的法律规范不仅具有可操作性，而且容易得到有效实施，与专注实体法相比，事半功倍。所以，对正处于社会转型、体制转轨、社会关系急剧变动时期的中国而言，更宜优先考虑制定程序法。

二、原则挂帅，以基本规范实现法网之疏而不漏

社会主义法律体系的形成绝不意味着立法工作可以“刀枪入库、马放南山”，相反，面对依然艰巨而繁重的任务，立法工作只能加强不能削弱。但在法律体系的完善期，加强立法工作不能完全沿着法律体系形成期的老路子，“有比没有好，快比慢好”，把精力和工夫都集中在增加法律法规的数量上。这是因为，第一，法律的繁简疏密应有其度。正所谓“法网之用，期世而行，宽惠之道，因时而布。”[①] 过于疏简的法网造成无法可依，使执法者不知其所适从，使民众不知其所避就，自然不宜提倡。但法网密于凝脂，也会导致“法令日繁，治具日密，禁

---

① 《宋书·明帝纪》。

防束缚，至不可动”①。“禁防束缚，至不可动”就会让人感到处处受拘束，无可措其手足，没有自由可言。如此一来，人们不禁要问，难道人类创制法律的目的就是为了受法律的奴役？第二，法律过于繁密会限缩其他治理方式的生存空间。以法治作为治国方略并不意味着治理方式的“大一统”，法治仍需要德治、礼治等方式的配合与支持。美国社会学家布莱克（Donald J. Black）在《法的运行》中指出，“法律的变化与其他社会控制成反比”。这个定律表明，在其他因素不变的情况下，一个社会中法律的数量越多，其他社会控制手段的数量就会减少，因为法律过于繁密就会侵入其他社会控制方式的作用空间并取而代之。第三，对治国理政来说，法律虽是利器但也不见得越多越好。庄子曰：“礼法度数，刑名比详，治之末也。”② 过于繁密的法律，说明治理者往往遇事则求之于法，是缺乏治理能力的表现。

法治既不应是无为而治者的约法省禁，也不应是法律万能主义者的法稠网密。那么，如何锁定法律繁简疏密之度，执中于两端之间，实现法网之疏而不漏呢？笔者的看法是必须依靠以原则为统帅的基本规范。法治是规则之治，规则有基本规范和非基本规范之分，而原则又是基本规范的“基本规范”，是所有规则的“母规则”。基本规范是一群具有发散性的规则束，发散的特性使基本规范能够在实践中应物运用，适时推移，填补法网之余漏；而发散的特性同时意味着可以减少非基本规范的使用，进而避免规则的无限繁殖和衍生。选择以原则为统帅的基本规范来编织法网，无疑是确保法网之疏而不漏的一剂良方。

在法律体系的形成期，立法工作的主要任务是“搭架子”，即制定处于基础性地位、发挥支架性作用的法律。在法律体系的完善期，则应当把更多的精力放到法律的修改完善上来，通过制定和优化以原则为统帅的基本规范，完成法律体系的内在构建。要对现行有效的法律法规进

① 《日知录》卷九。
② 《庄子·外篇·天道》。

行系统梳理，甄别哪些属于基本规范，哪些属于非基本规范。对于基本规范，欠缺的要及时制定，已有的要进一步完善。对于非基本规范，没有存在必要的，或者其他社会控制手段能够妥当调整的，要予以清理。另外，对于确有必要存在的一些宣示性、指引性的法律规范，要以适当的方式直接明确其性质和效力，避免因与其他性质的法律规范混同而在实践中产生负面作用。

三、开源节流，以过滤机制确保规则的合宪性与合正义性

完善法律体系，还需要在重新思考“什么是法”这个根本问题的基础上做法律体系的“加减法”工作。已经形成的“以宪法为统帅，以宪法相关法、民法商法等多个法律部门的法律为主干，由法律、行政法规、地方性法规等多个层次的法律规范构成的中国特色社会主义法律体系”，对“什么是法”这个问题的认识有两个特征：一是以权威性制定为限，不涵盖层级较低的规范性文件和非制定法；二是不以内容的正确性为限，凡由权威立法机关制定出来的规范都是法。这种认识和做法，在百废待兴的法律体系建设初期有其合理性，毕竟“有比没有好”。进入法律体系的完善期，形势和任务都有所变化，过去的认识和做法也应作相应调整。一要“做加法”，也就是扩大法律渊源，将层级较低的规范性文件和非制定法也纳入到法律体系中来。按照当代法学界的普遍认识，法律绝不只是“编著之图籍，设之于官府，而布之于百姓者也”[①]，不应将供给责任全面压在立法机关特别是最高立法机关身上，而必须放开法律渊源，将一切合乎法律本质的社会规范都纳入到法的范畴中来。二要“做减法”，也就是将不具有合宪性与合正义性的法律规范从“法”的范畴中排除出去。从滥觞之日起，法治就是良法为治。“恶法亦法”的观点曾经很盛行，现在也还有一部分人赞同，但其错误（只讲维护法律的权威不讲法律维护的价值）、漏洞（每一条法律

① 《韩非子·难三》。

都可能被解释为恶法）和危害（导致并维护专制）早已被血淋淋的纳粹统治历史所明证，不应再以任何借口抱残守缺。因此，在“开源”的同时还必须“节流”，确保社会主义的法是具有合宪性与合正义性的法，确保社会主义法治是良法之治。

实现良法为治，需要建立科学的法律规范过滤机制，以去莠存良。这个机制的内容包括：第一，确立简约、明确而可靠的良法甄别标准。从法制发展历程看，人们对良法的认识是逐步深入、不断完善的，从注重纯实体正义标准到注重纯形式良性化标准，再到注重现实社会生活中的实际操作状况，再到对法作为社会控制的系统工程而对良法的要素进行全面关照。现在，一般认为，法律良莠的判断应当把实体正义标准、形式良性化标准以及现实中的实际操作情况综合起来考虑，倾向于认为良法应有一定的价值取向、规范模式和运行程序，应立足于一定的社会历史现实，并服务于一个不断进步的社会。但这个标准还比较抽象，需要进一步归纳和提炼。第二，建立健全行之有效的制度载体。法律规范的去莠存良，有赖于法律制定前的授权监督、制定过程中的监督以及法律适用阶段的审查制度。要进一步完善立法监督体制，明确监督职权，提高监督效能。要通过修改行政诉讼法，将一定范围内的抽象行政行为纳入到司法审查范围。要提高法律评估以及清理工作的规范化水平，确保恶法及早被发现、尽快被清除。第三，明确法律解释的良法导向。法律是通过解释在实践中被适用的。根据不同的解释规则和方法，每个法律规范都可能被解释为恶法，也可能被解释为良法。要明确法律解释的规则，以避免法律解释方向的迷失。

四、案例断后，以司法手段使法律漏洞和间隙得以填补

完善法律体系，不能忽视司法的作用。由于人类理性程度和表达能力的有限性，即便立法者再有智慧，由其制定的成文法也不可能尽善尽美——在纷繁复杂而又变动不居的社会生活面前，它难免要露出这样或者那样的破绽。历史经验表明，第一，与其抱怨法律不完美，还不如积

极探索，通过司法手段的有效运用来“弥合法律织物的漏洞”、“熨平法律织物的褶皱”，使法律能够按照其应有之义得到实现。第二，按照法制统一的要求，同样的法律应当得到同样的理解和适用，这就意味着需要一种机制，把法律适用方面好的先例、好的做法推广出去。在中外法史上出现的律辅之以例、普通法辅之以衡平法、规则辅之以习惯等现象，都是基于法律适用的内在需要而产生的。随着我国社会主义法治建设的不断深入，法律适用日趋复杂、疑难，司法标准和尺度不明以及由此带来的裁判结果难以预测等问题日益突出，已经引来越来越多的诟病，成为社会对司法最不满意的问题之一。在这些背景下，建立案例指导制度，实现立法、司法两个领域的功能互补，已经成为不二之选择。2010 年，最高人民法院和最高人民检察院分别出台《关于案例指导工作的规定》，标志着中国特色的案例指导制度正式确立。笔者认为，这也是中国特色社会主义法律体系如期形成的表现之一。

在法律体系的完善期，要做好指导性案例与成文法的配合工作。要通过更高层级的法律规范明确指导性案例的法律地位，使其能名正言顺地被运用。要进一步挖掘指导性案例的潜能，充分发挥其在统一法律适用尺度、规范自由裁量权等方面的积极作用。要在立法与司法的功能互补上下工夫，通过指导性案例阐释法意之精微，适应世事之变化，实现法律体系内部的科学和谐统一。要进一步研究指导性案例适用规则，确保指导性案例不被随心所欲地误用或滥用。

第十五章　法律规范的有效实施

以十一届三中全会的召开为标志，我国的社会主义法制建设重新起步。三十年来，我国的法治建设成就斐然。已制定的法律、法规和规章成千上万，并仍在层出不穷的增加之中①；法律规范种类众多，涉及法律、法规、地方性法规和规章等多种形式。立法机关已经向世界宣告"我国已经建成了有中国特色的社会主义法律体系"。② 学术界也曾予以论证和宣传。③ 并且举办了多次学术研讨会，探讨社会主义法律体系的进一步完善。

对于法律规范的研究者和实践者来说，强调法律体系构建的同时，

---

① 目前，我国已制定现行宪法和有效法律共 240 多部，行政法规 700 多部、地方性法规 8600 多部，形成了中国特色社会主义法律体系。参见"中国特色社会主义人权法律保险体系已经形成"，中国新闻网，转引自中国法学网，http：//www. iolaw. org. cn/showNews. asp？ id = 32563，访问日期：2013 年 2 月 27 日。

② 社会主义法律体系的形成，一直是我国法学和政治学等理论界探讨的重要课题，也受到党和国家领导人的关切和重视。1987 年，党的十三大报告曾向全世界宣布：以宪法为基础的社会主义法律体系初步形成。1997 年，党的十五大报告提出了建设有中国特色社会主义法律体系的立法目标。2004 年，国家主席胡锦涛在首都各界纪念全国人民代表大会成立五十周年大会上说，以宪法为核心的中国特色社会主义法律体系已经初步形成。2011 年 3 月 10 日，吴邦国委员长在十一届全国人大四次会议所作的常委会工作报告中郑重宣布中国特色社会主义法律体系已经形成。

③ 朱景文、韩大元：《中国特色社会主义法律体系研究报告》，中国人民大学出版社 2010 年；周叶中、伊士国：《中国特色社会主义法律体系的发展与回顾——改革开放 30 年中国立法检视》，载《法学论坛》2008 年第 4 期；杨辉：《中国特色社会主义法律体系的基本形成——纪念中华人民共和国成立 60 周年》，载《河北法学》2009 年第 6 期；杨辉：《从历史轨迹看中国特色社会主义法律体系的形成主线》，载《河北师范大学学报（哲学社会科学版）》2009 年第 2 期。此外，以"社会主义法律体系"为关键词，在万方数据库中搜索到 1000 余篇论文，内容涉及社会主义法律体系的定义、特征、历史轨迹、存在问题和发展趋势等诸多方面。

还必须关注法律实施问题。原因在于：第一，法律的生命在于实施。一项法律制度的基础必然是制定法律。但制定法律本身并不是目的。制定法律是为了实施法律，使法治的理想成为现实，否则就是在做无用功，浪费法律资源。第二，法律实施是当前法治发展中面临的“真”问题。目前，我们已基本实现了“有法可依”的法治发展目标。当前，固然一些领域仍然存在“无法可依”的问题，但“有法不依，执法不严”的问题更应受到关注。在现实中，法律实施的效果与法律规范的数量不成正比，与公民对法律的期望也相去甚远。与完善法律规则相比，实施法律是更艰巨的任务，亟待法律人更多的关注和更好的回应。

法律实施，是指国家机关及其工作人员、社会团体、公民贯彻和施行法律规范的活动。法律实施解决的是在法律制定之后，在社会中如何被实际实行的问题。具体包括执法、司法、守法和法律监督四个方面。

有学者认为，法律实施就是法律实现。前苏联学者司徒节尼金认为，实现法律规范表示法律规范在生活中的实施过程。① 我国学者沈宗灵教授也认为，“法律的实行，或称法律的实现、实施，是指法律在实际上获得贯彻。”② 实际上，法律实施和法律实现是一对既有联系，又有区别的概念。法律实现是法律的生命和理想，是法律实施的目标和任务。法律实施是法律实现的途径和方式。法律实施强调的是过程，法律实现强调的是结果。法律实施是使法律规范从抽象行为模式转化为人们具体行为的过程，从应然状态转化为实然状态的过程，从意志状态转化为现实法律关系和法律秩序的过程，从可能性转化为现实性的过程。③

在法律实施问题的研究中，有几个问题需要思考：

---

① 王勇飞：《法学基础理论参考资料（修订版）》，北京大学出版社 1985 年版，第 1472 页。

② 北京大学法律系法学理论教研室：《法律社会学》，山西人民出版社 1988 年版，第 247 ~ 248 页。

③ 夏锦文：《法律实施及其相关概念辨析》，载《法学论坛》2003 年第 6 期，第 27 页。

一、法律实施的基础

法律实施的基础，指法律依靠什么来实施，是凭借自身的力量，还是来自外力的推动。这是自法律诞生之后，人们就一直在思考和追问的问题。

（一）正当论、强制论及其整合

总体来说，主要有三种观点：一种观点认为，法律的实施基础是其正当性，即其是否符合公平、正义的观念，符合社会主流和核心的价值观，符合社会公认的意识形态；另一种观点认为，法律的实施基础是其强制性，即法律依靠国家强制力保障实施；① 还有一种折中的观点认为，法律的实施基础是正当性和强制性的结合（整合）。②

有学者认为，从历史沿革和法律实践来看，强制论一直是支配我国法域的主旋律。③ 笔者并不赞同这一观点。一直以来，正当性都是我国关于法律实施基础的主流观点。

从实施结果来看，在春秋战国时期，法家思想的确对社会发展起过积极的促进作用。“刑胜而民静，赏繁而奸生，故治民者，刑胜，治之道也”。④ 法家思想主张缘法而治，强调无论法律好坏，都应一体遵循。当时的“战国七雄”，经过变法，推行法制，强调法的强制性，从而增强国力，成就了霸业。但随着封建王朝的建立，法家思想的统治地位很快就被儒家思想取而代之。在汉之后的漫长岁月里，儒家思想为封

---

① ［苏联］安·扬·维辛斯基：《国家与法的理论问题》，法律出版社 1995 年版，第 49 页。以其为代表的前苏联法学家极力推崇强制论。随着对前苏联法学的继受，这一思想也对我国法学发展产生了较强影响。

② 参见黄竹胜：“试论法律实施的基础”，参见《广西师范大学学报（哲学社会科学版）》2000 年第 2 期。

③ 参见黄竹胜：“试论法律实施的基础”，参见《广西师范大学学报（哲学社会科学版）》2000 年第 2 期。

④ 《韩非子·心度》。

建王朝的巩固发挥出了更深远的影响力。儒家思想强调“德主刑辅”，其中的“德”与“正当性”具有高度的关联性。从观念影响的时间、深度和广度来看，中国传统法律文化是很重视“正当性”这一核心价值的。

“强制论”和“正当论”都曾在法制史中占据过一席之地，那么，如何评价这两种观点的优势和局限呢？

法律实施，离不开正当性的支持。但仅有正当性是不够的。无论从理论研究，还是从实践运用，强调正当性都是有价值和特殊功能的。但是，这并不等于人们遵守法律，皆因在内心深处确信其正当性。从行为学理论、公共选择理论的阐述看，趋利避害乃是人之本能，行为选择都是为了个人利益最大化，因此，人们选择合法行为或者违法行为，直接或者间接来自于个人利益的需要和衡量。法律能够改变的，只是博弈的结果，而非博弈的状态。法律的价值在于，通过改变行为预期，来影响人们的行为选择。强调正当性，意味着在制定法律的过程中强调实质正义，考虑如何让法律体现社会公认的公平正义的价值观。但是，单纯强调正当性，会导致法律标语化、口号化，不符合法律实施的规律。把法律实施的基础完全建立在“正当性”上，没有其他机制的配合，没有强制力的保障，就会变成理想主义的一厢情愿。

法律实施离不开强制力，但也不能完全依赖强制力。强制力是法律实施的特点，但并非基础。而且强制力具有效力递减的特点，不具有可持续性，用得越多，用得越长，其效力就越微弱。简单地将法律实施的基础建立在“强制性”上，则可能会导致过分依赖国家强制力的偏向，也容易产生暴政。

因此，笔者认为，法律实施的基础应当是内在正当性和外在强制性有机结合而形成的合力。而使正当性和强制性结合的机制，应当是利益导向机制，即通过法律规范的科学设定，改变个人行为的预期，从而影响行为人的选择。因此，在立法时，不仅要体现正义，体现强制力，还在于能否形成强有力的利益导向机制，能否影响人们的行为选择。

二、法律实施的前提

从实质法治的观点来看，法律实施须具备以下几个条件：

（一）良　法

法律实施必须回答什么样的法律规范才能进入实施过程，怎样的法律规范才可以被认为是良法。通说认为，良法是指在实体内容上符合公平正义观念和主流价值观，在形式上系统完整而无缺陷、明确而不模糊、具体而不完全抽象的法律规范。单纯的形式缺陷会影响法律实施，但也可以通过法律实施的过程（执法、司法）来弥补。规定不明确的可以通过法律解释来明确，规定模糊的可以通过自由裁量权规制来约束。如果法律出现实体缺陷，即只体现了少数人利益，不为大多数人接受，却要强迫大多数人遵守，实施就会变得困难。但所谓的主流价值观是具有时代性的，不会一成不变。

（二）法律的可实施性

法律能否实施的前提，不仅要求其是良法，还要求法律本身具有可实施性。以前，我们不关注法律的可实施性，所以法律长期处于低效运行状态，有的法律甚至从来没有实施过。

判断法律是否具有可实施性，有如下几个标准：第一，有强有力的利益导向机制。不足以影响人们行为选择的法律，无法实施。第二，高度重视程序规则，而不仅仅关注实体规范。程序规则最大的特点就在于可实施性。中国古代的“礼制”，也是一种广义的规则之制，通过仪式和礼仪，“使人迁善远罪而不自知”，从而实现实体规则。第三，有易被大众接受的表达方式。法律应当通俗易懂，明确，不晦涩。第四，立法时应当进行成本效益分析，为法律实施提供可行的资源配置。一项法律制度的设定，如果成本过高，其可实施性就会降低。因此，成本和效益，应当成为制度设计的重要参数。[①]

三、法律实施的主体

我们曾认为，国家机关、企事业单位、社会团体、社会公民等都有守法的责任，都是法律实施的主体。现在看来，这种认识过于简单。

按照主体的不同，可以将法律实施分为两种类型：一是法律的公共实施（public enforcement of law），二是法律的私人实施（private enforcement of law）。[②] 前者是指利用公共机构来实施法律；后者是指由私人来实施法律，包括申请仲裁、请人调解、申请复议、提起诉讼等形式。

（一）法律的公共实施

一直以来，我国倚重法律的公共实施，而忽略法律的私人实施。中国传统法律文化认为，"国之利器，不可假人"[③]。执法是一种公器，不相信私人的力量。而且，私人实施，影响风化，有伤国体。这一观念影响至今。在中国古代，法律主要依赖官僚系统来实施。现今，法律依赖行政机关、审判机关、检察机关来实施，这都属于法律的公共实施。

（二）法律的私人实施

与我国不同，国外的法律文化往往偏重于私人实施。在古希腊时代的雅典，从侵权、违约、直到犯罪，都由私人提起诉讼。在中世纪的德

---

① 参见游劝荣：《守法成本及其控制》，载《国家检察官学院学报》2006 年第 5 期。

② 也有学者将 enforcement 翻译为法律执行（执法），将其分为公共执法和私人执法，以期形成语言上的冲击力，挑战大陆法系国家的执法由公共机关垄断的传统观念。参见徐晰：《法律的私人执行》，载《法学研究》2004 年第 1 期。

③ 参见老子《道德经》第三十六章。不同版本的表述略有差异。严可均本作"国有利器，不可示人"。其他本作"国之利器，不可以示人"。高诱曾引"国之利器，不可以假人"。假，即借。可能老子古本中还曾使用过"借"字。

国，只有受害人起诉，才能导致刑事追诉程序的启动。[①] 在独立时期的冰岛（930—1262），正式治理制度仅限于一些法院和一个议会，职务全由普通民众担任。法院只有陪审团，没有法官，没有上诉。没有政府的执行部门，没有执法官、警察、士兵和检察官。所有的诉讼，包括刑事诉讼，都由私人提起。司法命令由私人执行。[②] 这一制度良好运行了三百多年，直到19世纪才被废除。[③] 直到今天，美国和部分欧洲国家仍然在一定程度上保留着这种法律实施的模式。

（三）强化法律私人实施的原因和路径

笔者认为，我们应当强化法律的私人实施，适当弱化公共实施。这是因为，第一，公共实施也需要私人的支持和配合。没有私人的配合，仅靠国家机关自身，难以将法律推及深远；第二，公共实施自身存在合法性问题，有权力寻租的风险；第三，公共实施需要金钱、人力等多种成本，代价不菲。而这些正是私人实施的优势所在。

在私人实施中，要注意增强利害关系人、相对人、竞争者的权利，发挥他们的作用。一直以来，我们过于强调公共实施，对行政诉讼、民事诉讼的原告资格有着严格限制。今后应当进一步放宽原告资格。

四、法律实施的意愿

法律最终还是要靠人来遵守。遵守法律，是通过学习法律知识，建立守法观念，养成守法的品格，继而转化成为守法意愿的过程。

---

① ［德］拉德尔布鲁赫：《法学导论》，米健等译，中国大百科全书出版社 1997 年版，第120页。

② William Ian Miller，Bloodtaking and Peacemaking：Feud，Law，and Society in SaKa Iceland：University of Chicago Press，1990. 转引自［美］波斯纳：《超越法律》，苏力译，中国政法大学出版社 2002 年版 359 页。

③ 参见郭卫东、郭广珍：《几个法律实施模型的比较分析》，载《太原师范学院学报（社会科学版）》2006 年第 6 期。

（一）知识与意志

一直以来，我们把法律知识作为守法的重点和核心，屡次进行大规模普法运动。实际上，这是一种认识上的误区。掌握一定法律知识是必要的。但是，法律知识只是守法的基础，而非守法的关键环节。首先，法律文本很多，个人不可能完全记得住。其次，法律知识并不能自动转化成法律意志。通过学习法律知识，可能会产生两种不同的效果，或者遵守法律，或者钻法律空子。很多违法行为人以“不懂法”为辩解理由，那是为了试图逃避罪责和惩罚。因此，法律知识的作用是有限的，应当客观看待法律知识的价值。

（二）法律与道德

守法涉及法律与道德的关系。虽然，法律和道德代表的是不同的社会规范。法律调整人们的外部关系，而道德支配人们的内心活动和动机。然而，他们控制的领域在部分上是重叠的。那些被认为是社会交往中基本而必要的道德正当原则，大多已纳入了法律体系，被赋予了具有强大力量的强制性质。[①] 即使不懂法，只要没有失去理智，还具有基本的道德良知，通常不会做出违法行为。相反，只有法律知识，没有道德约束，缺乏法律信仰，最终还是会走上歧途。法律的实施、法律习惯和信仰的养成，都需要借助道德的力量。“信仰就如同爱情一样，你无法强求获得，它必须基于人们的自觉趋从、身心的依赖。”[②]

（三）培养法律人与有事找律师

很多国家是法治国家，依靠的不是全民普法运动，而是培养法律职

---

① 参见［美］E. 博登海默：《法理学：法律哲学与法律方法》，邓正来译，中国政法大学出版社 1999 年版，第 374 ~ 379 页。

② 朱苏力：《法律如何信仰》，见许章润等著：《法律信仰——中国语境及其意义》，广西师范大学出版社 2003 年版。

业群体。学生进入法学院，接受系统的法律学习，最终成长为法律职业家，为民众提供法律咨询和服务。对于普通民众而言，只要养成了“遇到问题找律师”的习惯即可。域外经验表明，与其把大量的资源花在普法教育上，不如花在培养法律职业人才，为大众提供法律服务；与其为了法律知识奋斗，不如加强守法习惯和意愿的培养。通过不断重复行为模式和法律后果之间的关系，反复向行为人发出强有力的信号，从而形成守法习惯和意愿。

五、法律实施的标准

法律实施应有一套可供遵循的标准。

（一）立体、全面的公正观

法律必须得到公正的实施。“公正”是个很复杂的概念，内涵非常丰富。笔者认为，应当树立立体的、全面的公正观。是否公正，应当从多侧面、多纬度来考察。在关注客观公正的同时，重视主观公正；在关注实体公正的同时，重视程序公正；在关注个案公正的同时，重视社会公正；在关注实质公正的同时，重视形式公正。

（二）“满意”的局限

现在我们提出的以“满意”为标准，衡量执法的公正性。这种做法，过分迁就了个案公正，容易引发新问题。比如，调解中存在违反当事人意志，强迫当事人签订调解协议的情况。对此，司法实践中有三种意见：一是当事人可以上诉，检察院可以抗诉。二是严格审查，特殊情况才可以上诉。三是一律不能上诉。这涉及个案公正和社会公正的取舍。如果允许上诉，满足了个案公正，会导致其他调解当事人相继效仿，以此为由推翻调解协议，从而损害调解的诚信，最终耗费更多的司法资源。如果一律不准上诉，会牺牲了少数当事人的正当权益，但也由此告诫其他人，不论受到怎样的强迫和诱惑，都应当慎重签订调解协议，从而最终减少这种情形的发生。因此，在立法时，要考虑大局，考虑整体的成本和效益，照顾个案公正和社会公正的协调。

六、法律实施的成本

法律的实施成本 IC（implementary cost），是指法律实施所应付出的相应代价。它包括为达到社会主体普遍的守法而支出的成本，因执法、司法和守法而花费的大量人力、物力与财力的支出。①

法律实施，从成本——效益的角度来看，追求的就是法律实施的效益最大化。但最大化并不意味着法律规范必须得到百分之百的实施。在法律实施中，可能有 95% 都是效率高，成本低的，而剩下的 5%，则要付出巨大的成本和代价。在此情形下，只要达到了 95%，就意味着实现了这一法律实施的效益最大化。

减少法律实施成本，可以追溯到法律制度的体制成本。所谓体制成本（system cost），是指国家为了维持立法体制有效运行而投入的成本，这是由一国的宪法体制决定的。不同的宪法体制，不同的立法模式，会产生不同的体制成本。

减少法律实施成本，要从控制法律的制定成本入手。法律的制定成本与实施成本之间，经常处于此长彼消的负相关状态。② 在我国，立法的速度和规模发展迅猛，但立法质量却没有及时跟上，从而加大了司法、执法和守法的难度，增加了法律的实施成本。正所谓“工欲善其事，必先利其器”，要降低法律的实施成本，就要在法律制定上下工夫，在立法时机的掌握、立法内容和形式的斟酌、立法技术的运用等诸多细节上，仔细推敲和把握。

在考虑法律制定成本时，不能忽略法律的边际成本。按照边际成本

① 张有亮、原新利：《论法治构建的道德纬度》，载《甘肃理论学刊》2004 年第 4 期。

② 参见崔晓燕：《论法律制度安排与法律实施成本》，重庆大学硕士学位论文 2006 年版，第 17 页。

规律，法律供给在达到社会需求饱和状态之前，每增加制定和实施一项新的法律时，由于法律规范的体系化及相互支持，其边际成本呈递减趋势。相反，如果超过饱和状态，随着法律供给的增加，其边际成本呈递增趋势。因此，架构平衡、总量适度的法律体系，对降低法律在实施中的成本，裨益甚多。

法律实施，还要考虑法律的机会成本。公民选择遵守法律，放弃违法，这些被放弃的违法收益，就是遵守法律的机会成本。只有当守法会比不守法带来更大好处或更小坏处时，人们才愿意守法。[①] 如果违法的成本更低，而收益更高，人们的守法愿望会大大降低，取而代之的则是违法的冲动。

司法成本也可以节约。国外有很多简单有效的经验，例如“法官借用”、“律师审案”等，一方面解决了司法资源不平衡问题，一方面也节约了司法成本。因此，在考虑法律实施成本时，要强调实质正义，减少被不必要的法条主义和形式规则的约束。

七、法律实施的效果

法律实施的效果包括法律效果和社会效果。前者是指法律条文的实施，后者是指法律目的的实现。两者必须兼顾，缺一不可。两者有时是一致的，但更多的时候，两者是冲突的。

当两者冲突时，我们要注意以下几点：第一，既要追求法律效果，又要追求社会效果。第二，依法办事，维护法的安定性和稳定性，也属于法的社会效果。第三，当两者冲突时，应当通过各种方法，使法律实施的结果与追求的社会目标趋向一致。第四，通过法律解释，挖掘法律含义，使法律切合社会现实需要，追求社会效果的最大化。第五，如果法律与社会现实冲突尖锐，法律已经成为“恶法”，应当通过既定程序和机制，及时过滤和淘汰。这样，既能兼顾法律效果，又维护了法律的稳定性和安定性。

---

① ［英］霍比斯：《论公民》，应星、冯克利译，贵州人民出版社2003年版，第53页。

第十六章 通过程序法治推动善治

中国近些年不仅仅是在进行法治建设，也是在进行善治的建设，是在向治理的更高层次迈进。本章拟对法治与善治的关系以及如何通过程序法治推动善治作一探讨。

一、通过程序提高行政行为和社会活动的效率

高效、便民都是政府施政的主要目标。一方面，所谓高效、便民，要结合行政行为或是行政程序的全过程来判断。高效绝非仅仅指从一个单一的时间段，或者某种行为的短期效果去评价和判断其行政效率的高低和价值的大小，便民也不能简单理解办事环节越少老百姓就越方便、越拥护。高效、便民在行政法中都应当放在更大的时间段内去考量，即要从整个行政行为运行、发展过程来评价其必要性和合理性。它需要有一系列严谨科学、简便易行的行政程序的设计，讲程序就是讲规则，程序的价值本身就应当包含高效、便民。另一方面，高效、便民不单是行政机关的自我判断，必须充分考虑程序的公正性、可操作性和公众的可接受性。只有公平的程序才有持久的生命力，才能够被群众所认可。

如果一件事情不按程序来办，也许处理起来一时看似快捷，但后患无穷。多年的经验告诉我们，如果办事不讲正当程序，当时做得越快的，到后来只会留下大堆的乱子和矛盾，而要处理这些乱子、矛盾，花的时间、精力、成本会更多，虽然当时看起来很有效率，但是从整体来看则效率十分低下。判断效率高低、是否便民，不能仅仅看当时当地，

而要从整个过程来看。同样，一件事情，即使有程序且按程序执行，但程序本身缺乏公平性、正当性，也会给老百姓带来诸多不便甚至产生对行政机关的信任危机，后患无穷。

“和尚分粥”的故事，讲的就是程序规则。七个和尚首先认识到制定规则的重要性，是防止恣意专权的前提。如何分粥才公平合理，是接下来必须考虑的重要事情。在尝试多种方式后，最后得出由每个和尚轮流值日分粥，且分粥的和尚要最后一个领粥的最佳方案。这个故事告诉我们，搞程序管理，首先必须严格地按程序办事，其次要充分考虑程序的正当性、公正性和可操作性。强调程序虽然开始时可能会慢一些，但是矛盾少、纠纷少，实际上是效率更高的行政，是维护相对人长远利益、根本利益的最方便有效的方式。法治的首要特征就是讲规则、讲程序，这是确保高效、便民的前提。强调程序的重要意义在于良好的程序可以实现可持续的科学发展，是迈向“善治”的基础。“人治”貌似效率高，但十有八九隐藏祸根、埋下隐患，带有极大的风险，往往需要后世或后人为其埋单，往往需要巨大的道德克减或人的价值的贬损作为代偿。

二、通过程序法治实现管理者和被管理者的双赢

一个设计得好的行政程序，能使管理者和被管理者实现双赢。进行程序法治建设的目的，就是要实现政府和相对人的双赢，实现科学发展，促进社会和谐。

政府在这个过程中能够得到的好处是：

第一，程序法治可以防止政府决策的重大失误，确保决策的正确性。政府的决策错了，就会浪费大量的人力、物力、精力，劳民伤财，甚至会让我们失去科学发展的宝贵时机。我国因决策失误而造成的损失太多了。

第二，程序法治能够促使政府最大限度地公开信息、听取民意、吸取民智，确保政府决策的科学化民主化。有时候，政府的决策从原则上

来看是正确的，方向也是对的，但由于程序不公开，缺少广泛地听取意见（特别是不同意见），往往容易导致政府决策所依据的信息不全面，出台的政策就可能有偏差。有了程序法治，可以从制度上保证公民有较为完善的机制和程序来发表意见，政府的决策方案就会少一点缺陷，多一份成功的把握。

第三，程序法治有利于促进沟通，凝结共识，推动政府决策的顺利实施。程序法治可以搭建一个规范化的管理者与被管理者对话、沟通和交流的平台。政府机关通过程序法治让更多的人民群众参与，通过双方的沟通、协商、互动反馈，促进彼此间的理解，甚至形成共识，保证政府决策的贯彻落实。通过这样的程序，政府可以向公民讲清楚为什么要做、如何做、何时做，而公民也会自发地支持政府来把好事办好，支持凝结了自己共识的政府决策和决定，也会体认政府管理是为了公民的切身利益和长远利益。某市就绿化、交通疏导、城市色彩等民生问题，召开了一个市民代表旁听、电视网络广播同步直播的市政府常务会议，得到了社会各界的广泛关注和支持，就是利用公开的行政程序达到双赢的很好的例证。

第四，程序法治可以及时化解矛盾，减少争议。程序法治由于从制度上保证了被管理对象的参与权，保证了双方间有着较为畅通的信息交流和反馈机制，容易缩小彼此间的差距，至少会避免因误解而扩大争议。任何一个工程、一项政府决策都可能涉及不同利益，都可能难以同时让所有人都满意。但通过程序法治，政府就可能充分平衡各方面的利益，使各方能够找到利益的共同点，求大同、存小异，及时化解矛盾，避免因矛盾的不断堆积而成为科学发展的阻力。

第五，程序法治有利于提高政府决策的透明度和政府行为的能见度，有效预防腐败，提高效率。我们的政府的一切权力来自于人民，服务于人民，应当随时接受人民群众的监督。通过程序法治，政府将每一项权力行使在阳光下，便于人民群众的监督。

对于公民来说，程序法治有利于真正确立其主体地位，维护自己的合法权益。

首先，程序法治可以有效地保障公民的知情权。在行政程序中公民可以要求政府机关依法公开与他有关的信息和材料，有权了解政府调查掌握的事实、证据，甚至通过听证等方式，维护自身的权利。比如，借助公开的程序，他就更加容易了解这个工程怎么做？这个项目投资是多少？对他有什么益处？可以说，程序法治保障了公民对社会管理活动的知情权。

其次，程序法治保障了公民的参与权。当事人参与程序的法治化，使他们不再单纯是一个被管理的对象，同时也是行政程序的主要参与者。程序法治化要求政府在整个行政程序中，要做到事前有告知、事中有听证、事后有释明。而公民通过这样的一个个具体的行政程序，参加到行政管理的每个环节，行使广泛的参与权。民主的真谛在参与，没有参与即无所谓民主。过去我们把民主的希望过多地寄托在选举上，实践表明，选举对民主的作用是非常有限的，不如参与来得具体，来得实在，来得持久。参与权是人民群众实现自己的民主权利、实现自己主人翁地位的一个最好的平台。

再次，程序法治有利于保障公民的表达权。公开的行政程序是当事人制度化地表达意见的平台。在政府决定作出之前，公民有权自由地表达自己的看法和观点，特别是政府在作出对他不利的决策和决定时，必须事先听取他的意见。公民的观点和看法不论正确与否，都应当被公正、无偏私地听取，否则政府就可能构成程序违法。这些制度设计从根本上保障了公民的表达权。

最后，程序法治保障了公民的监督权和请求救济权。公民对政府机关的监督，在一定层面上就是要求依法定程序进行救济，甚至要求政府赔偿。而程序法治就是将各种救济制度法治化，当事人对政府决定不满意的，可以自由选择通过行政复议、行政诉讼或行政申诉等渠道来解决，使自己受到损害的权利得到保障。

因此，对于公民来说，程序法治是其权利的保护伞，没有程序保障，再美好的权利也可能只是画饼充饥。而只有通过程序法治，公民的知情权、参与权、表达权、监督权（申请救济权），才能真正得到保障。

三、发挥程序法治对于预防和解决行政争议的积极作用

一方面，行政程序法治建设有利于提高政府决策的正确性、科学性，减少对群众权利侵害的可能性，实现依法行政，这就从源头上减少了发生行政争议的可能性。

另一方面，程序法治从制度上保障了当事人对整个行政程序的参与，通过协商、沟通，求同存异，至少是最大限度地缩小了分歧。在沟通—反馈的过程中，不同观点和利益的碰撞，管理者与被管理者之间的不同的主张与回应，会使得彼此对对方的主张和理由判断得更加客观、更加中立，也容易理解和接受对方的观点和立场。这样的程序设计可以避免矛盾的激化，防止非理性解决纷争的情况出现。而政府通过听取意见和被管理对象对政策、决定的不同看法，能够更加注意到不同主体的不同需求，可以及时调整和完善决策和决定，保持行政管理的弹性和灵活性，对潜在的争议也可以早发现、早预防、早解决。

现在，有些地方在出台政策、决定之前，忽视听取老百姓的意见，甚至害怕“庶民议政”影响其“政绩工程”，其结果是导致信访问题不断。总结这些教训，主要就是搞建设贪大求快，发展经济不讲规则，作决策不讲程序。由于忽视决策时的公众参与和意见听取，使政策决定缺乏民意基础，毛病、漏洞百出，作出的决策决定要么错误成分较多，要么群众不支持、不理解，要么方案考虑得不周全，决策一旦实施，往往困难重重，难以为继。而一旦发现反对意见太多，就头疼医头，脚疼医脚，不停地对政策和决定进行修改和变更，不仅造成资源的巨大浪费，而且导致矛盾层出不穷。如果事先搞准了，重视行政程序作用的发挥，就会减少这些麻烦，少一些精力从事维稳，更多一点精力进行发展。

四、正视、接纳和积极规范裁量权

为什么必须要有自由裁量权？社会生活的丰富多样性，变动的频繁性，使得任何一个立法者都无法对社会生活进行全面的具体的规范。这是人类理性的局限性决定的。曾经有国家想对所有事项进行全面的具体的规范，但最终没有实现。法条规定得越多越细致，正义可能流失得会越多，正义的含量也可能会越低。一个简单的道理就是，立法不能刻舟求剑。世界都在变化，各地情况都不一样，如果用一个模式去规范所有的行为，规范未来的行为，那是非常困难的。唯一的可行的办法就是，给我们的执法人员、司法人员留有适当的自由裁量的空间，让执法者和司法者根据当时当地以及具体事件的特殊情况，作出一个最好的选择。虽然立法者、执法者、公民都希望法律的制定要周密些，但是如果法律制定得过于详尽，不公平马上就会出现。比如原《国家赔偿法》规定，部分丧失劳动能力的按照最高额为国家上年度职工年平均工资的 10 倍来确定国家赔偿，而完全丧失劳动能力的则可以按 20 倍来确定。这样的规定看起来很具体，但实际上很不公平。因为部分丧失劳动能力的可能是 99% 的丧失劳动能力，几乎接近完全丧失劳动能力，按照原《国家赔偿法》最高只能获得 10 倍的国家赔偿。2010 年修订后的《国家赔偿法》就没有规定那么具体了，而是赋予了赔偿义务机关和法院较大的自由裁量权。也就是说，丧失部分劳动能力的也可能获得最高 20 倍以下的国家赔偿，而具体是多少倍，则根据其丧失部分劳动能力的程度而定。有时候越具体，就越有可能背离正义，所以立法者不能不给执法人员、司法人员一定的自由裁量权。

自由裁量权不可避免，所带来的问题是：只要有选择的余地，执法人员、司法人员就很可能滥用自由裁量权。这是立法者难以彻底解决的一个矛盾。培根说，一次不公的裁判比多次不平的举动为祸尤烈，因为这些不平的举动不过弄脏了水流，而不公的裁判则把水源败坏了。那么如何既能保障法律规范有一定的灵活度，又能防止行政机关滥用自由裁量权？最好的办法就是对自由裁量权进行适当控制。一般来说，有以下几种控制办法：（1）立法目的、立法精神和法律原则的控制。执法人员、司法人员在行使自由裁量权时，必须遵循立法目的、立法精神和法律原则。（2）方针政策、法律程序、惯例习惯和案例指导等的控制。（3）价值权衡、目的考量、利益衡量和资源配置等方法的控制。（4）具体规则的控制。为了保证以上办法有效实施，尚需建立案例指导机制、执法者的共识形成机制、事后评价机制、责任追究机制、客观评估机制等予以制度保障。

五、全面地、一分为二地看待规范性文件

对规范性文件如何看待，学术界有不同的看法。笔者认为，应当全面地、一分为二地看待规范性文件的问题。

一方面，要高度重视规范性文件的作用和价值。第一，规范性文件是我们党优秀的政治传统。我们党在民主革命时期都是通过红头文件领导革命的，现在规范性文件已成为各级党政机关执政的一种工具。第二，规范性文件是规则治理的重要组成部分。法治意味着规则治理，规则治理不仅要求“依法行政”，还要求“以法行政”，国家权力除了受法律、法规和规章的规范和制约以外，还可以受其他规范性文件的约束，所以规范性文件也是规则治理的一个重要组成部分。第三，利用规范性文件对社会进行管理，是宪法赋予国家机关的重要职权，是各级国家机关的一项宪法性的权力。根据我国宪法的规定，各级人民政府、各级权力机关都可以制定行政措施，利用各种规范形式进行管理。第四，规范性文件是保证国家机关履行职责，完成各项任务的一个重要工具。和谐社会建设的一个重要方面是要强化社会管理，而管理社会的基本的工具和载体不是单个的具体行为，可能更多地要依靠规范性文件。第五，规范性文件是保证国家的法律法规得以实施，尤其是限制自由裁量权行使的重要工具。总之，大多数规范性文件在治国理政中发挥了重要作用，要给予肯定。从这个意义上来说，要高度重视规范性文件，要重

视它的价值，充分发挥它在经济监管、和谐社会建设以及建设法治国家中的作用。

另一方面，目前在我国存在一些地方利用规范性文件扩大权力、收费敛财、抢占权力空间、反映极个别领导意图或少数利益集团意志或实现其他不正当目的等诸多问题，这些问题导致了有些规范性文件与上位法相抵触，或者规范性文件之间相互“打架”。所以，要对规范性文件进行严格、科学和有效的规范，从根本上来说是要建立过滤机制、监督机制、救济机制。在监督管理规范性文件方法上，第一，凡涉及辖区内的公民的权利和义务的，应当公开听取意见，并且要确保合理正确的意见能够得到吸纳。第二，应送请特定机构进行合法性审查和成本效益分析或评估，以此作为制订规范性文件必要的前置程序。如不履行这些前置程序，就不能发布。第三，应该充分发挥利害关系人的监督作用，赋予他们请求有权机关撤销、废止某些违法或者极不正当的规范性文件的权利，并建立正当的程序确保这种权利得以实现。

六、尽快制定统一的、良好的行政程序法

对人类来说，程序不是它追求的目的，实体才是它追求的目的。这是人类的终极目标。但是，人们对实体问题上的是非对错，可能有不同的判断，人们对个人利益、集体利益和国家利益之间的关系和轻重缓急也会存在不同认识，有时难以形成共识。比如对老城区进行拆迁修路，需要拆迁搬走的居民和继续居住的居民、居住了许多年的老住户与年轻住户、开发商与被拆迁人之间都会有不同意见。如何解决这些不同意见，保证既尊重大多数，又要保护少数？有一种观点希望立法机关通过立法来解决所有的实体问题，政府机关对社会的管理只是依照法律规范，按图索骥。这样的想法既不现实，也会带来更多的混乱。这就要求我们必须转变思路，在最大限度地制定符合实际情况的实体法的同时，花更大气力解决好行政程序的立法问题。这就需要我们通过一个公开的程序来听取意见，让不同意见的人都参与到决策程序中来，严格按规定

的程序作出决策。

事实上，程序法治解决得好，我们就更容易实现实体法治。没有程序正义，实体正义往往很难实现。有时即使没有实体规则或者实体规则规定不明确，但只要执法者能够依照客观理性，按照明确的既定程序去作决策和决定，最终的结果也是能够被接受的。和尚分粥的故事，说明程序具有独立的价值而不仅仅依附于实体。如何把粥进行均匀的分配是个实体问题，但不论如何分，都会有人觉得少。而且，如何让分的人保持公正、公平，可以靠教育、靠自律、靠纪律监督。但多年来的实践表明，这些方法的实效都有局限。因此，如何对分配权进行控制，保证分配是公平、公正和公开的，最关键的就是制度设计。最聪明的方法就是设定这样的一个程序：让那个负责分配的人，最后一个取属于自己的那一份。这就把实体问题转变成了程序问题。尽管这样分配也可能出现偶然的不公平、公正的问题，但由于它是通过一个公正的程序来进行的，人们就容易接受这样的结果；只要每个人都参与了分配的过程，即使存在一定程度的不公正，大家也都容易认可。这就是程序法治独立的价值。因此，有一个统一的行政程序法，做任何事情都必须按照程序来办，这就是法治国家的一个标志。所以，要尽快建成法治国家，完善法律体系，一个较快的办法就是制定程序法。

制定一部良好的行政程序法，有以下几个方面的需要：

第一，行政程序法是完善社会主义法律体系的重要组成部分。中国的一个基本情况是民族众多，国土广阔，各地经济社会发展水平不一致，地区差别非常大，因此，从实体法上对所有社会问题进行规范，是很难的。以中国的实际情况，既要维护法治统一，又要保证符合各地的需要，从这个角度来看，只有好的程序规则、程序法才能做到这一点。笔者以为，搞实体法不搞程序法这个思路一定要转变。没有好的程序，再好的实体法都没有用。

第二，在现代法治社会，人的价值观念多元化，利益诉求多元化，对同一个问题，未必有共同的观念。比如对旧城进行拆迁改造，不同利益群体、不同区域的居民意见肯定不一样，不可能用一个实体规则来调整，也不能靠行政命令使他们达成统一的认识。在实体上说不清楚的时候，那就需要寻求一个底线共识。在这种情况下，实体规则解决不了的，要依靠程序规则来解决。程序在这个时候发挥着一个特殊的价值，它是民主和法治、自由和纪律、多样性和个人的价值等之间实现统一的载体。

第三，程序怎样为实体服务的问题。有好的程序法才能更好地服务实体。我们说建立完善的社会主义法律体系，但真正的法律体系是什么？要树立正确的法律体系的观念。除了权力与权利的平衡之外，还有程序与实体的平衡。因此，程序正义与实体正义同样重要，在某些特殊情况下甚至是只要实现了程序上的公平，就可以认为或应当认为实体上也是公平的。

第四，我国有重程序的传统，只是后来丢掉了这个传统。中国古代的行政程序已经比较发达，政府如何管理有许多规制。所谓礼治，实际上是程序之治。

第五，有统一的行政程序法，能够提高行政效率，节省很多资源。很多人认为有程序约束，做起事来繁琐，速度慢，效率不高。单单看一个具体的行政行为可能是这样，听取各方意见需要时间，的确比政府首长拍拍脑袋就决定要慢。但经验告诉我们，按科学、正当、合法的程序办事，慢实际上就是快；办事不讲程序，不讲规则，快实际上就是慢。无数的事实表明，那些没有严格按程序作出的决策，往往是“欲速则不达”。有人认为，按照程序来会增加成本，实际上搞听证会能花费多少成本？这个成本比起处理信访要低得多，与给公民和国家造成的巨大损失相比更是微乎其微。

第六，从政治上来说，贯彻科学发展观要靠程序法治。没有程序法治，决策拍脑袋，那肯定实现不了科学发展。程序法治的最大功能是通过程序集思广益，达成共识，形成合力，以提高治国理政的效益。程序法治的精髓是让所有被管理者都有实实在在的知情权、表达权、参与权、请求救济权，让人民群众成为地地道道、名副其实的主人。

七、中国特色的社会主义制度应更多地体现善治

法律是严肃的，同时也必须是理性的。合理行政是依法行政的高级标准，属于更高层次的治理。依法行政是治国理政的基本标准，因为任何法律都不可能完美无缺，任何地方或国家也都不可能实现法律天衣无缝地实施。要达到治理的高标准，就要合理行政，也就是要达到善治。善治要有很高的正当性、合理性、科学性、民主性。要实现善治，仅仅满足于法治是不行的，必须要向合理性迈进。也就是说要不断增加行政的正当性含量。要做到这一点，必须要讲诚信规则，必须要控制自由裁量权，必须要有好的决策，必须要建树高标准的行政伦理。一些地方这些年的法治建设表明，仅仅进行法治建设是不够的，还必须进行善治的建设，必须向治理的更高层次迈进。这也是中国传统文化所追求的。孔夫子所主导的就是善治（德治就是善治）。只不过是，法治在整个善治中不具有支配地位，法律的应用必须服从善治的需要。这也是我国治理文化的一个传统。法治是基础，是阶梯，法治不是人类追求的目标，人类追求的是人的自由的全面的发展。但我们必须要明确，要达至善治，法治是不可逾越的阶段，必须要有这个阶段。善治必须从法治起步，因为人类如果没有基本规则约束，善治就如同建立在流沙上一样。我们要建设善治的服务型政府，强调的是以公民为服务对象，强调政府公共管理的多元主体、多元参与，以尊重公民权、实现公共利益为目标、社会协调运作的综合治理模式。笔者相信，未来中国特色的社会主义制度会更多地体现善治的特点，更大程度地满足人民群众的利益需求。

第十七章　法律行为效力制度的重构

法治规范的核心是人的行为。法律行为的效力问题对于法律争议的解决、当事人权利的保护具有非常重要的意义。对于效力问题的研究，不同学科领域的研究程度甚至理论基调各不相同，对同一法律行为是否有效的判断，不同领域的学者会得出不同结论。而司法实践中，越来越多的案件是刑事问题、民事问题、行政问题交织在一起。法律行为的效力问题没有共识，往往导致案件“翻烧饼”、屡审不结。因此，笔者认为必须对法律行为的效力制度进行深入的探讨和重构，并且不同专业领域的法律人应当相互沟通、达成共识，唯此才能实现理论和实践的良好对接，推动案件审理的有序进行。

法律要完成对于现实世界的规范，需要通过概念来表达具体内容及要求。[①] 概念不准确，对法律其他问题的思考便无从谈起。法律行为是行政法、民商法、诉讼法都会涉及的法律概念。对它的准确定义，对于整个法律关系制度的构建，对于法律行为效力制度的构建，都具有至关重要的意义。对于法律行为的定义，一种观点认为，法律行为是符合法律规范的行为。这种观点通行于《民法通则》颁布以前的民事法律界。例如佟柔先生认为：“法律行为是权利主体所从事的，旨在设定、变更和废止民事法律关系的合法行为。”[②] 柴发邦先生的观点大致相同，认

---

① 龙卫球：《民法秩序的主体性基础及其超越》，http：//www. civillaw. com. cn/article/default. asp? id = 16304，2011 年 7 月 10 日访问。

② 佟柔：《民法概念》，中国人民大学出版社 1982 年版，第 52 页。

为："法律行为是公民或法人为了发生、变更或消灭一定民事法律关系而进行的一种合法行为。"[①]《民法通则》采纳了合法性之说，明确规定："民事法律行为是公民或者法人设立、变更、终止民事权利和民事义务的合法行为。"第二种观点认为，法律行为是具有法律影响力的行为，或者是具有法律意义的行为。第三种观点认为，法律行为是行为主体基于一定的效果意思而产生的，发生法律效果的行为。[②] 这里需要注意的核心命题：一是行为人或行为主体具有效果意思，二是该行为必须是产生法律效果的行为。笔者认同第三种意义上的法律行为。

为什么不赞成法律行为是合法行为的观点？合法行为是一个特定的概念，在民事法律中，这个概念引自于前苏联民法，而前苏联民法中对民事法律行为的概念争议很多，其中有一种观点是认为法律行为是合乎法律规范产生的效果，国内引进后就把它简单化为合法行为。合法本意是指一定的行为按照法律规范的逻辑，按照法律设定的关系，必然会产生一定的法律效果，是从这个意义上讲的。将法律行为等同于合法行为，扭曲了其本来的意义。

为什么不赞成具有法律意义的行为是法律行为的说法？因为在特定的背景下，任何行为，不管是事实行为还是法律行为，都可能具有法律意义。具有法律效果的行为当然是具有法律意义的行为，没有法律效果但是具有法律后果的行为，也是具有法律意义的行为。例如打破杯子，这是一个事实行为，同样可能具有法律意义，因为打破杯子可能会导致赔偿责任，但是该行为是不是行为人所希望实施的一种效果或效果意思的实现，则另当别论。所以，法律行为一定要与效果意思相联系。所谓效果意思是指行为具有行为人所希望实现的法律效果。

本章不对法律行为效力进行全面系统阐述，仅对一些基本问题进行简要剖析，以期为读者勾勒一个构建法律行为效力制度的基本思路。

---

① 柴发邦等：《中华人民共和国民法基本问题》，法律出版社 1958 年版，第 76 页。

② 该观点是目前主流观点，关于法律行为概念的论述，可以参阅李军：《法律行为理论研究》，山东大学 2005 年博士论文，第 14 ~ 27 页。

一、重建法律行为的效力体系，要对法律行为作出科学的、精细的类型化处理

几乎每一个法律问题的探讨都伴随着类型化的研究方法，因为科学的分类使问题的研究更具针对性。在法律行为类型化的基础上，建立其效力制度，是效力制度重构的前提。笔者认为，法律行为的类型化应当从几个层次展开：

1. 首先要进行公法行为和私法行为的类型化。以公私法的二元划分为基础，大陆法系国家习惯于将法律行为划分为公法行为和私法行为。公私法分立源于二者不同的出发点和功能，公法以作为主权者的国家为调整对象，作用在于确定国家权力的基础和界限；而私法以个人意思自治为出发点，调整平等主体间的利益关系。正因如此，公法行为与私法行为在行为主体、构成要件、效力内容、法律救济方式等方面都存在着诸多差异，必须分而治之，不能混同。

2. 在初级类型化的基础上进行次级类型化。依照行为主体的不同，公法行为可进一步分为行政行为、司法裁判行为等，这些行为的效力问题在实践中争议很多。例如传统观点认为一审判决是一个不生效的判决，但是二审发现该判决存在事实不清、证据不足或适用法律错误等问题时，可以撤销。问题在于，不生效的法律行为如何存在撤销的问题？这就存在一个明显的冲突。再如司法裁判中如何对待一个已经生效的行政行为？过去在涉及职务性犯罪的审判中，法院直接改变工商行政部门对于涉案企业的性质认定，否认行政行为的效力，这种做法显然错误。要想解决实践中这些错综复杂的问题，就必须首先区分行政行为和司法裁判行为，对这些行为的效力分别进行研究，进而探讨二者的关系。

3. 在次级类型化的基础上还要进行第三层次的类型化。比如将行政法律行为分为行政规定、行政决定、准行政决定和行政合同等类型，因为行政规定、行政决定和准行政决定的效力内容也各不相同。只有进行多层次的具体准确的类型化，才能具体描述效力的内容。有些教科书

讲述行政行为效力，笼而统之，以偏概全，如以行政决定的效力的一般理论套用所有类型的行政行为，往往出现“驴唇不对马嘴”的情况。

二、重建法律行为的效力体系，要区分成立要件和生效要件

我国法律界在相当长的时间内，对法律行为的成立要件和生效要件不加区分，“在学说中多以法律行为的有效成立概括法律行为之成立规则和生效规则”。[①] 这种对法律行为成立与生效要件不加区分的做法，乃是我国民法学界长期通行的法律行为观念的必然产物——既然法律行为都是合法行为，则法律行为均属有效行为。实际上，两者的区别是很大的，正确区分合同成立与生效，对于构造法律行为效力体系，维护当事人的合法权益，具有重要意义。

1. 法律行为的成立和生效的意义有区别。首先，一个行为成立，是指一个行为从外观上具备法律行为的雏形。如行政处罚的成立，就是指具备哪些条件可称为行政处罚，人们不至于把它当成行政许可或者行政规范性文件，这些基本的特征具备以后，该行为就成立了。生效是指行为什么时候开始具有效力内容，对相关的行为主体发挥约束力。可见生效和成立是两个不同的概念。在契约行为中，无论是行政合同还是民事合同，通常都会涉及合同成立问题。一个合同已经成立，意味着合同当事人之间达成了一个合意，当事人双方的意思已经确定并被固化了。生效要件一旦具备，即意味着合同的效力开始“释放”，开始对合同双方当事人及相关主体发生影响力，意味着当事人设定的义务开始履行，权利开始兑现。

2. 成立要件和生效要件所具备的条件不一样。法律行为成立必须具备基本特征和基本要素。每一个特定法律行为必须具备的特定要素得到全部满足则法律行为成立。一般的法律行为具备如下要素即被认为成

---

① 董安生：《民事法律行为》，中国人民大学出版社1994年版，第183页。

立：第一，要有特定的主体；第二，有明确的效果意思，因为法律行为是与追求一定的法律效果相关联的；第三，意思表示外化，能为一般人理解和把握。一般情况下，只要具备这几个条件，法律行为就应视为已经成立。[①] 但是法律行为的全部生效还取决于其他一些条件，如有的是即时生效，有的规定另外的时间生效，有的行为需具备特定条件才能生效。所以，行为成立后并非所有效力同时发生。

3. 成立时间和生效时间可以分离。一般情况下，法律行为成立的时间与部分效力的生效的时间是一致的，至少法律行为效力中的存续力通常会与生效时间同时，而法律效力中的实现力则可能会因当事人另有约定或者法律行为另有附款而迟延生效，实现力的生效通常要取决于一定的条件的成就或期间的届满。可见，法律行为效力的某些内容的生效时间与成立时间可以分离。

三、重建法律行为的效力体系，要对法律行为的效力内容重新进行概括

传统法律行为效力内容表述不一样。行政行为效力内容一般表述为确定力、拘束力和执行力；在民事行为理论中，对效力内容没有作详细区分，但笔者认为应当分为确定力、拘束力和实现力为宜；司法裁判行为也具有确定力（或既判力）、拘束力、实现力等方面的内容。

1. 法律行为效力内容要类型化。不同的法律行为具有不同的效力内容。一个完整的法律行为一般来说是具有实现力或者执行力的。但是一个准法律行为或准行政决定，就不一定具有执行力。[②] 准行政决定与

---

① 大陆法系民法理论通常将法律行为的成立要件分为一般成立要件和特殊成立要件，前者是指一切法律行为必不可少的共同要件，后者是指就某种法律行为而言，除一般要件外，还必须具备特殊的事实要素。王利明认为合同的成立要件须有双方或多方当事人、对主要条款达成一致、具备要约和承诺阶段。参阅王利明：《合同法新论》，中国政法大学出版社 1996 年 12 月版，第 135 ~137 页。

② 准法律行为一般包括意思通知、观念（事实）通知、感情表示的行为。准法律行为之区别于法律行为就在于其法效为法律的规定而非当事人的法效意思的追求。

行政决定的效力是不一样的。所以，我们在建构这个理论体系的时候，应该根据不同的类型分别加以描述，不能一概而论。

2. 效力内容的表述要更加准确和科学。一般认为，行政行为的效力包括确定力、拘束力和执行力。但是传统法律行为效力内容的表述不够准确和科学，需要进行一些调整。一是宜用存续力代替确定力。传统效力制度中，人们借用司法判决效力中的确定力来指代行政决定具有不受任意改变的法律效力。但大量、普遍存在的行政决定毕竟与具有终局性的司法判决不同，行政决定作出后，其效力尚待复议和诉讼等程序进行审查；对于未经复议或诉讼审查的行政决定，由于受“有错必纠”观念的影响，行政机关也可能会随时改变。总体而言，行政所必需的灵活性决定了行政决定的确定力较弱，而且经常并不“确定”。因此，本书认为用存续力来代替确定力较为妥当，前者比后者更加具有弹性。目前在德、日及我国台湾地区，行政决定具有存续力已经被立法例所确定。行政行为一旦做出之后就应当具有存续力，如果没有意外的阻力或意外的规范，应该承认行政行为的效力，存续力来源于其公定力。二是宜用实现力代替执行力。首先有些行政决定并不具有执行力，并不需要借助于任何执行措施，如行政确认行为内容的实现。其次，行政决定的内容许多并不需要强制执行过程来实现，而是通过当事人自行履行而实现的。因此，可以考虑用实现力来代替执行力。

3. 不同效力内容生效的起点不一样。法律行为成立后，如果没有其他特别的附款或约定，应该部分已经生效，至少对参与作出法律行为的主体产生羁束效力。例如行政主体作出行政决定后，即使附条件或附期限实施，但行政主体也不可以随便更改该行政决定。这说明这个决定对行为主体自身已经产生效力，如果送达相对人，对相对人也产生约束力，而不是等条件成就或期限届满才产生约束力。例如，某行政机关批准张三在五个月后建房的行政决定，相对人可以在五个月后建房，但是否所有的效力内容都在五个月后才发生呢？如果真是如此，那么作出决定的行政机关能否在五个月内随时推翻该决定呢？当然不可以，因为行政行为一旦做出，相对人就有一种合理期待，变更该决定会对其产生损害。所以，尽管是批准五个月之后建房，但在五个月之内，批准机关也应受该行为的约束。笔者认为，行政行为的拘束力可分为三个部分：一是对行为人自身的拘束力，二是对相对人的拘束力，三是对任意第三人（对世）的拘束力。行政行为一旦成立，对自身的拘束力即已经产生；如果向相对人送达则对被送达的相对人产生效力；一旦该行为公示或在主管机关登记，则产生对世的效力，但是该行为的实现力如有附条件或期限情形，则要等到所附条件成就或期限届满之后才产生。这说明，不同的法律效力内容，发生效力的时点并不一定是同时的，法律行为的效力可以逐步“释放”，不同的效力内容可以分步产生。也就是说，法律行为效力的产生并不一定在同一时点，可以是一个过程。传统的法律效力制度认为，法律行为一旦生效，所有的效力内容都将生效；否则所有的效力内容都不产生效力，这就很难解释不同法律行为的各种现象。即使是同一种效力内容，如实现力，不同的实现力也有可以分步实现。一般情况下，行政决定的存续力和内容的既决力产生后，实现力也会随之产生；但附条件和附期限的行政决定，在条件未成就或期限未届满时，行政决定的实现力并不生效，而是必须等待条件成就或期限届满后才产生。[①] 例如股权转让问题，甲乙双方协议甲方将股权以一定的对价转让给乙方，一般约定乙方将股权转让款以银行转账方式分几次（或一次）支付给甲方，然后报请审批机关批准后，甲方才将股权转让给乙方。这会出现一个问题，股票会涨跌，股价上涨，卖方不愿意卖；股价下跌，买方不愿意买。合同成立、生效时点的确定对于解决此类案件非常重要。成立、生效时点确定不一样，裁判的结果必然不同。按照传统的观点，本案中股权转让合同只有等甲方向审批机关申请，经批准后才生效，但往往在这期间，股市会发生很大的波动，这就非常容易产生纠

---

① 关于行政行为效力内容生效时点的阐述，可以参见江必新：《行政行为效力体系理论的回顾与反思》，载《江苏社会科学》2008 年第 5 期。

纷。怎样解决这个问题？笔者认为：合同约定的付款行为以及卖方申报等行为，都系合同所约定的义务，如果生效时点放在主管机关批准之后，前面这些义务如何产生？上文指出，合同成立和生效本身的要件不一样，双方当事人签字盖章则合同成立。合同成立即对双方当事人产生约束，就不能与第三人就同一标的缔结合同。如果说此时合同尚未生效，那上述义务从何而来？[①] 如果认为此时合同尚未生效，行情对卖方有利时，其就办理手续；对其不利时，就可以不办理手续，这显然对乙方不公平，并带来交易风险。所以必须建立不同效力内容在不同的时点生效的理论才能解决这个问题。对于股权转让合同，经当事人合意，法定代表人签章之后，合同即告成立，部分效力随即产生。生效后双方约定的相应的义务就必须履行，至于主管机关的批准仅仅是股权转让（即实现力）生效的条件，而不是所有的效力内容生效的条件。只有这样解释，案件才能得到公平合理处理。合同生效后双方按照合同约定的义务来履行，如果没有报批，必须按照合同约定的义务继续报批。

四、重建法律行为的效力体系，要重新建立法律行为有效和无效的判断基准

传统的效力判断基准，基本上就是单一的合法性标准。合法就有效，不合法的或者违法的就无效。现在无论在行政法领域、民商法领域还是在诉讼法领域，简单地以合法性作为效力的判断标准已经带来了很多问题。

一是据以判断合法性的法律本身时常存在问题。亚里士多德在其著名的《政治学》中对理想法治提出的要求指出法治包括两重意义：“已

---

① 我国台湾地区学者王泽鉴先生认为：“契约经意思合致而成立时，当事人因而受契约约束。所谓契约之约束力（受契约之约束），系指除当事人同意或有解除原因外，不容一造任意反悔请求解约，无故撤销。与契约拘束力应严于区别的是契约之效力，及基于契约而生的权利义务。契约效力的发生，以契约有效成立为前提。契约通常于其成立时，即具有拘束力。契约附停止条件时，期契约亦因成立而具有拘束力，但契约的效力，则自条件成就时，始行发生。”引自王泽鉴《债法原理（一）》，中国政法大学出版社，第193~194页。

成立的法律获得服从，而大家所服从的法律又本身应该是制定良好的法律。”[①] 有些法是合法的，而有些法本身就不合法，是“恶法”，简单以合法性来判断，就有可能背离正义。

二是违法本身有轻重程度之别。按照违法的程度，行政行为的违法可分为轻微违法、一般违法和重大而明显违法三类。[②] 如果一刀切，只要违法就无效，那就会使相当一部分只具有轻微瑕疵的行为无效。一个法律行为的无效，意味着几方当事人的失败，几方当事人的失败就意味着社会关系发生紊乱，意味着一定范围的社会活动失去了可预见性。因为社会关系断裂了，实际的结果与预先设定的关系不一样，就会导致一系列法律关系的紊乱。所以，一个法律行为无效，会导致社会资源的浪费，引起法律关系的紊乱，造成很多负面作用。简单地以违法来确定行为是有效还是无效，显然是有问题的。

二十世纪四五十年代以后，各个法律领域逐步改变了这种做法。在判断一个法律行为效力时，要综合考量有关因素：

一是合法性，在判断法律行为是否有效的问题上，合法性仍然是一个非常重要的考量标准。

二是合目的性，这已经成为判断法律行为效力的很重要的因素。合目的性主要包括两个方面：首先是法律规范的目的，如果“违法”行为不但没有违背甚至是强化这个目的，就没有必要宣布其无效。其次是参考当事人所从事的某一类法律行为所应当具有的一般目的。

三是合正义性，或者说某一特定时代的主流观念，公认的主流价值观念。实际上，司法者在处理棘手的案件时，通常会考虑到公众对这个问题的主流看法，考虑主流导向，考虑大家是否认同这些做法。

四是社会效果，如果认定法律行为无效，会带来一个什么样的潜在后果，会对社会造成什么样的影响，会对人们的行为产生什么样的引

---

① ［古希腊］亚里士多德：《政治学》，吴寿彭译，商务印书馆 1965 年版，第 199 页。

② 姜明安主编：《行政法与行政诉讼法》，北京大学出版社、高等教育出版社 2009 年第 7 版，第 236 页。

导，这是必须要考量的。

总之，认定效力，不能简单考虑合法性标准，还要考虑合目的性，考虑主流价值观念和社会效果，要综合这些因素判断法律行为是否有效。

在进行合法性判断时，违法到什么程度方可认定法律行为为无效呢？一种观点认为违反强制性规范应当认定为无效，违反非强制性规范应认定有效。[①] 那么什么是强制性规范？一般说来，法律调整主体的行为的规范体系是通过“可以为某行为”、“禁止为某行为”和“必须为某行为”三种行为模式建构的。强制性规定一般表现为“禁止为某种行为”和“必须为某种行为”两种模式。[②] 有的学者提出，凡是法律术语中使用“必须”、“禁止”“严禁”等表达术语的，一般应认定为强制性规定，使用“应该”“应当”等表达术语的，只是一般性规范。能否以此作为区分强制性规范与非强制性的标准？笔者认为不能如此简单地进行判断，而要分析具体的法律条款的具体规范。只要认真阅读相关法律条文就会发现：有时违反了“必须”、“禁止”性规范的，其危害性并不是很严重；而有时违反了“应当”性规范的，反而后果可能很严重。因为立法者在使用这些概念时，并非人们所认为的那样严谨。不同部门的立法、全国性和地方性的立法在概念使用上都会有所差异。

还有一种观点认为，凡是违反效力性规范的，就认定为无效；凡是

① 我国民法学界，对违反强制性规定的法律行为的效力，长期认为“违法 = 无效”。而《民法通则》第 58 条第 1 款第 5 项规定违反法律或者社会公共利益的民事行为，无效，《合同法》第 52 条第 5 项规定违反法律、行政法规的强制性规定的合同无效，则是这种认识的立法上的表现。参见王家福主编：《民法债权》，法律出版社 1991 年版，第 355 页；金平主编：《中国民法学》，四川人民出版社 1990 年版，第 177 页；刘春茂主编：《民法学》，中国人民公安大学出版社 1992 年版，第 136 ~ 137 页；马骏驹、余延满主编：《现代民法学》，武汉大学出版社 1995 年版，第 217 ~ 218 页；王利明，崔建远主编：《合同法新论——总则》，中国政法大学出版社 1996 年版，第 244 ~ 246 页；李开国，张玉敏主编：《中国民法学》，法律出版社 2002 年版，第 214 页；寇志新主编：《民法学》，陕西人民出版社 1998 年版，第 232 ~ 233 页；王利明：《民法》，人民大学出版社 2000 年版，第 106 页；谢怀栻，曹三明主编：《合同法原理》，法律出版社 2000 年版，第 119 页；郭明瑞，房绍坤主编：《新合同法原理》，人民大学出版社 2000 年版，第 168 页；江平主编：《民法学》，中国政法大学出版社 2000 年版，第 199 页。

② 张文显主编：《法理学》，北京大学出版社 1999 年版，第 73 页。

违反管理性规范的，可以认定为有效。什么叫效力性规范？一般认为，效力性规范是指法律及行政法规明确规定违反该类规定将导致合同无效的规范。管理性规范是指法律及行政法规未明确规定违反此类规范将导致合同无效的规范。此类规范旨在管理和处罚违反规定的行为，但并不否认该行为在民商法上的效力。这种观点目前是主流观点，司法实践中往往也是这样操作的。[①] 这种观点事实上也存在诸多问题。例如对于很多行政审批行为，并没有明确规定如果没有进行审批，该行为就无效。但是，实践中如果某些行为没有进行审查就承认其效力，则会带来诸多问题。有些管理性规范所规定的行为是必须管理的，如认定违反这些规定一律不认定为无效，就可能危害公共利益，甚至给他人生命财产造成侵害。所以，认为违反管理性的规范不影响行为的效力的观点也难以成立，将管理性规范与行为的效力截然分开是不科学的。有人认为，违反管理性规范的法律后果应该是行政处罚或者刑事处罚，而不应当影响其民商事行为的效力。这种观点也值得商榷，因为如果该行为已触犯了刑律，还认为相关民事行为有效，是不可思议的。

因此我们认为，以重大明显违法作为判断标准是可取的。重大明显违法尽管表述抽象、弹性空间大，但是它提供了一个包容其他价值来进行分析的可能性。什么是重大明显违法？这可以结合其他价值来进行综合判断。要结合具体的情况，综合考虑行为对双方当事人、对第三人、对社会秩序等造成的后果和可能带来的负面影响等因素。例如损害公共利益的法律行为应该是无效的；欺诈行为、不具备真实意思表示的行为显然都属于重大而明显的违法；明显损害第三人利益的合同行为以及严重违反社会管理的行为也不能认定为有效。可以通过例举加概括式的方式加以规定，不断地对重大明显违法的情形加以细化，逐步限制司法者的自由裁量。

---

① 《最高人民法院关于适用〈中华人民共和国合同法〉若干问题的解释（二）》第14条规定：合同法第五十二条第（五）项规定的“强制性规定”，是指效力性强制性规定。

五、重建法律行为的效力体系，要对不同的法律行为设置不同的效力形态

传统的效力形态要么有效、要么无效，效力形态过于单一。过于单一的效力形态明显不适应客观情况需要，导致调整相应社会关系缺乏科学性，会出现浪费法律资源的问题。怎样解决这个问题？笔者认为，应当对不同瑕疵类型的法律行为，设置不同的效力形态，以便对症下药进行矫治和处理。

在行政权力运行中，法律行为的瑕疵不可避免，并且呈现多样化。根据不同的瑕疵行为设置不同的效力形态，就必须将瑕疵行为类型化。例如将瑕疵行为分为违法、不当、违反逻辑、表述错误或含糊不清等瑕疵，或分为内容瑕疵、程序瑕疵、管辖权瑕疵、形式瑕疵等。笔者倾向于按照瑕疵的严重程度进行分类，这也是行政法学界一种主流观点，即分为重大明显瑕疵、一般瑕疵和明显轻微的瑕疵三类。

1. 无效的重大明显瑕疵行为。具有重大明显瑕疵的行政行为被认为自始无效，排除在行政行为公定力之外，这是行政法上的通例，并且被许多国家的实在法所确认。重大明显瑕疵具有三个方面的特征①：首先，该行政行为的瑕疵必须足够严重，与一般瑕疵相比，在更高程度、更大范围或更多环节上背离合法性的要求。其次，该行政行为的瑕疵应当显而易见，即一般公众而非法律专家，凭借朴素的法律意识，无须经过复杂的法律推理就能发现的瑕疵。最后，重大和明显，一个强调实质的违法程度，一个强调外在的易识别性，二者缺一不可。具有重大明显瑕疵的行为会产生无效的法律后果，这意味着行政行为自始就完全不具有效力，相对人、第三人、作出机关和其他机关都可以不等待公权力机关的确认而无视其效力，不予遵守。

2. 可撤销的一般瑕疵行为。一般瑕疵行为是相对于重大明显瑕疵

---

① 参见姜明安、余凌云主编：《行政法》，科学出版社2010年7月版，第290～292页。

行为而言的，如德国学者所言，所谓一般瑕疵，首先意味着违法行政，但不严重或是不明显，二者未同时具备故而不属于无效，而是有效。不过，既然行政决定违法，出于法治国家的考虑，除非更高的利益需要作其他对待，否则就应当清除其法律后果，并且在此之前有时还需要中止其效力。[①] 也就是说一般瑕疵行为作出之初，被假定合法，发生法律效力。由于其违反依法行政理论，需由有权机关经法定程序消除其法律效力。但这种效力的消除并非一概而论，而是要基于信赖保护等原则综合考量。根据我国《行政诉讼法》的相关规定，一般瑕疵行为通常包括行政行为的主要证据不足，适用法律、法规错误，违反法定程序，超越职权、滥用职权等情形。值得注意的是《行政诉讼法》中只对违法行为的撤销问题予以规定，并未涉及无效法律行为的处理。事实上，这其中每一项撤销事由都可能包括无效事由。司法解释中补充规定了对无效行为的确认判决，但对无效情形没有列举，这也造成了实务中对一般违法行为和无效行为区分的困难。

3. 可弥补、可纠正或可以忽略不计的轻微瑕疵行为。对于法律行为中轻微的瑕疵，可以弥补和纠正的，一般不影响法律行为的效力。在行政管理中，常出现一些误写、误记等问题，这些问题不合乎法律的规定，也属于一种违法行为。但是，这种瑕疵常表现为一种技术性错误，一般不会对行政行为中的法律问题产生实质的影响，就此否认整个行政行为的效力，不符合行政效益原则。因此行政主体可以采取适当的方式进行弥补和纠正，而该行为的法律效力不受影响。

六、重建法律行为的效力体系，要对不同的效力形态适用不同的救济手段或法律处置措施

1. 救济期间的不同。对无效行政行为的确认，可以不受诉讼期间

① ［德］汉斯·J. 沃尔夫、奥托·巴霍夫、罗尔夫·施托贝尔：《行政法》（第2卷），高家伟译，商务印书馆2002年版，第92～93页。

的限制。有权主体在任何时候都可以无视或否认该法律行为的效力，都可以提请有权机关确认其无效。而可撤销的行为，要受诉讼期间的限制，利害关系人必须在法定时效内寻求救济。

2. 处理的方式不同。对于无效的法律行为，应采取确认无效的方式予以处理；对于可撤销的行为，应予以撤销；对于还没有生效的法律行为，应确认其未生效。对同一个法律行为，由于生效时间的不同，不能简单的采取确认或者撤销判决。同一个行为，有可能有一部分要用确认判决，有一部分要用撤销判决。对应该履行而没有履行的，还要用履行判决或者给付判决。总之，对于不同效力形态的行为，要采取不同的法律处置措施。对于一审没有生效的判决，二审采用撤销判决，是“驴唇不对马嘴”。一审判决既然做出了，只能说是没有确定的判决，但应该已经生效。不能简单用生效还是不生效评价一审判决。

以上是对法律行为效力制度所涉及的一些基本问题所作的剖析，以期为法律行为效力制度的重构提供一个基本的思路。对整个法律行为效力制度的深入研究，有赖于建立一个科学合理的法律行为概念体系和分类体系，这样才有可能正确而全面把握法律行为对不同主体所具有的不同的特殊作用力。法律行为效力体系研究应该跳出传统的简单的“一刀切”论述，而应结合执法和司法实践，并将效力内容进行类型化划分，分别归纳和总结出各种效力的产生时点、产生后果以及影响效力发生的阻却因素，这样才有可能建立符合我国法律发展规律和汉语语言特点的法律行为效力制度。

第十八章　软法与利益导向机制建设

法治国家语境下的法治必然是“刚柔并举”的治理，是“硬法”和“软法”同时发挥作用的治理。软法亦法，也有其相应效力。通过分析软法效力，更能揭示实现法律的利益导向机制。

一、软法效力的概念

（一）软　法

人们通常在三种意义上使用软法这个概念：第一种是形式较“硬”但实效较“软”的法，即符合法规范的标准制式要求但罚则不够严厉，[①] 或者在现实生活中较少受到重视、执行也明显不力的法。[②] 第二种刚好相反，是指实效可能较“硬”但形式却较“软”的法。这种类型的法规范往往发挥着较强的社会调控作用，但不具有法规范的标准制式：或者并非立法机关制定，或者虽然是立法机关制定的，但是“行为模式未必十分明确，或者虽然行为模式明确，但是没有规定法律后果，或者虽然规定了法律后果，但主要为积极的法律后果”[③]。第三种指的是道德、民俗、宗教教义、政策、法理、潜规则等不是法的

---

① 例如关于酒驾的法律规定，以2009年整治酒驾专项行动为分水岭，之前的被认为是“软法”，之后的被认为是“硬法”。

② 被举例较多的有《劳动合同法》、《食品安全法》、《传染病防治法》、《环境保护法》等。

③ 罗豪才：《公共治理的崛起呼唤软法之治》，载《新华文摘》2009年第7期。

"法"，这些社会规范虽然也有与法规范相类似的功能，可以被概括为"准法"、"类法"，但它们从根本上说并不是法。

应该说，三种认识并无对错之分、优劣之别，不过是研究旨趣相异而形成的在相同介质下的不同内涵而已。从研究价值上看，第一种用法把法律实施问题置于聚光灯下，而该问题恰恰是法律体系形成后我国法治建设所要解决的主要矛盾；第二种用法区分了制式的法与非制式的法，进而触及不同类型法规范效力渐变梯度之精微；第三种用法关注传统意义上的法与其他行为规则的融通之处，跳出法外，在更为宏大的"使人类受规则统治的事业"中来认识和分析法规范。三种用法各有独特价值。本章聚焦于法规范制式与其效力的关系，故在第二种意义上使用软法这一概念，并认为软法是具有制式法规范的基本要素但又欠缺某些要素的法规范。"软法亦法"的含义是软法作为非制式的法，是法规范体系中的特定部分，不能在法规范以外的其他行为规则中划定其外延。还需要交代的是，"制式的法"和"非制式的法"是本章新造的概念。"制式"系指合乎标准和规格的样式，因此，所谓"制式的法"，即来源权威、要素齐整、样式标准的法律规范；而所谓"非制式的法"则是或者并非立法机关制定，或者构成要素欠缺，或者样式不够典型的法律规范的统称。

（二）软法效力

软法效力指的是软法规范在时间、地域、对象、事项等维度中所具有的作用力。对这个定义，解释如下：

第一，软法效力是一种力，而不是这种力产生的结果。效力一词的基本语义有两项：一是"由行为产生的有效结果"①；二是"使某种行为发生效果之力"②。基于"效力"原义之别，对软法效力也有不同理

① 《辞海》（缩印本），上海辞书出版社 1980 年版，第 1468 页。

② "中华"学术院：《中文大辞典》（第四册），台湾华冈出版有限公司 1979 年版，第 899 页。

解。本书认为，软法效力发挥的结果状态是法律实效，表现为现实的法律秩序。法律实效的产生需要以软法效力作为必要前提，但除软法效力之外，还有其他变量的参与。对于完全没有实效，或没有相应实效的软法规范，并不能认为它不具有“效力”。因此，把软法效力定位于一种力，而不是一种客观结果更为妥当。

第二，软法效力是一种作用力，而不是作用力的范围。传统上一般把法律效力定义为法规范的生效范围，即法规范对什么人、什么事项、在什么地方和什么时间产生效力。[①] 法律效力是与效力范围紧密联系但又不完全相同的两个概念，不能直接在二者之间画等号，这一点在法学界已有共识。

第三，软法效力是一种法律上之力，而不是现实或道德上之力。弗朗西斯·施尼德（Francis Snyder）在“软法是没有法律约束力但有实际效力的行为规则”的界定中区分了法律约束力与实际效力，被学界引为经典。但是，这个区分过于模糊和含混，不仅不能解决问题，反而带来更多的问题（如实际效力与法律约束力到底有何区别、实际效力从哪里来等）。[②] 实际上，法律效力就是法律作用于社会的现实力量，这种力量“始于其效力的发生，而终于其效力的废止。就此而论，法律效力无异于法律的生命力”[③]。一个有生命的法规范即有效力，这种效力必然是法律效力，法律效力可以统摄并衍生“实际效力”或者“道德效力”，但不可能出现只有实际效力或道德效力而没有法律效力的情况。

---

① 参见《中国大百科全书·法学卷》，中国大百科全书出版社 1984 年版，第 85 页；孙国华主编：《法理学教程》，中国人民大学出版社 1994 年版，第 441 页。

② 严格地说，法律约束力并不等于法律效力（参见唐烈英：《论法律效力与法律约束力》，载《现代法学》1995 年第 2 期）。但是法律约束力是法律效力的核心部分，没有法律约束力可约等于没有法律效力。

③ 陈世荣：《法律效力论》，载《法学研究》1994 年第 4 期。

二、软法效力的本源

软法究竟有无效力？这个问题需要深入探讨。本书认为，对此不宜笼统回答。软法是一个容纳了所有非典型的、非制式的法规范的集合概念。尽管每一个法规范都试图具备效力，产生可以作用于社会的现实力量，但只有一部分能成功做到这一点。而判断哪些软法规范具有效力，关键在于明确软法效力的本源问题。

德国法理学大师伯恩·魏德士认为，如果不打算充当麻木的法律技术匠角色，人们必须对为什么当为以及法的效力依据确立自己的立场。① 与其主张不谋而合的是，分析实证主义法学派坚持法律的逻辑效力观，认为法律效力不过是国家的强制力与约束力，故举凡出自有立法权的机关制定的规则便当然成为有效力的法律；自然法学派捍卫其基本传统，持法律的伦理效力观，认为从终极意义上看，法律的效力就是法律的道德约束力，因而有效力的法律必定是符合正义原则和道德要求的法律；社会法学派认为，法律的效力本质上乃是法律的实际效果，即法律对社会成员在事实上的实际约束力，这是一种法律的事实效力观；现实主义法学派则干脆将法律的效力归结为人们的心理因素，持法律的心理效力观，认为人们对法律的态度是法律效力的本源，有效的法律也就是被社会成员认同与肯定并作为行动指南的法律。②

本书主张，软法作为法规范体系中的一个特定部分，并不具有相异于法规范体系的效力本源。软法效力的本源，也即法律效力的本源，是利益导向机制。利益是人们通过社会关系表现出来的不同需要，③ 它左右人的行为，“人们奋斗所争取的一切，都同他们的利益有关”④。法律上的“人”一般被推定为“理性人”，理性人作出行为选择时需要进行

① ［德］伯恩·魏德士：《法理学》，丁晓春、吴越译，法律出版社 2005 年版，第 288 页。
② 姚建宗：《法律效力论纲》，载《法商研究》1996 年第 4 期。
③ 参见夏征农、陈至立主编：《辞海》（第六版彩图本），上海辞书出版社 2009 年版。
④ 《马克思恩格斯全集》（第 1 卷），人民出版社 1995 年版，第 8 页。

利益衡量。如果人们认为违反一个法规范所获得的利益大于遵守该法规范的利益，那么，即便这个法规范是有强制力的（分析实证主义学派观点）、正当的（自然法学派观点）、有实际约束力的（社会法学派观点）或者是得到社会成员认同的（现实主义法学派观点），也不见得会被遵守。正因为如此，法律对人的行为的规范主要依靠利益引导来完成。马克思对此指出："法律应该以社会为基础。法律应该是社会共同的、由一定物质生产方式所产生的利益和需要的表现。"① 而法律之所以有效力，之所以能够在现实社会中"拨动人的心弦"、"左右人的行为"，正是因为法律通过利益导向机制表达了利益、平衡了利益、重整了利益。所谓表达利益就是通过权利义务的设定对社会中的利益关系加以选择，对特定的利益予以承认或否定；所谓平衡利益就是对各种利益的重要性作出估价或衡量，以及为协调利益冲突提供标准；所谓重整利益就是对社会现实存在的不合理的利益格局通过法权配置进行重新调整，使之趋于合理。

关于软法效力的本源，代表性的观点是"其实施不依赖国家强制力保障，而是主要依靠成员自觉、共同体的制度约束、社会舆论、利益驱动"。② 笔者赞同这个观点，同时认为，成员为什么会"自觉"、共同体的制度为何有约束力、社会舆论何以能起作用，究其根本，是因为背后的物质的或精神的利益影响了其行为的动因及选择。成员自觉、共同体的制度的约束、社会舆论、利益驱动所产生的动力、阻力或压力，都需要融入利益导向机制中才能发挥作用。因此，可以认为，凡是具备利益导向机制的软法规范，不管是形式多"软"（不完整、不正规、不权威），都有其效力，都可以成为作用于社会的现实力量；反之，凡是不具备利益导向机制的软法规范，不管其形式多么"硬"，也都无效力可言。

---

① 《马克思恩格斯全集》（第6卷），人民出版社1961年版，第291页。

② 罗豪才：《公共治理的崛起呼唤软法之治》，载《新华文摘》2009年第7期。

三、软法效力的构成

一般认为，“法律效力由作用力、维度、载体三个要素构成，作用力是法律效力构成中的核心要素；维度是对作用力的时间、地域、对象、事项的界定要素；载体是运载作用力的不可缺少的一个要素，作用力载于作为整体的广义的法律之上。”① 具体到软法效力，“因为效力是一种约束力，其要素就包括效力的主体、效力的内容和效力的客体三部分”②。本书认为，软法效力的构成指的是软法规范具有效力所必须具备的基本条件。它不同于软法效力的内容，软法效力的内容是软法效力的构成要件具备后所产生的具体的作用力。软法效力的构成与软法效力的内容具有逻辑上的先后关系。把逻辑上在后的法律效力的内容（即作用力）与逻辑在先的法律效力的构成要素混在一起的观点，是笔者所不能赞同的。

软法效力构成理论核心问题是解决软法效力的构成要件问题。构成要件的确立，应当遵循以下三项原则：一是独立性原则，即各构成要件之间需要相对独立，否则难以成其为一个单独的要件；第二，关联性原则，即各构成要件之间必须相互关联，否则难以组合为有机整体；第三，充要性原则，即各构成要件结合在一起恰好是软法规范具有效力的充分必要条件。根据这些原则，软法效力的构成应该包括软法规范、利益导向机制、维度三个要件。

主张软法效力的构成为软法规范、利益导向机制、维度三个要件的理由是：首先，从独立性原则来看，软法规范是软法效力的物质要素，利益导向机制是软法效力的本源或称为实质性要素，维度是软法发挥效力的平台，三者相对独立；其次，从关联性原则看，软法规范是利益导

---

① 张根大：《论法律效力》，载《法学研究》1998 年第 2 期。

② 兰捷：《作为软法的社团章程》，载罗豪才主编：《软法的理论与实践》，北京大学出版社 2010 年版，第 239 页。

向机制的形式，而维度是利益导向机制的作用空间，三要件统摄于利益导向机制；最后，从充要性原则看，凡是同时具备软法规范、利益导向机制、维度三个要件，都能产生效力，而凡欠缺任一要件则不产生效力。

四、软法效力的内容

承前所述，软法效力的内容即软法规范所具有的作用力的具体种类。一般认为，软法是不能运用国家强制力保证实施的法规范，以国家法中的任意性规范为典型。这个观点是否成立呢？我们知道，任意性规范是可以为当事人的意思所变通适用的法规范，包括补充性的任意性规范和解释性的任意性规范两种。“所谓补充法乃于当事人就某一法律关系意思有欠缺时由法律设立标准以补充当事人意思之所不备；反之，当事人就某一法律关系另有意思时则依其意思赋以法律效果，从而排斥补充规定之适用，民法上之任意规定以此属此类者居多数。至于解释规定乃于当事人意思不完全或不明确时用以释明其意思，以便发生法律上之效果。”① 任意性规范所遵循的“当事人意思表示优先”原则及其所具有的补充、解释功能表明，它主要是作为法官裁判时用以明确当事人意思表示内容、补充当事人意思表示漏洞而存在的。换言之，其角色主要是裁判规范而非行为规范，② 一般经由法院裁判予以实施。因此，认为任意性规范（软法外延之一部）是不依靠国家强制力保障实施的法规范（软法内涵）的观点，可再斟酌。由于本章在“非制式法规范”这

---

① 韩忠谟：《法学绪论》，中国政法大学出版社 2002 年版，第 47 页。

② 以拘束对象为标准，法律规范可以分为行为规范和裁判规范两类。行为规范和裁判规范的关系，本书赞同如下见解：“凡是属于裁判规范不一定都是行为规范，但凡是行为规范同时也是裁判规范。因为裁判规范约束的对象是裁判机关，在法律上不能将约束裁判机关的规范用来约束民事主体。相反，凡是行为规范可能也是裁判规范，否则，若行为规范不同时也是裁判规范，则行为规范所预示的法律效果不能贯彻于裁判之中，那么它便丧失了诱导人们为一定行为或不为一定行为的功能。”（汪渊智：《民法总论问题新探》，中国社会科学出版社、人民法院出版社 2005 年版，第 5 页。）

个意义上使用软法概念，主张软法是形式较“软”但实效往往较“硬”的法规范，因此认为软法效力的内容并不排斥国家强制力。法规范不符合特定的制式标准，可以影响效力整体之有无，但并不意味着软法效力在种类上与法律效力有所不同。

一般认为，不同类型的法规范具有不完全相同的效力内容：义务性法律规范具有约束力，权利性法律规范具有赋予力，职权性法律规范兼具约束力和赋予力。[①] 这种将法律规范类型化，进而确定不同类型法律效力内容的做法具有启发性。但是，第一，基于权利义务的对应性，赋予一方当事人权利的规范对另一方当事人来说往往就是义务性规范，因此有时难以分清某个法律规范是权利性规范还是义务性规范。第二，法律规范并不限于权利性规范、义务性规范和职权性规范三种。例如《物权法》第 14 条规定：“不动产物权的设立、变更、转让和消灭，依照法律规定应当登记的，自记载于不动产登记簿时发生效力。”该条文并不属于上述三种规范中的一种。第三，“约束力”和“赋予力”这两个概念本身的含义不甚明确。基于以上理由，法律效力的内容仍有进一步明确的必要。本书认为，软法效力的内容，即法律效力的内容，可以概括为四个方面：一是对相对主体及相关主体的拘束力；二是对法律事实、法律地位、权利义务、法律责任的确定力；三是对所确定的权利义务、法律责任的实现力；四是对法益的保护力。

五、软法效力的维度

软法效力的维度指的是软法效力所及之范围。法律效力具有时、地、人三方面的范围是被大家所公认和接受的观点。在此基础上，有所谓的法律效力的四维论，即认为事项维度也是法律效力不可缺少的一个维度。“为了要决定人们必须如何行为，就一定要决定何时和何地他们才必须在所规定的方式下行为。至于他们应如何行为，什么行为他们应

① 参见陈世荣：《法律效力论》，载《法学研究》1994 年第 4 期。

做或不做，那是一个规范的属事效力范围。”[1] 法规范并不调整社会生活中的所有事项，有些事项应由道德规范、宗教规范等其他社会规范来调整。因此法规范只对其调整的事项产生效力。换言之，法规范效力在事项上也有其范围。[2] 本书赞同四维论，并认为软法效力在总体上与法规范效力的维度是一致的，但也有其独特之处。

第一，软法规范效力的时间维度。一种观点认为，法律效力的起点是法律的生效之时。法律效力与法律约束力是不同的两个概念，法律公布后生效前，一般不具有法律效力但具有法律约束力。[3] 另一种观点认为，在法律通过并公布后至法律生效前，具有相对法律效力；在法律生效后至法律失效前，称为有效；在法律通过并颁布前及法律失效后，为无效。[4] 本书认为，前述所称与法律效力不同的“法律约束力”、“相对法律效力”，实际上是法律效力的内容之一，即对有关主体的拘束力。软法规范的效力具有不同内容，而不同内容的作用力其生效时点不尽相同，那种认为在一个特定时点上软法规范所有的效力都一并产生的观点有失偏颇。

第二，软法规范效力的空间维度。在空间维度上，一般来说如果法规范是由中央国家机关制定的，则在全国有效，而地方国家机关制定的法规在其辖区内有效。国家法中的软法规范，其空间维度与此相同。但政治组织创制的自律性软法规范和社会共同体创制的自治性软法规范，有其相应独特的效力维度。

第三，软法规范效力的对象维度。软法规范有国际软法、国内软法与社会软法三类。其效力拘束的对象为相应领域的主体。而对硬法来说，一般仅对其国内对象具有法律效力，只有在特定条件下才对国外对

---

① ［奥］凯尔森：《法与国家的一般理论》，沈宗灵译，中国大百科全书出版社出版1996年版，第45页。

② 参见张根大：《论法律效力》，载《法学研究》1998年第2期。

③ 唐烈英：《论法律效力与法律约束力》，载《现代法学》1995年第2期。

④ 参见张根大：《论法律效力》，载《法学研究》1998年第2期。

象也具法律效力。

第四，软法规范效力的事项维度。事项维度解决的问题是哪些事项能被软法规范所调整。相对而言，更宜受软法规范效力拘束的事项有：(1) 不涉及公益或公益程度较低的事项；(2) 自治或自律事项；(3) 不需政府干预的事项。

六、法效力的梯度

软法效力不仅有质的规定性，还有量的规定性。软法规范的制式欠缺尽管不能在质的层面影响软法效力的内容，却能在量的层面影响软法效力的程度。制式欠缺情形的不同，导致软法效力强弱程度有别，从而形成软法整体上的效力渐变梯度。① 在传统上，人们倾向于认为法律效力具有恒定性，"这种作用力在大小和方向上都始终是恒定的，不会而且也不应该随着时间和空间的不同以及具体的人和事的特殊性而发生强弱程度方面与方向上的变化。法律效力的恒定性来源于法律本身的稳定性"②。效力梯度的提出，对传统认知提出了挑战。

关于法规范制式欠缺对其效力的影响，有学者总结为："在假定部分，硬法规范的适用时空范围可能比软法规范要宽泛，软法特别是社会法，往往只适用于特定社会自治领域，而硬法往往适用于整个主权所覆盖范围。在行为模式部分，硬法规范无论在第一性规则有关公民权利义务的规定中，还是在第二性规则有关公共机构创制规则、承认规则、变更规则、实施规则、适用规则、权力监督规则等方面的职权与职责的规定，都严格区别于软法规范。在法律后果部分，二者之间的差异就更为

① 需要指出的是，软法效力的渐变梯度是软法制式欠缺所导致的，具有应然性。它与唐纳德·布莱克指出的"法律是一个变量。它可以增减，在一种条件下比在另一种条件下要多"。（[美] 唐纳德·布莱克：《法律的运作行为》，唐越、苏力译，中国政法大学出版社 2004 年 1 月修订版，第 3 页）具有不同指向，后者是法在作用于社会现实过程中发生的量上的流失，是一种实然状态。法的流失问题，张晋元先生在其博士论文《法流失论——法运行的经济学考察》（吉林大学法理学专业 2008 届）有较为专业的阐释。

② 姚建宗：《法律效力论纲》，载《法商研究》1996 年第 4 期。

明显。软法规范或者未规定法律后果，或者只规定积极的肯定性法律后果，退一步说，即便进行了这方面的规定，也不能靠国家强制力保证实施，至多只能靠社会强制力保证实施，主要是依靠公共激励机制与相关主体自愿服从的方式来产生实效，形成拘束力。”在此基础上，认为不同类型的法规范效力强弱有别：国家法规范的刚性程度高于社会法规范；公法规范的刚性程度高于私法规范；强制性规范的刚性程度高于选择性规范。[①] 笔者赞成这种分析思路，同时认为对效力梯度有做更为精细研究之必要。

法规范根据不同标准可做不同划分。研究效力梯度问题，更宜把倡导性规范、任意性规范、半强制性规范、强制性规范这种分类作为分析对象。（1）倡导性规范。倡导性规范是提倡和诱导当事人采用特定行为模式的法规范。这类规范尽管确定了当事人的行为准则，但却仅具倡导性，因而并非裁判者可以运用的裁判规范。例如《物业管理条例》第3条规定：“国家提倡业主通过公开、公平、公正的市场竞争机制选择物业管理企业。”该法规范实际上未进行任何权利、义务和责任的配置，不具有拘束力、确定力、实现力、保护力的内容，或者说这些效力内容在量上为零。（2）任意性规范。任意性规范是得通过当事人的约定排除其适用的法规范。如《物权法》第96条规定，共有人按照约定管理共有的不动产或者动产；没有约定的，各共有人都有管理的权利和义务。这类法规范虽然进行了法权配置，但其效力低于当事人意思所具有的效力。（3）半强制性规范。半强制性规范，恰如施瓦布教授所言，“可以理解为是向法律关系中较弱的或更容易受到损害的一方提供最低限度保护的规定是强制性的。这种情形中的强制性质常常是单方面的，也就是说，对于这种法规范，不可以作出有损于但可以作出有利于需要保护一方的变通。”[②] 例如《合同法》第302条第1款规定：“承运人应

---

① 参见罗豪才、宋功德：《软法亦法——公共治理呼唤软法之治》，法律出版社2009年版，第309~312页。

② ［德］迪特尔·施瓦布：《民法导论》，郑冲译，法律出版社2006年版，第39页。

当对运输过程中旅客的伤亡承担损害赔偿责任，但伤亡是旅客自身健康原因造成的或者承运人证明伤亡是旅客故意、重大过失造成的除外。”这类规范的效力介于任意性规范与强制性规范之间。（4）强制性规范。[①] 强制性规范是指命令当事人为或不得为一定行为的法规范。[②] 例如《物权法》第186条确认，抵押权人在债务履行期届满前，不得与抵押权人约定债务人不履行到期债务时抵押财产归债权人所有。强制性规范是不能为当事人的意思所变通的法规范，其效力较高。从倡导性规范到强制性规范，效力梯度渐高。当然，需要说明的是，上述分析仅指向一般情况。分析某一软法效力规范之高低，需综合考虑所涉及利益之公益程度、法规范逻辑结构的完整程度、法权配置的模式、法律后果的有无以及性质等因素来确定。例如《非物质文化遗产法》第32条规定：“县级以上人民政府应当结合实际情况，采取有效措施，组织文化主管部门和其他有关部门宣传、展示非物质文化遗产代表性项目。”该法律规定通过“当为”的规范模式设定了县级以上人民政府的法律义务，属于强制性规范。但它因制式欠缺仅为一方当事人设定义务，而无与之相关的权利、义务和责任的配置，则该规范仅具有微弱效力。

---

① 关于强制性规范，有与强行性规范的称谓之争。一种观点认为强行性规范包括强制性规范与禁止性规范；另一种观点认为强制性规范包括强行性规范和禁止性规范。本书认为，这种争论意义不大，并根据《合同法》第52条等法律条文所确定的法律用语为据，使用强制性规范的用法。

② 参见王泽鉴：《民法实例研习（民法总则）》，台湾地区三民书局1996年版，第234页。

图书在版编目（CIP）数据

法治国家的制度逻辑与理性构建／江必新著．—北京：中国法制出版社，2014．5

（十八大与法治国家建设）

ISBN 978－7－5093－5372－1

Ⅰ．①法…　Ⅱ．①江…　Ⅲ．①社会主义法制－建设－研究－中国　Ⅳ．①D920．0

中国版本图书馆 CIP 数据核字（2014）第 081578 号

策划编辑　马　颖　　　责任编辑　胡　斌　　　封面设计　李　宁

法治国家的制度逻辑与理性构建

FAZHI GUOJIA DE ZHIDU LUOJI YU LIXING GOUJIAN

著者/江必新

经销/新华书店

印刷/三河市紫恒印装有限公司

开本/710×1000 毫米　16　　　印张/15.75　字数/228 千

版次/2014 年 6 月第 1 版　　　2014 年 6 月第 1 次印刷

中国法制出版社出版

书号 ISBN 978－7－5093－5372－1　　　定价：47.00 元

北京西单横二条 2 号　邮政编码 100031

值班电话：010－66026508

传真：010－66031119

网址：http：//www.zgfzs.com

编辑部电话：010－66065672

市场营销部电话：010－66033393

邮购部电话：010－66033288

（如有印装质量问题，请与本社编务印务管理部联系调换。电话：010－66032926）